BIBLIOTHÈQUE

DES MERVEILLES

PUBLIÉE SOUS LA DIRECTION

DE M. ÉDOUARD CHARTON

LES

ASCENSIONS CÉLÈBRES

PARIS. — IMP. SIMON RAÇON ET COMP., RUE D'ERFURTH, 1.

BIBLIOTHÈQUE DES MERVEILLES

LES ASCENSIONS CÉLÈBRES

AUX PLUS HAUTES MONTAGNES DU GLOBE

FRAGMENTS DE VOYAGES

RECUEILLIS, TRADUITS ET MIS EN ORDRE

PAR

ZURCHER ET MARGOLLÉ

DEUXIÈME ÉDITION

OUVRAGE ILLUSTRÉ DE 39 VIGNETTES

PARIS

LIBRAIRIE DE L. HACHETTE ET CIE

BOULEVARD SAINT-GERMAIN, N° 77

1869

« C'est malgré lui, sous l'appât d'une grande récompense, que le superstitieux Hindou se décide à accompagner le voyageur dans les montagnes qu'il redoute, moins pour les dangers inconnus de l'ascension que pour le sacrilége qu'il croit commettre en s'approchant du saint asile, du sanctuaire inviolable des dieux qu'il révère. Son trouble devient extrême quand il voit dans le pic à gravir, non la montagne, mais le dieu dont elle a pris le nom ; alors ce n'est que par le sacrifice et la prière qu'il pourra apaiser la divinité profondément offensée[1]. »

Un sentiment tout autre anime les relations résumées dans ce volume, et montre combien la science agrandit en nous l'idée de Dieu et contribue à déve-

[1] *Exploration de la haute Asie,* par les frères Schlagintweit. (*Tour du monde,* n° 352.)

lopper les forces morales qui font la puissance et la grandeur de nos sociétés éclairées. C'est à ce point de vue que nous nous sommes placés en choisissant les fragments de voyages que nous devions réunir. Ces descriptions pittoresques, ces récits attachants des naturalistes et des voyageurs, n'ont pas été recueillis seulement pour offrir aux lecteurs quelques instants d'utile récréation. Nous avons aussi pensé qu'on aimerait à suivre, dans leurs périlleuses ascensions, les vaillants explorateurs, les savants dévoués qui nous ont ouvert la voie vers les régions de la lumière, vers la sereine contemplation de l'ordre magnifique, des lois bienfaisantes que nous révèle l'étude de la nature, et vers le souverain Auteur de ces lois.

F. Zurcher, E. Margollé.

I

LES ALPES

Les hautes régions de l'atmosphère éveillent au plus haut degré notre curiosité. Quoique nous nous efforcions par l'induction et le calcul d'en découvrir la constitution et d'en saisir les phénomènes, elles demeurent encore environnées pour nous de bien des mystères. Nous gravissons les montagnes, nous nous élevons en ballon, nous braquons nos télescopes sur les corps célestes, et nous inventons mille instruments pour constater les moindres effets produits par les agents physiques dans l'espace qui nous en sépare. Les lieux élevés ont pour nous un attrait particulier. Fatigués de rencontrer sans cesse sur le globe la trace de l'homme et les œuvres de ses mains, nous recherchons les régions où il n'a point encore pénétré, où la nature reste vierge et garde la physionomie des âges géologiques qui précédèrent le nôtre. Il règne sur les hauts sommets un silence, un calme apparent, une fraîcheur et comme un parfum d'éternité qui nous rapprochent pour ainsi dire des conditions de l'espace infini et nous font planer au-dessus des agitations et des misères du sol habité. La Bible nous représente Moïse gravissant le Sinaï pour y converser avec Dieu et recevoir directement ses volontés; c'est l'image des impressions produites sur nous par les lieux élevés. Nous nous trouvons en effet sur la cime des monts face à face avec la Divinité; l'homme n'étant plus là pour déranger, selon ses besoins et ses caprices, l'ordre primitif des choses, les lois physiques nous apparaissent dans toute leur grandeur et leur généralité.

Alfred Maury.

I

ASCENSIONS AU MONT BLANC

ASCENSION DE 1787, PAR DE SAUSSURE.

Départ de Chamounix. — Glacier de la Côte. — Campement au milieu des neiges. — Nuit rayonnante. — Cime du mont Blanc. — Expériences de physique. — Le mal de montagne. — Formes bizarres des nuages dans les vallées. — Pont de neige et crevasses. — Joie du retour.

En allant à Chamounix, dans les premiers jours de juillet, je rencontrai à Sallenche le courageux Jacques Balmat, qui venait à Genève m'annoncer ses nouveaux succès; il était monté à la cime de la montagne avec deux autres guides. La pluie tombait quand j'arrivai à Chamounix, et le mauvais temps dura près de quatre semaines. Mais j'étais décidé à attendre jusqu'à la fin de la saison plutôt que de manquer le moment favorable.

Il vint enfin, ce moment si désiré, et je me mis en marche le 1er août 1787, accompagné d'un domestique et de dix-huit guides qui portaient nos instruments de physique et tout l'attirail dont j'avais besoin. Mon fils aîné désirait ardemment de m'accompagner, mais je craignais qu'il ne fût pas encore assez robuste et assez exercé à des courses de ce genre. J'exigeai qu'il y renonçât. Il resta au

Prieuré, où il fit avec beaucoup de soin des observations correspondantes à celles que je faisais sur la cime.

Pour être parfaitement libre sur le choix des lieux où je passerais les nuits, je fis porter une tente, et le premier soir j'allai coucher sous cette tente, au sommet de la montagne de la Côte. Cette journée est exempte de peines et de dangers : on monte toujours sur le gazon ou sur le roc, et l'on fait aisément la route en cinq ou six heures. Mais de là jusqu'à la cime, on ne marche plus que sur les glaces ou sur les neiges.

La seconde journée n'est pas la plus facile. Il faut d'abord traverser le glacier de la Côte pour gagner le pied d'une petite chaîne de rocs qui sont enclavés dans les neiges du mont Blanc. Ce glacier est difficile et dangereux. Il est entrecoupé de crevasses larges, profondes et irrégulières, et souvent on ne peut les franchir que sur des ponts de neige qui sont quelquefois très-minces et suspendus sur les abîmes. Un de mes guides faillit y périr. Il était allé la veille avec deux autres pour reconnaître le passage ; heureusement ils avaient eu la précaution de se lier les uns aux autres avec des cordes ; la neige se rompit sous lui au milieu d'une large et profonde crevasse, et il demeura suspendu entre ses deux camarades. Nous passâmes tout près de l'ouverture qui s'était formée sous lui, et je frémis à la vue du danger qu'il avait couru. Le passage de ce glacier est si difficile et si tortueux, qu'il nous fallut trois heures pour aller du haut de la Côte jusqu'aux premiers rocs de la chaîne isolée, quoiqu'il n'y ait guère plus d'un quart de lieue en ligne droite.

Après avoir atteint ces rocs, on s'en éloigne d'abord pour monter en serpentant dans un vallon rempli de neige qui va du nord au sud jusqu'au pied de la plus haute cime. Ces neiges sont coupées de loin en loin par d'énormes et superbes crevasses. Leur coupe vive et nette mon-

Le mont Blanc vu du Brévent.

tre les neiges disposées par couches horizontales, et chacune de ces couches correspond à une année. Quelle que soit la largeur de ces crevasses, on ne peut nulle part en découvrir le fond.

Mes guides auraient voulu passer la nuit auprès d'un des rocs que l'on rencontre sur cette route, mais comme les plus élevés sont encore de 600 à 700 toises plus bas que la cime, je voulais m'élever davantage. Pour cela, il fallait aller camper au milieu des neiges, et c'est à quoi j'eus beaucoup de peine à déterminer mes compagnons de voyage. Ils s'imaginaient que pendant la nuit il règne dans ces hautes neiges un froid absolument insupportable, et ils craignaient sérieusement d'y périr. Je leur dis enfin que, pour moi, j'étais déterminé à y aller avec ceux d'entre eux dont j'étais sûr : que nous creuserions profondément dans la neige, qu'on couvrirait cette excavation avec la toile de la tente, que nous nous y renfermerions tous ensemble, et qu'ainsi nous ne souffririons point du froid, quelque rigoureux qu'il pût être. Cet arrangement les rassura et nous allâmes en avant. A quatre heures du soir, nous atteignîmes le second des trois grands plateaux de neige que nous avions à traverser. C'est là que nous campâmes, à 1,455 toises au-dessus du Prieuré et 1,995 au-dessus de la mer, 90 toises plus haut que la cime du pic de Ténériffe. Nous n'allâmes pas jusqu'au dernier plateau, parce qu'on y est exposé aux avalanches. Le premier plateau par lequel nous venions de passer n'en est pas non plus exempt. Nous avions traversé deux de ces avalanches tombées depuis le dernier voyage de Balmat, et dont les débris couvraient la vallée dans toute sa largeur.

Mes guides se mirent d'abord à excaver la place dans laquelle nous devions passer la nuit; mais ils sentirent bien vite l'effet de la rareté de l'air (le baromètre n'était qu'à 17 pouces 10 lignes). Ces hommes robustes, pour qui sept ou huit heures de marche que nous venions de faire ne sont absolument rien, n'avaient pas soulevé cinq ou six pellées de neige qu'ils se trouvaient dans l'impossibilité de continuer : il fallait qu'ils se relayassent d'un moment à l'autre. L'un d'eux, qui était retourné en arrière pour prendre dans un baril de l'eau que nous avions vue dans une crevasse, se trouva mal en y allant, revint sans eau et passa la soirée dans les angoisses les plus pénibles. Moi-même, qui suis si accoutumé à l'air des montagnes, qui me porte mieux dans cet air que dans celui de la plaine, j'étais épuisé de fatigue en préparant mes instruments de météorologie. Ce malaise nous donnait une soif ardente et nous ne pouvions nous procurer de l'eau qu'en faisant fondre de la neige, car l'eau que nous avions vue en montant se trouva gelée quand on voulut y retourner, et le petit réchaud à charbon que j'avais fait porter servait bien lentement vingt personnes altérées.

Du milieu de ce plateau, renfermé entre la dernière cime du mont Blanc, au midi, ses hauts gradins de l'est et le dôme du Goûté, à l'ouest, on ne voit presque que des neiges; elles sont pures, d'une blancheur éblouissante, et sur les hautes cimes elles forment le plus singulier contraste avec le ciel presque noir de ces hautes régions. On ne voit là aucun être vivant, aucune apparence de végétation : c'est le séjour du froid et du silence. Lorsque je me représentais le docteur Paccard et Jacques Balmat arrivant les premiers au déclin du jour dans ces déserts, sans abri, sans secours, sans avoir même la certitude que les hommes pussent vivre dans les lieux où ils prétendaient aller, et poursuivant cependant toujours intrépidement leur carrière, j'admirais leur force d'esprit et leur courage.

Mes guides, toujours préoccupés de la crainte du froid, fermèrent si exactement tous les joints de la tente que je souffris beaucoup de la chaleur et de l'air corrompu par notre respiration. Je fus obligé de sortir dans la nuit pour respirer. La lune brillait du plus grand éclat au milieu d'un ciel noir d'ébène. Jupiter sortait tout rayonnant aussi de derrière la plus haute cime à l'est du mont Blanc, et la lumière réverbérée par tout ce bassin de neige était si éblouissante qu'on ne pouvait distinguer que les étoiles de la première et de la seconde grandeur. Nous commencions enfin à nous endormir, lorsque nous fûmes réveillés par le bruit d'une grande avalanche qui couvrit une partie de la pente que nous devions gravir le lendemain. A la pointe du jour, le thermomètre était à 3° audessous de la congélation.

Nous ne partîmes que tard, parce qu'il fallut faire fondre de la neige pour le déjeuner et pour la route; elle était bue aussitôt que fondue, et ces gens, qui gardaient religieusement le vin que j'avais fait porter, me dérobaient continuellement l'eau que je mettais en réserve.

Nous commençâmes par monter au troisième et dernier plateau, puis nous tirâmes à gauche pour arriver sur le rocher le plus élevé, à l'est de la cime. La pente est extrêmement rapide, de 39° en quelques endroits; partout elle aboutit à des précipices, et la surface de la neige était si dure, que ceux qui marchaient les premiers ne pouvaient assurer leurs pas sans la rompre avec une hache. Nous mîmes deux heures à gravir cette pente, qui a environ 250 toises de hauteur. Parvenus au dernier rocher, nous reprîmes à droite, à l'ouest, pour gravir la dernière pente, dont la hauteur perpendiculaire est à peu près de 150 toises. Cette pente n'est inclinée que de 28 à 29° et ne présente aucun danger; mais l'air y est si rare que les forces s'épuisent avec la plus grande promptitude; près de la cime, je ne pouvais faire que quinze ou seize pas sans reprendre haleine; j'éprouvais même de temps en temps un commencement de défaillance qui me forçait à m'asseoir, mais à mesure que la respiration se rétablissait, je sentais renaître mes forces; il me semblait, en me remettant en marche, que je pourrais monter d'une traite jusqu'au sommet de la montagne. Tous mes guides, proportion gardée de leurs forces, étaient dans le même état. Nous mîmes deux heures depuis le dernier rocher jusqu'à la cime, et il était onze heures quand nous y parvînmes.

Mes premiers regards se portèrent sur Chamounix, où je savais ma femme et ses deux sœurs, l'œil fixé au télescope, suivant tous mes pas avec une inquiétude trop grande sans doute, mais qui n'en était pas moins cruelle, et j'éprouvai un sentiment bien doux et bien consolant lorsque je vis flotter l'étendard qu'elles m'avaient promis d'arborer au moment où, me voyant parvenu à la cime, leurs craintes seraient au moins suspendues.

Je pus alors jouir sans regret du grand spectacle que j'avais sous les yeux. Une légère vapeur suspendue dans les régions inférieures de l'air me dérobait la vue des objets les plus bas et les plus éloignés, tels que les plaines de la France et de la Lombardie; mais je ne regrettais pas beaucoup cette perte : ce que je venais de voir et ce que je vis avec la plus grande clarté, c'est l'ensemble de toutes les hautes cimes dont je désirais depuis si longtemps connaître l'organisation. Je n'en croyais pas mes yeux : il me semblait que c'était un rêve, lorsque je voyais sous mes pieds ces cimes majestueuses, ces redoutables aiguilles, le Midi, l'Argentière, le Géant, dont les bases mêmes avaient été pour moi d'un accès si difficile et si dangereux. Je saisissais leurs rapports, leur liaison, leur structure, et un seul regard levait des doutes que des années de travail n'avaient pu éclaircir.

Pendant ce temps-là nos guides tendaient ma tente et y dressaient la petite table sur laquelle je devais faire mes expériences. Mais, quand il fallut disposer mes instruments, je me trouvais à chaque instant obligé d'interrompre mon travail pour ne m'occuper que du soin de respirer. Si l'on considère que le baromètre n'était là qu'à 16 pouces 1 ligne et qu'ainsi l'air n'avait guère plus de la moitié de sa densité ordinaire, on comprendra qu'il fallait suppléer à la densité par la fréquence des inspirations. Or, cette fréquence accélérait le mouvement du sang, d'autant plus que les artères n'étaient plus contre-bandées au dehors par une pression égale à celle qu'elles éprouvent à l'ordinaire. Aussi avions-nous tous la fièvre.

Lorsque je demeurais parfaitement tranquille, je n'éprouvais qu'un peu de malaise, une légère disposition au mal de cœur. Mais, lorsque je prenais de la peine ou que je fixais mon attention pendant quelques moments de suite, et surtout, lorsqu'en me baissant, je comprimais ma poitrine, il fallait me reposer et haleter pendant deux ou trois minutes. Mes guides éprouvaient des sensations analogues : ils n'avaient aucun appétit, et, à la vérité, nos vivres, qui s'étaient tous gelés en route, n'étaient pas bien propres à l'exciter : ils ne se souciaient pas même du vin et de l'eau-de-vie. En effet, ils avaient éprouvé que les liqueurs fortes augmentent cette indisposition, sans doute en accélérant encore la vitesse de la circulation. Il n'y avait que l'eau fraîche qui fît du bien et du plaisir, et il fallut du temps et de la peine pour allumer le feu, sans lequel nous ne pouvions en avoir.

Je restai cependant sur la cime jusqu'à trois heures et demie, et quoique je ne perdisse pas un seul moment, je ne pus faire dans ces quatre heures et demie toutes les expériences que j'ai fréquemment achevées en moins de trois heures au bord de la mer. Je fis cependant avec soin celles qui étaient les plus essentielles.

En quittant ce magnifique belvédère je vins, en trois quarts d'heure, au rocher qui forme l'épaule à l'est de la cime. La descente de cette pente, dont la montée avait été si pénible, fut facile et agréable; la neige n'était ni trop dure ni trop tendre, et, comme le mouvement que l'on fait en descendant ne comprime point le diaphragme, il ne gêne point la respiration, et l'on ne souffre point de la rareté de l'air. D'ailleurs, comme cette pente est large,

Le col du Géant.

éloignée des précipices, il n'y a rien qui effraye ou retarde la marche. Mais il n'en fut pas ainsi de la descente qui, du haut de l'épaule, conduit au plateau sur lequel nous avions couché. La grande rapidité de cette descente, l'éclat insoutenable du soleil, réverbéré par la neige, qui nous donnait dans les yeux et qui faisait paraître plus terribles les précipices qu'il éclairait sous nos pieds, la rendaient infiniment pénible. D'ailleurs, autant la dureté de la neige avait rendu le matin notre marche difficile, autant sa mollesse, produite par l'ardeur du soleil, nous incommodait le soir, parce que, au-dessous de sa surface ramollie, on trouvait toujours son fond dur et glissant.

Comme nous redoutions tous cette descente, quelques-uns des guides, pendant que je faisais mes observations à la cime, avaient cherché quelque autre passage; mais leurs recherches ayant été vaines, il fallut suivre, en descendant, la route que nous avions suivie en montant. Cependant, grâce aux soins de mes guides, nous la fîmes sans aucun accident et cela dans moins d'une heure et quart. Nous passâmes auprès de la place où nous avions, sinon dormi, du moins reposé la nuit précédente, et nous poussâmes encore une lieue plus loin, jusqu'au rocher près duquel nous nous étions arrêtés en montant. Je me déterminai à y passer la nuit : je fis établir la tente contre l'extrémité méridionale de ce rocher, dans une situation vraiment singulière. C'était sur la neige, sur le bord d'une pente très-rapide, qui descend de la vallée que domine le dôme de Goûté, avec sa couronne de séracs[1], et qui est terminée, au midi, par la cime du mont Blanc. Au bas de cette pente, régnait une large et profonde crevasse, qui nous séparait de cette vallée, et où s'engloutissait tout ce qu'on laissait tomber des environs de notre tente.

Nous avions choisi ce poste pour éviter le danger des avalanches; et pour que, les guides trouvant des abris dans les fentes de ce rocher, nous ne fussions pas entassés dans la tente, comme nous l'avions été la nuit précédente.

[1] On donne dans les Alpes le nom de sérac à une espèce de fromage blanc et compacte, que l'on retire du petit-lait et que l'on comprime dans des caisses rectangulaires, où il prend la forme de cubes, ou plutôt de parallélipipèdes rectangles. Les neiges, à une grande hauteur, prennent fréquemment cette forme lorsqu'elles se gèlent après avoir été en partie imbibées d'eau. Elles deviennent alors extrêmement compactes; dans cet état, si une couche épaisse de cette neige durcie se trouve sur une pente, qu'elle y vienne à glisser en masse et qu'en glissant ainsi quelques parties de la masse portent à faux, leur pesanteur les force à se rompre en fragments à peu près rectangulaires, dont quelques-uns ont jusqu'à 50 pieds en tout sens, et qui, à raison de leur homogénéité, sont aussi réguliers que si on les eût taillés au ciseau.

Je contemplai l'amas de nuages qui flottaient sous nos pieds, au-dessus des vallées et des montagnes, moins élevées que nous. Ces nuages, au lieu de présenter des plaques ou des surfaces unies, comme on les voit de bas en haut, offraient des formes extrêmement bizarres, des tours, des châteaux, des géants, et paraissaient soulevés par des vents verticaux, qui partaient des différents points des pays situés au-dessous. Par-dessus tous ces nuages je voyais l'horizon liséré d'un cordon composé de deux bandes : l'inférieure, d'un rouge noirâtre ; la supérieure, plus claire, et d'où semblait s'élever une flamme d'un bel aurore, inégale, transparente et diversement nuancée.

Nous soupâmes gaiement et de très-bon appétit ; après quoi je passai sur mon matelas une excellente nuit. Ce fut alors seulement que je jouis du plaisir d'avoir accompli ce dessein formé depuis vingt-sept ans, dans mon premier voyage à Chamounix, en 1760; projet que j'avais si souvent abandonné et repris, et qui était pour ma famille un continuel sujet de souci et d'inquiétude. Cette préoccupation avait le caractère d'une espèce de maladie : mes yeux ne rencontraient pas le mont Blanc que l'on voit de tant d'endroits de nos environs, sans que j'éprouvasse une espèce de saisissement douloureux. Au moment où j'y arrivai, ma satisfaction ne fut pas complète; elle le fut encore moins au moment de mon départ : je ne voyais alors que ce que je n'avais pu faire. Mais dans le silence de la nuit, après m'être bien reposé de ma fatigue, lorsque je récapitulais les observations que j'avais recueillies, lorsque surtout je me retraçais le magnifique tableau des montagnes que j'emportais gravé dans ma tête, et qu'enfin je conservais l'espérance bien fondée d'achever, sur le col du Géant, ce que je n'avais pas fait, et que vraisemblablement on ne fera jamais sur le mont Blanc, je goûtais une satisfaction vraie et sans mélange.

Le 4 août, quatrième jour du voyage, nous ne partîmes

que vers six heures du matin. Nous arrivâmes dans une petite heure à la cabane. Nous fûmes ensuite obligés de descendre une pente de neige inclinée de 46° et de traverser une large crevasse sur un pont de neige si mince qu'il n'avait au bord que trois pouces d'épaisseur; un des guides, qui s'écarta un peu du milieu où la neige était plus épaisse, enfonça une de ses jambes à faux. A une heure de marche au-dessus de la cabane nous rencontrâmes des crevasses qui s'étaient ouvertes sur notre route, et pour les éviter il fallut descendre une pente de 50°. En entrant ensuite sur le glacier que nous devions traverser, nous le trouvâmes changé dans ces vingt-quatre heures au point de ne pouvoir reconnaître la route que nous avions suivie en montant; les crevasses s'étaient élargies, les ponts s'étaient rompus; souvent, ne trouvant point d'issue, nous fûmes obligés de revenir sur nos pas; plus souvent encore, il fallut nous servir de l'échelle pour traverser des crevasses qu'il eût été impossible de franchir sans son secours. Tout près d'arriver au bord, le pied manqua à un des guides, qui glissa jusqu'au bord d'une fente où il faillit tomber et où il perdit un des piquets de ma tente. Dans ce moment d'effroi, un énorme glaçon tomba dans une grande crevasse, avec un fracas qui ébranla tout le glacier. Mais enfin nous abordâmes sur le roc à neuf heures et demie du matin, quittes de toutes peines et de tout danger. Nous ne mîmes que deux heures trois quarts de là au prieuré de Chamounix, où j'eus la satisfaction de ramener tous mes guides parfaitement bien portants.

Notre arrivée fut tout à la fois gaie et touchante; tous les parents et amis de mes guides venaient les embrasser et les féliciter de leur retour. Ma femme, mes sœurs et mes fils, qui avaient passé ensemble à Chamounix un temps long et pénible, dans l'attente de cette expédition, plusieurs de nos amis, qui étaient venus de Genève pour assister à notre retour, exprimaient dans cet heureux moment leur satisfaction, que les craintes qui l'avaient précédée rendaient plus vive, plus touchante, suivant le degré d'intérêt que nous avions inspiré.

Je passai encore le lendemain à Chamounix pour faire quelques observations comparatives, après quoi nous revînmes tous heureusement à Genève, d'où je revis le mont Blanc avec un vrai plaisir, et sans éprouver ce sentiment de trouble et de peine qu'il me causait auparavant.

(De Saussure, *Voyage dans les Alpes.*)

ASCENSION DE MM. CHARLES MARTINS, BRAVAIS ET LEPILEUR (1844).

Préparatifs d'une ascension scientifique. — Glaciers des Bossons. — Le campagnol des neiges. — Magnétisme terrestre. — Marie Couttet. — Tempête de nuit. — Fatigues de l'ascension. — Description du sommet. — L'ombre du mont Blanc.

..... J'arrive à l'ascension scientifique que j'ai faite en 1844 avec mes amis Auguste Bravais, lieutenant de vaisseau, et Auguste Lepileur, docteur en médecine. Avec le premier, j'avais visité le Spitzberg en 1838 et 1839, pendant les deux campagnes de *la Recherche* dans la mer Glaciale. Il avait hiverné seul à Bossecop, en Laponie; mais nous avions séjourné ensemble sur le Faulhorn, en 1841, pendant dix-huit jours, à 2,680 mètres au-dessus de la mer; lui-même s'y était rencontré l'année suivante avec le physicien A. Peltier, et y avait demeuré vingt-trois jours. La comparaison des régions boréales du globe avec les hautes régions alpines était le sujet habituel de nos conversations. Sur le Faulhorn, nous avions fait une foule d'observations et abordé un certain nombre de problèmes qui ne pouvaient être résolus que par une ascension et un séjour à une plus grande hauteur; nous pensâmes au mont Blanc.

Nous quittâmes Genève le 26 juillet. Suivant à pied une longue charrette à quatre roues qui portait notre matériel, nous arrivâmes à Chamounix le 28. Les préparatifs nous prirent quelques jours. Notre dessein étant de séjourner aussi haut que possible sur le mont Blanc, nous avions emporté de Paris une tente de campement avec ses montants et ses piquets, des paletots en peau de chèvre, des sacs en peau de mouton, des couvertures, etc. Nos expériences exigeaient de nombreux instruments de physique et de météorologie; il fallait des vivres pour trois jours; chaque porteur ne pouvait se charger que de 15 kilogrammes et de ses vivres. Or, nous avions 450 kilogrammes à transporter à une hauteur de 3,000 mètres au-dessus de la vallée de Chamounix.

Notre caravane se montait à quarante-trois personnes, dont trois guides, Michel Couttet, Jean Mugnier et Théodore Balmat, trente-cinq porteurs, dont deux jeunes gens de la vallée, qui avaient demandé à nous accompagner. Le 31 juillet, à sept heures et demie du matin, nous quittâmes enfin Chamounix. Le temps était beau, cependant le vent soufflait du sud-ouest, et le baromètre avait un peu baissé; mais nos préparatifs étaient faits. Nous partîmes donc sans avoir dans le temps une confiance parfaite, espérant toutefois une amélioration prochaine. La longue file des porteurs s'étendait le long de la rive droite de l'Arve, au milieu des vertes prairies. Arrivés en face du hameau des Pèlerins, nous tournâmes à gauche. La dernière maison du village est celle de Jacques Balmat, le premier homme dont les pas s'imprimèrent sur la neige encore vierge de la cime du mont Blanc, et qui périt misérablement en 1834, dans les glaciers qui dominent la vallée de Sixt. En sortant des vergers qui entourent le hameau des Pèlerins, nous entrâmes dans la forêt ; elle se compose de hauts sapins et de vieux mélèzes, aux branches desquels pendent de longs festons d'un lichen grisâtre. Au printemps précédent, une énorme avalanche, descendue de l'aiguille du Midi, avait creusé un large sillon dans la forêt. Des arbres déracinés couvraient le sol qu'ils ombrageaient auparavant, d'autres étaient rompus par le milieu, leur cime abattue gisait à leur pied ; quelques-uns, seulement déchaussés, penchaient, inclinés, vers la vallée. Ces effets sont dus autant à la pression de l'air chassé par l'avalanche, au vent local qu'elle produit, qu'à la neige elle-même. La caravane s'était dispersée dans les bois ; chacun choisissait son chemin.

Un étroit sentier côtoie le précipice où roule le torrent des Pèlerins et mène à la moraine du glacier des Bossons; alors on monte au milieu des blocs entassés qui la composent, et on atteint la pierre de l'Échelle, énorme rocher sous lequel on cache l'échelle dont on se sert habituellement pour traverser les crevasses du glacier. Cette pierre est à 2,446 mètres au-dessus de la mer, à la même hauteur que l'hospice du Saint-Bernard. C'est là que le voyageur dit adieu à la terre. Il la quitte pour passer sur le glacier et, jusqu'au sommet du mont Blanc, il ne trouve plus que des rochers isolés qui surgissent comme des îlots au milieu des champs de neiges éternelles.

Le cirque du glacier des Bossons était, comme toujours, un chaos de séracs, d'aiguilles et de pyramides de glace, au milieu desquelles plonge le mur oriental des Grands-Mulets. Les feuillets verticaux dont se composent ces rochers s'élèvent à des hauteurs variables, et forment autant de gradins qui permettent de grimper sur toutes les pointes. La roche, décomposée sous l'influence des agents atmosphériques, s'accumule entre les feuillets. Là végètent de jolies plantes alpines, abritées par le ro-

L'Aiguille du Midi.

cher, réchauffées par le soleil qu'il réfléchit, humectées par la neige qui, même en été, blanchit souvent ces cimes, mais fond rapidement dès que le soleil luit pendant deux ou trois jours. En quelques semaines elles accomplissent toutes les phases de leur végétation ; j'y ai recueilli dix-neuf plantes phanérogames en trois ascensions. M. Venance-Payot ayant ajouté cinq espèces à cette liste, il existe vingt-quatre plantes à fleurs aux Grands-Mulets. A ces vingt-quatre espèces phanérogames, il faut ajouter encore vingt-six espèces de mousses, deux hépatiques et trente lichens, ce qui porte à quatre-vingt-deux le nombre total des plantes qui croissent sur ces rochers isolés, au milieu d'une mer de glace et dépourvus en apparence de toute végétation. Qui le croirait? ces plantes servent de nourriture à un rongeur, le campagnol des neiges, celui de tous les mammifères qui s'élève le plus haut sur les Alpes, tandis que ses congénères sont presque tous des habitants de la plaine.

Bravais s'était imposé la tâche de mesurer les variations de l'intensité magnétique avec la hauteur. Pour cela, on emploie une boussole dans laquelle une aiguille est suspendue horizontalement à un fil de soie non tordu. On fait osciller cette aiguille pendant une série d'intervalles de temps parfaitement égaux, et du nombre des oscillations on conclut, après des corrections infinies et d'une minutie extrême, à l'intensité relative de la force magnétique du lieu, comparée à celle de Paris prise pour unité. On comprend l'importance de ces mesures, qui nous dévoileront un jour les lois encore mystérieuses des courants qui circulent autour du globe terrestre, aimant colossal dont les deux pôles ne coïncident pas avec les deux extrémités de l'axe idéal autour duquel la terre décrit sa révolution quotidienne.

Cependant le soleil s'approchait de l'horizon; déjà il avait disparu derrière les monts Vergy; les vallées de

Sallenche et de Chamounix étaient depuis longtemps dans l'ombre, tandis que les pointes granitiques voisines semblaient incandescentes comme le fer rouge sortant du feu ; bientôt l'aiguille de Varens et les rochers des Fiz s'éteignirent, l'ombre gagnait les glaciers du mont Blanc, Ces neiges, si lumineuses un instant auparavant, prirent la teinte terne et livide d'un cadavre ; le froid de la mort semblait envahir ces régions avec l'obscurité et en révéler toute l'horreur. L'aiguille du Goûté, les monts Maudits, pâlirent successivement ; la cime du mont Blanc resta seule éclairée pendant quelque temps encore, puis la teinte rose qui l'animait fit place à la teinte livide, comme si la vie l'eût abandonnée à son tour. Vers l'horizon, au-dessus de la mer de nuages, le ciel paraissait d'une couleur vert clair, résultat de la combinaison des rayons jaunes du soleil avec le bleu de la voûte céleste ; les contours des nuages isolés étaient circonscrits par un liseré orangé du plus grand éclat. Dans ces hautes régions, il n'y a point de crépuscule ; la nuit succède brusquement au jour. Nous nous retirâmes derrière un mur en pierres sèches, construit devant une cavité. Nos guides étaient groupés sur les gradins du rocher, autour de petits feux alimentés avec du bois de genévrier rapportés par eux des environs de la Pierre de l'Échelle. Ils entonnaient à l'unisson des chants lents et monotones, qui empruntaient au lieu de la scène un charme mélancolique. Peu à peu les chants cessèrent, les feux s'éteignirent, et l'on n'entendit plus rien que le bruit de quelques avalanches tombées des hauteurs voisines. Bientôt la lune se leva derrière les monts Maudits, et, rasant, invisible pour nous, le dôme du Goûté, elle en éclaira les neiges d'une lueur phosphorescente des plus étranges. Quand elle se dégagea de l'aiguille du Goûté, elle était entourée d'une auréole verdâtre qui se détachait sur un ciel noir comme de l'encre. Les étoiles scintillaient fortement. Le vent ne s'était point apaisé, il soufflait par brusques rafales suivies d'un instant de calme parfait. Tout nous annonçait du mauvais temps pour le lendemain, mais personne ne songeait au retour; nous voulions épuiser notre chance jusqu'au bout et ne reculer qu'au moment où il nous serait impossible de continuer l'ascension.

Le lendemain, pendant que nous étions occupés à égaliser de nouveau les charges de nos porteurs, qui avaient échangé leurs fardeaux respectifs, j'aperçus tout à coup un vieillard, à nous inconnu, qui gravissait lentement la pente qui conduit au Petit-Plateau; courbé sur la neige, s'aidant quelquefois des mains pour se maintenir, il montait lentement, mais de ce pas égal et mesuré qui dénote un montagnard exercé. Ce vieillard, c'était Marie Couttet, âgé de quatre-vingts ans, qui, dans sa jeunesse, avait servi de guide à de Saussure. Jadis il était d'une agilité qui l'avait fait surnommer *le Chamois*. Il méritait ce sobriquet : nul n'était plus intrépide. Un jour il accompagnait un voyageur anglais dans une course difficile. L'Anglais conservait cet air de flegme et d'indfférence qui caractérise le véritable gentleman. La vue des passages les plus scabreux ne lui arrachait ni un geste d'étonnement, ni un mot qui trahît la moindre hésitation. Irrité de ce sang-froid imperturbable, Couttet avise un pin *cembro* qui s'avançait horizontalement au-dessus d'un escarpement de 300 mètres de hauteur; il marche hardiment le long du tronc et, quand il est à l'extrémité, il se couche dessus, puis se suspend par les pieds au-dessus du précipice. L'Anglais le regarda tranquillement, et, quand Couttet revint auprès de lui, il lui donna une pièce d'or à la condition qu'il ne recommencerait pas. Tel était, dans sa jeunesse, l'homme qui nous devançait sur les pentes inférieures du Petit-Plateau. Son intelligence s'était affaiblie avant son corps; il croyait avoir trouvé un nouveau chemin pour parvenir à la cime du mont Blanc, et se recommandait comme guide à tous les voyageurs qui tentaient l'ascension. Quoique son offre fût repoussée, il les accompagnait en guise de volontaire jusqu'à une certaine hauteur pour leur démontrer l'excellence du nouveau chemin qu'il avait découvert. Connaissant la monomanie du vieillard, nous lui avions caché soigneusement le jour de notre départ : mais ayant su que nous étions aux Grands-Mulets, il s'était mis en marche le soir même, avait traversé le glacier et arrivait vers minuit à notre bivouac, où il prenait place autour du feu des guides. A l'aube, il était parti le premier pour frayer la route.

Le Grand-Plateau est un vaste cirque de neige et de glace dont le fond est un plan relevé vers le sud. Mais nous entrevîmes à peine la configuration des lieux. Avant que nous pussions nous reconnaître, les nuages nous avaient complétement enveloppés, et la neige tourbillonnait autour de nos têtes. Il n'y avait pas à hésiter, il fallait ou redescendre immédiatement ou dresser notre tente. Deux porteurs, Auguste Simond et Jean Cachat, s'offrirent pour rester avec les trois guides et nous. Les autres jetèrent leurs fardeaux sur la neige et se précipitèrent en hâte vers le Petit-Plateau ; ils s'évanouissaient comme des ombres dans la brume, qui s'épaississait de plus en plus. Demeurés seuls, nous commençâmes à enlever la neige à la profondeur de trente centimètres, dans un espace rectangulaire de quatre mètres de long sur deux de large ; puis, guidés par un rectangle en corde préparé d'avance, dont chaque nœud correspondait à un des piquets de la tente, nous plantâmes dans la neige de longues et fortes chevilles en bois dont la tête était munie d'un crochet. Cela fait, la tente fut élevée sur la traverse et les deux supports qui devaient la soutenir ; les boucles des cordes furent passées autour de la tête des chevilles. La tente dressée, nous nous hâtâmes d'y mettre à l'abri nos instruments d'abord, puis nos vivres. Bien nous en prit de nous hâter, car plusieurs bouteilles de vin laissées dehors ne purent être retrouvées : au bout d'une heure la neige qui tombait et celle que le vent apportait les avaient recouvertes. Sous la tente, nous avions improvisé un parquet avec de légères planches de sapin posées sur la neige. Nos guides étaient à une extrémité et nous à l'autre. L'espace était étroit ; on ne pouvait se tenir debout, il fallait rester assis ou couché. La cuisine se trouvait au milieu. Notre premier soin fut de faire fondre de la neige dans un vase échauffé par la flamme d'une lampe à esprit-de-vin, car à ces hauteurs le charbon brûle fort mal. Bravais eut l'heureuse idée de verser cette eau sur les piquets de la tente; l'eau gela, et, au lieu d'être enfoncés dans une neige meuble, ces piquets furent pris dans des masses de glace compacte. En outre, une corde fixée au boulon qui joignait la traverse horizontale de l'un des supports verticaux et attachée, en guise de hauban, du côté d'où venait le vent, fut amarrée fortement à deux bâtons enfoncés dans la neige. Ces précautions prises, nous n'avions qu'à attendre. Toute observation était impossible, sauf celle du baromètre dans la tente et d'un thermomètre au dehors : celui-ci marquait 2°,7 au-dessous de zéro à notre arrivée ; à deux heures, il était descendu à —4°,0; à cinq heures, à —5°,8. Cependant la nuit était venue, nous avions allumé une lanterne qui, suspendue au-dessus de nos têtes, éclairait notre petit intérieur. Les guides, entassés les uns sur les autres, causaient à voix basse ou dormaient aussi tranquillement que dans leur lit. Le vent redoublait de violence ; il soufflait par rafales interrompues par ces moments de calme profond qui avaient tant étonné de Saussure lorsqu'il se trouvait au col du Géant, dans des circonstances entièrement semblables. La tempête tourbillonnait dans le vaste amphithéâtre de neige au bord duquel notre petite tente était placée. Véritable avalanche d'air, le vent paraissait tomber sur nous du haut du mont Blanc. Alors la toile de la tente se gonflait comme une voile enflée par la brise, les supports fléchissaient et vibraient comme des cordes de violons, la traverse horizontale se courbait. Instinctivement nous soutenions la toile avec le dos pendant tout le temps que durait la rafale, car notre salut dépendait de la solidité de cet abri protecteur; en faisant quelques pas au dehors, nous pouvions nous former une idée de ce que nous deviendrions s'il nous était enlevé. Jamais auparavant je n'avais compris comment des voyageurs pleins de vigueur et de santé avaient péri à quelques pas de l'endroit où la tourmente était venue les surprendre; je le compris ce jour-là.

Sous la tente, le froid était supportable. Le thermomètre oscillait entre 2° et 3° au-dessus de zéro. Nos vêtements en peau de chèvre et nos sacs en peau de mouton nous protégeaient suffisamment, quoique le poil de la pelisse restât collé par la glace à la toile de la tente. Pendant la nuit, le vent diminua de violence; malheureusement la neige continuait à tomber, la température baissait toujours, et à cinq heures et demie du matin le thermomètre marquait —12°,1. La neige nouvelle avait 50 centimètres d'épaisseur, mais la toile de la tente n'en était pas couverte, le vent l'avait balayée à mesure qu'elle tombait, et il continuait à chasser horizontalement le grésil et la neige du Grand-Plateau. Le baromètre se tenait aussi bas que la veille. Dans une éclaircie, nous vîmes les sommets du mont Blanc, des monts Maudits et du Dromadaire, tous terminés par une aigrette blanche dirigée vers le nord-est; c'était la neige que le vent de sud-ouest chassait à travers les airs.

Monter à la cime eût été impossible : sur le Grand-Plateau même, nous étions condamnés à l'immobilité. Nous prîmes donc notre parti, et après avoir rangé nos instruments dans la tente, nous en bouchâmes l'entrée avec de la neige : il était sept heures du matin, et le thermomètre marquait encore 7° au-dessous de zéro. La neige récemment tombée ayant caché toutes les fentes et toutes les crevasses, nous nous attachâmes à la même corde et redescendîmes rapidement aux Grands-Mulets. Après quelques instants de repos, nous traversâmes le glacier des Bossons. L'étroit sentier qui conduit aux Pierres-Pointues, couvert par la neige fraîche, était devenu glissant et difficile. La neige était tombée plus bas encore, jusqu'à l'endroit appelé les Barmes-Dessous, à 780 mètres seulement au-dessus de Chamounix. Notre retour rassura tout le monde ; le mauvais temps avait régné dans la vallée comme sur les sommets, et le bruit s'était répandu que nous avions tous péri.

Le 25 août, le temps se mit tout à fait au beau ; le baromètre montait d'une manière continue, le nord-ouest soufflait dans les régions supérieures de l'atmosphère. Nous savions que notre tente était encore debout sur le Grand-Plateau ; nous l'avions aperçue du haut du Brevent, mais elle paraissait ensevelie dans la neige du côté du sud-ouest, tandis que la face opposée semblait complétement dégarnie. Certains de retrouver nos instruments en bon état, nous partîmes le 27 août, à minuit et demi. La lune éclairait notre marche ; à trois heures et demie, nous étions aux Pierres-Pointues, le ciel était d'une pureté admirable, quelques brumes isolées reposaient sur le col de Balme et sur les monts Vergy. Une fraîche brise descendante, la faible scintillation des étoiles, nous promettaient le beau temps, Castor et Pollux brillaient d'une lumière tranquille au-dessus des aiguilles de Charmoz.

Arrivés aux derniers escarpements, nous nous suivions de très-près, et nous avions soin que les angles formés par nos zigzags eussent une ouverture de 15° au moins. Nous enfoncions jusqu'à mi-jambe dans la neige, dont la température était toujours de —11°,0 à un décimètre de profondeur. La raréfaction de l'air et l'épaisseur de la neige, d'où nous étions obligés de retirer nos jambes à chaque instant, nous forçaient à marcher lentement; tous les vingt pas, nous nous arrêtions essoufflés, et nous sentions nos pieds douloureusement froids et près de se congeler. Pendant nos courtes haltes, nous les frappions avec un bâton pour les réchauffer. Cette partie de l'ascension fut très-fatigante; cependant un beau soleil et un air calme favorisèrent nos efforts; mais, arrivés à la pente qui sépare les Rochers-Rouges des Petits-Mulets, nous aperçûmes tout à coup les montagnes situées au sud du mont Blanc, et au delà les plaines de l'Italie. Rien ne nous abritait plus: le vent du nord-ouest, insensible auparavant, enleva le chapeau de Mugnier, et quoique chaudement vêtu, je me crus subitement déshabillé, tant ce vent était froid et pénétrant. Obliquant à droite, nous arrivâmes bientôt aux Petits-Mulets, rochers de protogine situés à 150 mètres seulement au-dessous du sommet. Nous touchions au but, mais nous marchions lentement, la tête baissée, la poitrine haletante, semblables à un convoi de malades. L'influence de la raréfaction de l'air se faisait sentir d'une manière pénible: à chaque instant, la colonne s'arrêtait. Bravais voulut savoir combien de temps il pourrait marcher en montant le plus vite possible; il s'arrêta au trente-deuxième pas sans pouvoir faire un pas de plus. Enfin, à une heure trois quarts, nous atteignîmes le sommet tant désiré: il est formé par une arête dirigée de l'est-nord-est au sud-sud-ouest; cette arête n'était pas tranchante comme de Saussure l'avait trouvée, mais d'une largeur de 5 à 6 mètres. Du côté du nord, elle aboutissait à une immense pente de neige d'une inclinaison de 40 à 45°, qui se termine au Grand-Plateau; du côté du midi, elle se continuait avec une petite surface plane parallèle à l'arête, inclinée d'une dizaine de degrés et large de 100 mètres environ. Cette surface se prolongeait vers le sud ou se rattachait à une pente rapide interrompue brusquement au niveau des grands escarpements de rochers qui dominent l'Allée-Blanche. Après avoir repris haleine, notre premier regard fut pour l'immense panorama qui nous entourait : je ne le décrirai pas après de Saussure.

La hauteur du mont Blanc ne paraît pas avoir sensiblement varié depuis la première mesure faite en 1775 par Schuckburgh jusque dans ces derniers temps. Cette constance a lieu d'étonner, le sommet étant formé uniquement de neiges et de glaces dont de Saussure estimait l'épaisseur à 65 mètres environ. Il paraît évident que le mont Blanc est une pyramide semblable à sa voisine l'aiguille du Midi. Les Rochers-Rouges, les Petits-Mulets, la Tourette, sont des pointes encore saillantes de cette pyramide; le reste est recouvert d'une calotte de neige qui ne fond plus à cause de l'élévation de la montagne, au sommet de laquelle la température de l'air est très-rarement à zéro et presque constamment fort au-dessous. On se demande donc comment il se fait que l'épaisseur de cette calotte de neige soit invariable, et que l'altitude de la montagne ne change pas suivant les saisons et même suivant les années. En effet, la quantité de neige qui y tombe, les vents qui la balayent, l'évaporation qui en diminue l'épaisseur, la condensation des nuages qui l'augmente, varient d'une année à l'autre : aussi la forme du sommet n'est-elle jamais la même. Que l'on compare les descriptions de de Saussure, de Clissold, de Marckham-Sherwill, de Henry de Tilly, de Bravais, faites successivement en 1787, 1822, 1827, 1834 et 1844, et l'on verra que chacun de ces voyageurs a trouvé une forme différente, sauf le trait fondamental, une crête en dos d'âne dirigée de l'est à l'ouest. Comment en serait-il autrement? Des neiges tombent sur le mont Blanc, amenées par tous les vents du compas : à peine tombées, elles sont balayées, déplacées, emportées, si bien que la surface de ces neiges ressemble à celle d'un champ labouré. Même par les plus beaux temps, lorsque le calme le plus parfait règne dans la plaine, une légère fumée semble s'échapper de la cime, entraînée horizontalement par un vent violent : c'est, disent les Savoisiens, le mont Blanc *qui fume sa pipe;* signe de beau temps si la fumée est entraînée du côté du sud. En définitive néanmoins, toutes ces causes variées d'ablation et d'accroissement se compensent, et la hauteur du sommet reste la même. La nature ne procède jamais autrement, rien n'est stable d'une manière absolue : tout oscille, la molécule comme l'Océan. Cette oscillation autour d'un état moyen, c'est la fixité de la vie ; l'immobilité, c'est la mort, et les forces générales de la nature, qui régissent le monde inorganique comme le monde organique, ne se reposent jamais.

Les opérations météorologiques et géodésiques étaient à peine achevées, que le soleil s'approchait des lignes du Jura dans la direction de Genève; il était six heures un quart, le thermomètre marquait, pour la température de l'air —11°,8, pour celle de la neige à la surface —17°,6, et —14°,0 à deux décimètres de profondeur. Le contact de cette neige, même à travers nos épaisses chaussures, était une véritable souffrance. Cependant nous voulions rester encore pour faire des signaux de feu visibles à la fois de Genève, de Lyon et de Dijon, dont les astronomes étaient prévenus : ces signaux, vus simultanément de ces trois villes, eussent permis de déterminer rigoureusement leurs différences de longitude ; mais le froid était déjà si vif que nous sentîmes qu'il eût été impossible de rester plus longtemps sans compromettre notre vie et celle de nos guides. Auguste Simond voulait demeurer seul pour faire les signaux convenus ; nous refusâmes et nous fîmes bien. Depuis, la télégraphie électrique a permis d'obtenir sans déplacement et sans peine un résultat qui eût été acheté peut-être par la vie ou la santé d'un père de famille. Le départ fut résolu, et nous commencions à descendre, lorsque nous nous arrêtâmes tout à coup devant le plus étonnant spectacle qu'il soit donné à l'homme de contempler. L'ombre du mont Blanc, formant un cône immense, s'étendait sur les blanches montagnes du Piémont; elle s'avançait lentement vers l'horizon, et s'éleva dans l'air au-dessus du Becca di Nonna; mais alors les ombres des autres montagnes vinrent successivement se joindre à elle, à mesure que le soleil se couchait pour leur cime, et former un cortége à l'ombre du dominateur des Alpes. Toutes, par un effet de perspective, convergeaient vers lui; ces ombres, d'un bleu verdâtre vers leur base, étaient entourées d'une teinte pourpre très-vive qui se fondait dans le rose du ciel. C'était un spectacle splendide. Un poëte eût dit que des anges aux ailes enflammées s'inclinaient autour du trône qui portait un Jéhovah invisible. Les ombres avaient disparu dans le ciel, et nous étions encore cloués à la même place, immobiles, mais non muets d'étonnement, car notre admiration se traduisait par les exclamations les plus variées. Seules, les aurores boréales du nord de l'Europe peuvent donner un spectacle d'une magnificence comparable à celle du phénomène inattendu que personne avant nous n'avait contemplé de la cime du mont Blanc.

Le soleil se couchait, il fallut partir. Nous nous attachâmes tous à une même corde, et nous nous précipitâmes vers le Grand-Plateau. En passant près des Petits-Mulets, je ramassai deux pierres sur la neige. Aux bulles de verre qui les recouvraient, je reconnus plus tard que c'étaient des fragments de rocher dispersés par la foudre qui tombe si souvent sur ces sommités. A partir des Petits-Mulets, nous ne nous arrêtâmes plus, nous descendîmes comme une avalanche, tout droit, sans choisir notre route;

chacun était entraîné par celui qui le précédait, et Mugnier, qui tenait la tête, s'élançait en sautant sur la pente, enfonçant à chaque saut dans la neige, qui modérait suffisamment l'élan de ce chapelet mouvant. Arrivés au Grand-Plateau, il fallut s'arrêter un moment pour prendre haleine; puis, d'un pas rapide, nous arrivâmes à notre tente à sept heures trois quarts. En cinquante-cinq minutes, nous étions descendus du sommet, élevé de 800 mètres au-dessus du Grand-Plateau. Quand nous entrâmes dans notre tente, nous crûmes revoir le foyer domestique, et nous y goûtâmes un repos bien mérité Néanmoins les observations météorologiques furent continuées héroïquement de deux heures en deux heures pendant la nuit.

(Charles Martins, *du Spitzberg au Sahara*[1].)

[1] Nous ne saurions trop engager à lire dans ce très-intéressant et très-instructif ouvrage les relations complètes de M. Charles Martins.

II

GLACIER DE ROSENLAUI

J. DARGAUD (1856).

Description du glacier. — Torrent de Weissbach. — Grotte de Rosenlaui. Avalanche. — Glacier de Grindelwlad.

Je me levai à la première aube, et je rassemblai ma petite caravane. Tandis que ma femme revêtait son manteau, j'appelai nos deux porteurs et notre guide. Je laissai mon cheval à l'écurie. L'ascension ne pouvait être que pédestre. Les porteurs, avec une sollicitude constante, s'obstinèrent à préserver ma femme de toute fatigue, en l'établissant sur leur chaise, afin de la mener le plus loin possible.

Nous avons franchi le Reichenbach par un pont de bois, et ensuite les rampes de la montagne, dans la direction du glacier de Rosenlaui. A mesure que nous gravissions de torrents en rochers et de rochers en torrents, le glacier se dessinait et brillait de plus en plus, entre le Wellhorn, le Wetterhorn et l'Engel. Ces monts le dominent, et, par leurs neiges, le renouvellent incessamment.

Quand nous avions gravi, nous gravissions encore. De rocs en rocs nous avions gravi jusqu'aux nuées. Dans l'enivrement des cimes qui m'environnaient le ciel lui-même ne m'étonnait pas. L'air d'en haut; l'air des astres, me semblait être mon air natal. Illusion courte, mais prophétique de l'homme mobile, qui, dans l'auguste immobilité des Alpes, prend, par anticipation, possession du monde éternel!

Les porteurs cependant avaient déposé leur chaise, à l'injonction réitérée de ma femme. Elle souffrait trop de leurs efforts. Elle s'est avancée à mon bras, avec tremblement, au milieu de tant d'horreurs divines.

J'étais tout frémissant d'une joie profonde. Je m'imaginais que l'invisible Créateur de tant de miracles allait m'apparaître à travers les éblouissements de sa grandeur.

Le glacier a une lieue et demie de long et une demi-lieue de large. Il resplendit comme une vaste pierre précieuse. Sa forme penchée est celle d'un talus étincelant et colossal, son escarpement est aussi ardu qu'un mur.

La surface du glacier n'était pas polie comme celle des étangs et des lacs en hiver; elle était inégale, rugueuse, creusée çà et là de puits, d'entonnoirs, sillonnée de crevasses plus ou moins béantes, hérissée de figures bizarres en aiguilles nées de la congélation des filets d'eaux.

Tout cela était charmant, d'autant plus que les moraines, sortes d'éboulements qui couvrent tantôt le milieu, tantôt les bords, tantôt l'extrémité des glaciers, ne gâtaient pas le Rosenlaui. Je n'en aperçus pas de trace.

Le Rosenlaui est bien plus qu'un fleuve, c'est un lac dont le sein a été saisi par le froid et glacé pour toujours avec son ondoiement. Il a conservé la couleur bleue et il étincelle comme le lapis. Cette couleur est multiple dans ce lac solide, comme dans les lacs liquides. De loin, elle est étain, argent, azur; de près, elle est azur et turquoise; de telle sorte, que le glacier n'est pas fait, comme je l'ai dit, d'une seule pierre précieuse, mais de plusieurs blocs de pierreries.

Toute mon âme était dans mes yeux sur cette mosaïque

de plus d'une lieue, qui est quelquefois le champ de bataille des éléments en fureur. Le plus souvent, elle est une glace souverainement taillée et ciselée, que colore le soleil et où se mirent les étoiles. Le chamois, ce daim des Alpes, l'ébrèche de sa corne. J'y errais avec mon guide et sans lui. Je mesurais le contraste de l'homme et de la nature. Mon cœur battait violemment. Ma vie passagère s'exaltait avec impétuosité, et j'aurais souhaité de retrouver dans l'intense rapidité de ses explosions l'équivalent de la durée qui lui manquait, tandis que les monts sereins reposaient dans une majestueuse permanence et dans une tranquille conscience de leur éternité. Je m'abîmais de respect devant ces monts que couronne la lueur immense des neiges, et que berce, sans les troubler jamais, le bruit des torrents et des avalanches.

J'avançai jusqu'à la gueule écumante qui vomit le torrent de Weissbach. Le Weissbach s'échappe en bouillonnant de la poitrine du glacier. Il se précipite comme une décharge d'artillerie prodigieuse dans ces abîmes de l'Erèbe, sombres caveaux que le soleil rend d'azur, en les transperçant de ses rayons plus brillants que des lampes. Le torrent sort en un formidable jaillissement, rugit du fond de sa cataracte, s'enroule, se déroule dans des gerbes bondissantes et se creuse un lit sonore jusqu'à des gouffres incommensurables où des quartiers de roches ne se brisent qu'après des chutes d'une minute. C'est ce torrent du glacier de Rosenlaui, le Weissbach, qui se jette dans le Reichenbach, aux chalets de Breitennatt. Sur les bords du Weissbach et surtout près de son embouchure, courent de grands lierres en festons, grimpent des lianes alpestres et bourdonnent des mouches étincelantes comme des petillements d'éclairs.

La grotte de Rosenlaui, dont le torrent n'est qu'un épisode, renferme tout un monde de scintillements et de rêves. Des stalactites multicolores pendent en girandoles de dais de turquoise. Des splendeurs d'écume se jouent à travers des lueurs de cristaux. Des marguerites d'émeraude fleurissent sous des serres de lazulite. Les fortes rafales des Alpes embaument de leurs odeurs ces cavernes dont les plafonds distillent des millions de perles.

Un séjour sous ces plafonds n'est pas exempt de dangers. Le génie du glacier est distrait. Il travaille à sa mine comme un mineur habile, et chacun de ses songes est un iris dans lequel dansent les fées et les farfadets du souterrain. Aussi, de son sépulcre, plus riant qu'un palais, il ne veille pas toujours sur les voyageurs. Durant une demi-heure à peu près que j'ai été sous la voûte du glacier de Rosenlaui, les gouttes suintaient, de petits fragments de mica, de la grosseur d'une noix, se détachaient. Un bloc de glace tomba même à quelques pas de moi. Mais que ne braverait-on pas pour de telles magnificences?

Le lendemain nous nous sommes enfoncés, à dix heures, en longeant le torrent du Schwarzbach, dans la forêt Noire de la grande Scheideck. Le Wetterhorn la surplombe de ses sommets. Ils ressemblent, au travers des sapins, à des dômes de la Cité de Dieu. J'ai passé cette journée dans l'intimité des plus hauts monts. J'ai marché sur leurs glaces et sous leurs glaces. J'étais pénétré de la toute-puissance de Celui qui s'est joué en tels jeux. Je me confiais à lui, au milieu de ces beautés et de ces horreurs. Je lui ai nommé un à un les noms de tous ceux que j'aime sur la terre et dans le ciel. Je les lui ai recommandés ardemment, et tout en m'accablant de sa grandeur, c'est avec sa bonté qu'il me répondait.

Nous étions à une clairière de la forêt Noire, à une clairière semée de blocs de rochers, presque à la crête de la grande Scheideck, sur la frontière qui sépare les sapins des rhododendrons. Tout à coup un bruit épouvantable a retenti, un bruit plus terrible que le tonnerre. Notre guide s'est écrié : « Une avalanche! » Tout s'ébranlait

Le Wetterhorn.

devant l'énorme masse qui se détachait des flancs du Wetterhorn. Mon cheval, dont je remis la bride à l'un des porteurs, après m'être dégagé de l'étrier, entra dans une sorte de convulsion qui dura autant que le phénomène. Il ruisselait et il tremblait de tout son corps. Cependant l'avalanche gronda et accéléra son éboulement. Elle ricocha de croupe en croupe avec un fracas de foudre qui se répercutait et se multipliait dans des échos innombrables. Son cours impétueux était comme celui d'un fleuve dont le lit serait perpendiculaire. Elle forma ainsi, ô spectacle sublime ! une cascade d'argent mat, un Reichenbach cinquante fois redoublé de volume et de vitesse, un Reichenbach formidable qui s'écroula en flots et en poussière, non plus d'eau, mais de neige. Il rejaillissait à vingt pas de nous. Rien n'était plus magnifique. Seulement ce Reichenbach merveilleux s'évanouit en trois minutes, trois minutes que je n'oublierai jamais.

La chaleur redevint extrême. Nous continuâmes notre ascension avec des haltes d'étonnement et de plaisir. Bientôt de l'arête de la grande Scheideck, nous découvrîmes la vallée de Grindelwald, le Mettenberg, l'Eiger, le Mœnch, le Breithorn, le Blümlisalp et une chaîne immense de pâturages. Nous côtoyâmes tous ces grands monts de si près, que nous les touchions.

Je me suis détourné vers le glacier supérieur de Grindelwald. Il brille entre le Schreckhorn, le Wetterhorn et le Mettenberg ; il s'avance jusque dans les prairies. La Lutschine noire en sort. J'ai pénétré, par les étroites saillies des moraines, dans la belle grotte du glacier. Cette grotte est une chapelle de cristal. L'architecte divin n'a omis ni piliers, ni colonnes, ni autel. Au fond du chœur, il a découpé dans la glace une ogive par laquelle on aperçoit tout un pan du ciel. La couleur de la nef, sous le soleil, est d'une transparence inexprimable.

Le glacier inférieur descend des cimes du Schreckhorn,

du Finsteraarhorn, du Vischerhorn, entre le Mettenberg et l'Eiger. Il lance par une fente, semblable à la bouche d'un monstre marin, une autre source de la Lutschine noire, l'une des rivières les plus féroces qui se puisse rencontrer, lorsque, gonflée et démuselée par l'orage, elle déchire ses rives et mord les roches de granit.

Le glacier inférieur du Grindelwald est moins pur que le glacier supérieur, lequel est moins pur, à son tour, que le glacier de Rosenlaui. Rosenlaui efface tout. Il est fait de la candeur des anges et de la chasteté des vierges. Il est accompli dans la grâce et la beauté.

(J.-M. Dargaud, *Voyage aux Alpes.*)

III

ASCENSION AU FINSTERAARHORN

J. TYNDALL (1858).

Le guide Bennen. — Beauté du soir. — L'aurore. — Danger du sommeil sur les cimes. — Magnifique panorama. — Fissures des glaciers.

Ayant manifesté à mon arrivée à l'hôtel de l'Eggischhorn mon intention de faire l'ascension du Finsteraarhorn, on m'annonça le 2 août que le temps était favorable. Le guide Bennen, attaché à l'hôtel, était un homme de bonne mine, âgé de 30 à 40 ans, de taille moyenne et doué d'une forte constitution. Il me parut d'un caractère ferme et décidé, et je voyais briller dans ses yeux le reflet d'une bonne nature. Le propriétaire de l'hôtel, qui m'avait parlé depuis longtemps de sa force et de son courage, achevait son éloge en assurant que si j'étais tué en compagnie de Bennen, il y aurait la perte de deux vies, car ce guide se sacrifierait certainement pour sauver son *Herr*.

Je le fis appeler et lui demandai s'il voulait m'accompagner seul au sommet du Finsteraarhorn. Pensant que j'aurais grand besoin de secours dans cette ascension, il hésita d'abord, mais il consentit quand je m'engageai à le suivre partout où il me guiderait sans qu'il eût besoin de m'aider. Toutefois il stipula qu'il n'aurait pas une grande charge à porter à la grotte du Faulberg, où nous devions passer la nuit. J'y acquiesçai volontiers et deux porteurs furent envoyés avec des couvertures, des provisions, du bois et du foin.

Mon but scientifique était de faire une série d'observations au sommet de la montagne pendant que le professeur Ramsay en exécuterait de semblables dans la vallée du Rhône près de Viesch. Durant la matinée du 2, je m'occupai de mes instruments et de mes arrangements avec Ramsay. Partis à trois heures de l'après-midi, nous marchâmes sans nous presser avec nos deux porteurs sur la pente de l'Eggischhorn. Pendant quelque temps nous eûmes la vue du sommet le plus élevé de Finsteraarhorn; le Rothhorn était à ses côtés, et tout près aussi l'Oberaarhorn dont descendait le glacier de Viesch. Par-dessus le contre-fort de la montagne sur laquelle nous nous trouvions apparaissait le sommet neigeux du Weisshorn, ayant à sa gauche le terrible et solitaire Wetterhorn, ainsi que le puisant Mischabel, couronné de ses nombreux pics de neige qui jetaient une ombre allongée. Après avoir traversé le torrent qui sort du Mœrjelen, nous longeâmes les bords de ce lac. Une grande masse de glace, récemment tombée des hauteurs voisines, y flottait comme un iceberg des mers polaires. A la limite des eaux et de la glace, je dis adieu à Ramsay.

Au commencement de notre marche sur la glace je remarquais que toutes les fois que nous traversions une crevasse, Bennen me surveillait attentivement; sa vigilance cependant diminua bientôt, d'où je conclus qu'il avait fini par me juger capable d'avoir soin de moi-même. De lourds nuages planaient dans l'atmosphère pendant notre ascension et voilaient le soleil couchant; mais, à quelque distance de cette sombre masse de vapeur, une explosion de lumière revêtait des couleurs aussi riches et aussi variées que celles du spectre. Je pris cette splendide apparition comme un signe d'espérance qui écartait les craintes provoquées par l'épaisse nuée.

En deux heures nous atteignîmes notre lieu de halte : les porteurs étaient déjà arrivés et avaient allumé, dans une grotte formée par les fentes de la montagne, un magnifique feu de bois de pin qui jetait sa lueur rouge sur les objets environnants, mais ne dissipait qu'à demi l'obscurité de la partie la plus reculée de l'excavation. Je grimpai sur le rocher qui la dominait pour regarder le ciel. Le soleil, qui avait déjà quitté notre horizon, continuait à jeter des reflets de pourpre sur les nuages, et on voyait encore un pic de neige brillant comme la flamme. Pendant notre ascension, la Jungfrau n'avait pas laissé voir sa cime. Maintenant elle ne la découvrait qu'en partie, tandis que les autres pics, entièrement dégagés, découpaient leurs belles lignes sur le ciel. Le calme était parfait ; aucun cri, aucun souffle, aucun murmure, aucun bruit ne troublait le profond et solennel silence. Si la beauté mérite un culte, ces glorieuses montagnes, couvertes de neige et couronnées d'étoiles, étaient bien faites pour exciter des sentiments d'adoration.

Après nous être levés à trois heures du matin, nous descendîmes par une pente escarpée sur le glacier. Nous abrégeâmes beaucoup la route en franchissant un contrefort du Faulberg et nous nous trouvâmes bientôt sur le glacier tributaire de Grünhorn qui joint le tronc principal à angle droit. La lune brillait dans un ciel sans nuages et la Jungfrau était devant nous si pure et si belle, que la pensée d'aller visiter « la Vierge » se présenta tout à coup à moi. « Essayons-nous, dis-je à Bennen, de gravir la Jungfrau? » J'imagine que l'idée lui plut ; cependant il eut la précaution de sauvegarder sa responsabilité. « Je suis prêt, monsieur, si vous le désirez. » Nous nous dirigeâmes vers la montagne, mais différents motifs me firent bientôt abandonner cette fantaisie : nous ne connaissions pas exactement l'état des neiges et nous n'avions pas les échelles reconnues indispensables dans les ascensions antérieures; enfin, le Finsteraarhorn, plus élevé que la Jungfrau, convenait mieux pour les expériences projetées.

Le jour naissait. L'orient s'illuminait et de grandes flammes rouges couronnaient les montagnes que nous avions devant nous. Du côté du glacier principal, notre route suivait une vallée terminée par le col de Lotsch. Les plus hautes montagnes de l'Oberland en forment les côtés; pourtant, l'impression produite était plutôt celle d'une grâce indescriptible, que celle de la grandeur et de la sublimité. Le soleil n'avait pas encore embrasé les neiges de ces montagnes, mais, au fond de la vallée, le ciel était revêtu des plus riches couleurs. Par des teintes graduées l'orange foncé, le jaune d'ambre, le vert pâle, passaient au bleu éthéré du firmament. Directement au-dessus de la courbe neigeuse planaient des nuages de pourpre qui donnaient plus de profondeur aux espaces intermédiaires. Il y avait quelque chose de sacré dans cette scène ravissante.

Arrivé à la crête, je jetai un dernier regard vers l'immense vallée et vers les merveilleuses diaprures du ciel. Le soleil éclairait déjà les neiges de l'Aletschorn. Le rayonnement semblait faire pénétrer un principe de vie et d'activité dans les montagnes et les glaciers; la belle lumière augmentait toujours d'éclat et les nuages immobiles, flottant autour des cimes, portaient ma pensée vers ces religions de l'Orient qui arrêtent toute action pour y substituer un calme immortel.

Le Finsteraarhorn était maintenant devant nous, mais les nuages entouraient la tête du géant et la cachaient à nos regards. Le vent, en se fixant au nord, nous fit espérer qu'ils se dissiperaient dans le courant de la journée. J'ai rarement vu un aussi beau champ de neige que celui

Le Finsteraarhorn.

que nous dûmes traverser pour atteindre la base de la montagne, où nous arrivâmes à six heures. Nous y fîmes une halte pour déposer les objets dont nous étions chargés et prendre un peu de repos.

Le vent avait fraîchi ; nous nous trouvions à l'ombre et le froid se faisait vivement sentir. Plaçant une bouteille de thé et quelques provisions dans le havre-sac, des figues et des prunes sèches dans nos poches, nous commençâmes l'ascension.

Du Finsteraarhorn descendent plusieurs contre-forts très-inclinés, séparés les uns des autres par de vastes couloirs remplis de glace et de neige. Sur celui que nous avions attaqué, il fallut avancer avec précaution au milieu de roches aiguës. Nous marchâmes ensuite le long de la neige, et, quittant la pierre, nous dûmes nous fier aux masses de névé très-abruptes du couloir. Sur un petit rebord je trouvai un appui suffisant pour pouvoir mesurer l'inclinaison. La pente formait un angle de 45° avec l'horizon. En travers, à une faible distance au-dessous de moi, s'ouvrait une profonde fissure.

Le soleil éclairait maintenant les sommets qui l'avaient d'abord caché. Il dardait ses rayons avec une si grande force, que nous fûmes obligés de recourir à nos voiles et à nos lunettes de couleur. Deux ans auparavant, Bennen était devenu presque aveugle à la suite d'une inflammation causée par la réverbération de la neige, et il prenait depuis cette époque extrêmement soin de ses yeux. Les rochers paraissant plus praticables, nous y retournâmes ; mais au bout de quelque temps, un mur vertical réellement inattaquable nous arrêta. Bennen examina soigneusement l'obstacle et finit par descendre vers la neige très-inclinée de sa base. Le chemin me parut peu sûr, mais je marchai sans hésitation, en suivant la trace des pas de mon guide.

Après être de nouveau remonté sur les rochers, nous

entrâmes dans le couloir de gauche où le talus de neige se trouva très-disloqué à sa partie inférieure, de sorte que nous fûmes obligés de passer au-dessus de ses crevasses et de ses précipices. La neige était unie et assez ferme pour rendre nécessaire la taille des escaliers. Bennen prit les devants : pour creuser chaque degré, il donnait un coup de pioche, levant le pied qui était en arrière exactement au moment où l'instrument descendait, ce qui constituait une sorte de mouvement rhythmé. Nous avançâmes de cette manière jusqu'à la base de la grande pyramide par laquelle se termine la montagne.

Un des côtés de cette pyramide s'étant écroulé, une muraille à pic de quelques milliers de pieds descendait jusqu'au glacier du Finsteraarhorn. Un rempart de rochers courait le long de la montagne et nous abritait du vent du nord, qui frappait en dehors l'effrayante barrière avec le bruit des vagues de la mer. « Maintenant, dit mon guide, nous avons à faire notre plus rude tâche. » Il fallut avancer à travers des roches abruptes et hachées, parmi lesquelles nous choisissions les aspérités qui paraissaient assez solides pour supporter le poids de nos corps. Chacun avait à songer à soi-même et je remplis à la lettre l'engagement pris avec Bennen de ne lui demander aucun secours. Mon appareil destiné à l'ébullition de l'eau, pendu sur mon dos avec ma longue-vue, me causait beaucoup d'ennui; il était lourd et ballottait d'une manière très-embarrassante pendant que je me glissais de roche en roche. Bennen m'offrit bien de le prendre, mais il avait déjà une grosse charge et j'étais résolu à porter la mienne. Les roches alternaient assez souvent avec des pentes de glace et de neige que nous pûmes traverser en quelques endroits; mais, lorsque ces pentes devenaient trop roides, nous n'avions que la ressource de nous retirer sur les pointes de roc les plus élevées. Le rempart dont j'ai parlé était interrompu en différents endroits par des brèches, à travers lesquelles le vent pénétrait avec un bruit ressemblant à des gémissements. Ces espaces vides me laissaient apercevoir le vaste théâtre des observations d'Agassiz, la jonction des glaciers de Lauteraar et de Finsteraar à l'Abschwung, ainsi que la moraine médiane sur laquelle se trouve l'hôtel des Neufchâtelois et le pavillon élevé par M. Dollfus-Ausset, dans lequel Huxley et moi avions trouvé abri deux ans auparavant. Bennen, impatient d'atteindre le sommet, recommandait de remettre les observations au moment où le succès serait assuré. J'y consentis volontiers et me tins désormais sur ses talons. Quoique très-fort, il s'arrêtait de temps en temps, appuyait la tête sur sa pioche, et haletait comme un daim poursuivi par le chasseur. Il se plaignait d'une soif ardente et, pour l'apaiser, nous n'avions que ma bouteille de thé; nous la partageâmes loyalement, mon guide en faisant l'éloge autant qu'il le pouvait.

Le sommet apparaissait toujours au-dessus de nous. Le vent du nord, de plus en plus fort, fouettait avec violence contre les créneaux. Nous redoublions d'efforts pour monter; enfin, gagnant l'extrémité d'un rocher, Bennen s'écria d'une voix de triomphe : « Le plus haut sommet ! ». Un instant après, nous y arrivions ensemble, ayant le dôme bleu du ciel au-dessus de nous et un monde de montagnes, de nuages et de glaciers à nos pieds.

Il y a parmi les guides une opinion très-répandue, d'après laquelle si vous vous endormez sur les hautes montagnes « vous dormez le sommeil qui n'a pas de réveil. » Bennen ne paraissait pas partager cette superstition et, avant de nous lever le matin, j'avais stipulé que je prendrais quelques minutes de sommeil en arrivant à la cime, comme une compensation à la perte du reste de la nuit. Mon premier acte, après avoir jeté un regard sur le magnifique panorama, fut donc de me prévaloir de cet accord. Après un court repos, je me relevai rafraîchi et parfaitement alerte. Le soleil dardait avec force et j'exposai mes thermomètres à ses rayons ; mais déjà de légers voiles de vapeurs s'étaient placés devant l'astre, et des brouillards plus denses s'étendaient au-dessus de la vallée du Rhône. Toute possibilité d'observation simultanée entre Ramsay et moi étant ainsi détruite, je me contentai de mettre en train mon appareil d'ébullition, qui me donna 86°,1. Dans un endroit abrité, je plaçai un thermomètre à minima, dans l'espoir qu'il pourrait indiquer, pendant les années futures, la plus basse température atteinte en hiver sur ce sommet[1].

Il est difficile de décrire la vue dont on jouit sur le Finsteraarhorn. On peut, il est vrai, ranger sur une liste les montagnes visibles, en indiquant leur hauteur et leurs distances et en laissant à l'imagination le soin de les hérisser de pics, de creuser une suite de précipices à côté des neiges unies ou des glaciers déchirés et d'envelopper de nuages les plus hauts sommets ; mais, l'imagination, en faisant de son mieux, atteindra difficilement la réalité et omettra mille détails qui contribuent à la grandeur de la scène.

Qu'on se représente les formes variées des montagnes, grandioses ou gracieuses, baignées dans la lumière dorée ou couvertes de l'ombre des nuages ; les pics d'un blanc pur, les corniches, les dômes et les amphithéâtres ; les fentes bleues de la glace, les neiges stratifiées ; les glaciers descendant des neiges éternelles et serpentant à travers les vallées ; la surface ondulée et brillante des nuages inférieurs, à travers lesquels percent çà et là des collines sombres comme des îles volcaniques au-dessus de la mer. Qu'on ajoute aux impressions produites par ce tableau la conscience d'une position périlleuse à une hauteur de 14,000 pieds au-dessus de la mer, dont le bruit du vent rappelait la voix lointaine, on comprendra

[1] Ce thermomètre fut retrouvé en 1859; l'index marquait 32°.

que tout contribuait à rendre la scène digne du Finsteraarhorn, du monarque des Alpes bernoises.

Mon guide dut m'avertir plusieurs fois de la nécessité de nous remettre en route. Nous fîmes nos paquets et, quand nous nous trouvâmes prêts à partir, il me demanda si nous ne nous lierions pas ensemble, ajoutant qu'il ne le croyait pas nécessaire. En montant, nous avions été séparés et l'idée de nous attacher ne s'était pas présentée à mon esprit. Je crus cependant prudent d'accepter cette proposition et nous unîmes nos destinées par une forte corde. « Maintenant, dit Bennen, n'ayez aucune crainte; de quelque manière que vous vous précipitiez, je vous retiendrai. » Plus tard, sur un autre sommet des Alpes, je répétais ce dire à un guide très-vigoureux, qui me fit observer que Bennen s'était trop avancé et que, dans les passages les plus difficiles, il n'eût guère pu me retenir. Néanmoins, une vaillante parole fortifie le cœur, et, quoiqu'il n'y eût en moi aucune trace du sentiment que Bennen m'exhortait à bannir et que je fusse déterminé à ne lui donner, autant que possible, aucune occasion d'essayer ses forces, j'aimai son hardi langage et je le suivis gaiement. Notre descente fut rapide et insouciante en apparence, parmi des pointes isolées, des blocs épars et des prismes verticaux de roches, où le moindre faux pas aurait certainement été la cause d'un grave accident.

Quittant enfin la crête des rochers, nous marchâmes de nouveau sur la neige. Le soleil avait fondu la croûte glacée que nous avions été obligés d'entailler le matin et, à chaque pas, nos pieds s'enfonçaient profondément; mais ces chutes, dirigées suivant la pente de la montagne, nous faisaient faire de rapides progrès. La croûte était même quelquefois assez dure pour nous permettre de glisser en restant droits. Dans une de ces glissades, Bennen lâcha pied et tomba en m'entraînant; je fis volte-face et, enfonçant la pointe de ma hachette dans la glace, je parvins à nous maintenir. Ce succès m'assura que je m'étais perfectionné comme montagnard depuis mon ascension au mont Blanc. Nous descendîmes même un long espace en nous laissant glisser sur le dos. Parvenus rapidement, mais avec précaution, dans la région des crevasses, nous nous arrêtâmes à l'endroit où nous avions déposé notre vin et, après avoir secoué nos habits couverts de neige, nous les fîmes sécher au soleil.

Quelques objets avaient été laissés à la grotte du Faulberg et la première intention de Bennen était d'y passer pour les prendre. Mais je préférai retourner jusqu'à l'Eggishorn, en traversant la glacier de Viesch. Bien que ce glacier présentât beaucoup de fissures couvertes de neige pour la plupart, nous détachâmes la corde et Bennen se contenta de me recommander de bien suivre ses pas. Trois à quatre fois il disparut à moitié, mais pour se retirer assez promptement. J'enfonçai aussi une fois, et le bruit que firent des fragments de glace tombant à une quinzaine de pieds au-dessous, m'apprit que je me trouvais à l'ouverture d'une crevasse. Mon guide se retourna rapidement pendant que je me dégageais; c'est le seul moment où je vis de l'anxiété dans sa contenance : « Certainement vous n'avez pas suivi mes pas, » dit-il.

Bennen essayait à peine la glace sur laquelle nous passions ; dans la plupart des cas, on pouvait juger de sa force par la forme et la couleur. Pendant longtemps nous prîmes à droite du glacier, en évitant les fissures constamment découvertes dans cette région. Nous suivîmes les traces d'un troupeau de chamois qui, d'après mon guide, avait grimpé du glacier sur le versant de l'Oberaarhorn et traversé ensuite le glacier de droite.

Nous rencontrions sur notre route de profondes crevasses et bien des fois je pus encore admirer l'habileté de Bennen. Tantôt il me conduisait au milieu du glacier, et tantôt sur la moraine ou le long des flancs de la montagne. Vers la fin du jour, nous eûmes à traverser les débris d'une grande avalanche. Après avoir quitté la glace, une heure de bonne marche nous conduisit à notre hôtel, où je fus cordialement accueilli par Ramsay. Je pris un bain chaud, je dînai, et un sommeil de huit heures me permit de me lever le lendemain matin frais et vigoureux comme si je n'avais jamais escaladé le Finsteraarhorn.

(J. Tyndall, *les Glaciers des Alpes.*)

IV

L'AVALANCHE DU PIC DE MORTERATSCH

LE MÊME (1864).

Descente sur les glaces. — L'avalanche. — Dévouement du guide. Recherche d'une montre.

Vers la fin de juillet 1864, me trouvant à Pontresina, dans la haute Engadine, je fus invité par deux amis à faire l'ascension du pic de Morteratsch. J'acceptai volontiers, car je désirais observer la configuration générale des Alpes, du haut de quelque point culminant du massif bernois ; je voulais aussi m'éclairer sur le mérite des guides de Pontresina. Nous prîmes deux de ces conducteurs avec nous : Jenny, le plus réputé de tous, et Walter, le chef du bureau des guides.

Notre plan était d'opérer l'ascension par le Rosegg et de retourner par le glacier de Morteratsch : nous faisions ainsi un circuit au lieu de revenir sur nos pas. Il nous fallut huit heures environ d'une marche agréable et réconfortante pour atteindre le sommet du pic.

Nous y demeurâmes une heure, et là, je sentis s'enraciner en moi une conviction déjà ancienne, rapportée de mes voyages sur d'autres sommets des Alpes, à savoir : que ces pics et ces vallées ne sont pas, comme le pense l'illustre président de la Société géographique, le résultat de l'action des feux intérieurs du globe, mais que l'eau et la glace, par leur action lente et prolongée, ont été les vrais sculpteurs des Alpes.

Jenny est un homme massif et lourd, qui monte avec quelque lenteur les pentes roides; mais il est incomparable par sa compétence dans les choses de montagnes. Nous fûmes particulièrement émerveillés de la manière dont il exécuta la descente, déblayant la route, avec adresse et courage, des obstacles que l'on rencontre dans la région supérieure des neiges.

Nous atteignîmes ainsi l'endroit où nous devions abandonner la route suivie le matin, et aussitôt nous nous trouvâmes sur des rocs escarpés et glissants. A notre droite, un large couloir, qui avait été jadis rempli de neige, formait un mur de glace incliné en talus.

Nous étions tous liés ensemble dans l'ordre suivant : Jenny en tête; je venais ensuite; puis mon ami H..., intrépide montagnard ; derrière lui son ami L..., et enfin le guide Walter. L... avait peu d'expérience : nous l'avions placé devant Walter, afin que le moindre faux pas fût immédiatement arrêté. Après un instant de marche sur les rocs, Jenny se détourna et me demanda si je pensais qu'il valût mieux continuer ou tenter le passage par le talus de glace à notre droite.

Je fus d'avis de continuer, mais, le guide me comprit mal et tourna vers le couloir. Je l'arrêtai avant qu'il l'eût atteint : « Jenny, lui dis-je, savez-vous où vous allez? le talus est entièrement de glace. » Il répondit : « Je le sais, mais la glace n'est à découvert que pendant quelques mètres. Je taillerai des marches dans cette partie dangereuse, et au delà nous aurons un bon appui sur la neige. »

Il tailla les marches, atteignit la neige, et se mit à descendre avec beaucoup de précautions. Nous le suivions tous en bon ordre. Peu après il s'arrêta, et, regardant les trois derniers d'entre nous, leur recommanda d'emboîter soigneusement les empreintes; il ajouta qu'un faux pas pourrait détacher une avalanche. Ce mot venait à peine d'être prononcé, que j'entendis le bruit d'une chute derrière moi, puis un choc, et en un clin d'œil je vis tourbillonner mes deux amis et leur guide.

Je me plantai aussitôt avec force pour résister à cet assaut, mais, en un instant, je fus entraîné par l'irrésistible impulsion qui emporta Jenny lui-même, et tous les cinq nous nous trouvâmes roulés avec une vitesse effrayante sur le dos d'une avalanche causée par une seule glissade.

Au moment où je fus précipité, j'inclinai la tête et enfonçai mon bâton dans la neige mouvante, cherchant à l'ancrer dans la glace solide. Je pus ainsi tenir ferme pendant quelques secondes; mais, ayant rencontré un obstacle, je fus rudement lancé en l'air, tandis que Jenny était précipité sur moi. Tous les deux nous perdîmes nos bâtons. Grâce à notre vitesse, nous avions franchi une large crevasse.

Un instant je fus tout à fait étourdi, mais je me relevai aussitôt et pus voir devant moi mes compagnons à demi enterrés dans la neige, cahotés d'un bord à l'autre par les ornières au milieu desquels ils passaient. Soudain je me trouvai avec eux, littéralement roulé par un bond de l'avalanche au-dessus d'une seconde crevasse. Jenny connaissait l'existence de cette cavité et y plongea tout droit. Cet acte de bravoure devait être infructueux. Le guide avait pensé, à cause du poids assez respectable de son corps, qu'en sautant dans la brèche, il exercerait sur la corde une tension suffisante pour nous arrêter tous; mais il fut lancé avec force hors de la fissure, tandis que la corde l'avait serré à l'étouffer.

Au-dessous de nous, maintenant, se trouvait un long talus conduisant à une éminence, d'où le glacier descen-

Avalanche du pic de Morteratsch.

dait par une pente roide, coupée de brèches profondes, vers lesquelles nous étions rapidement entraînés.

Sur le front de l'avalanche, roulaient mes deux amis et leur guide, presque enfouis par intervalles dans la neige. En arrière, la couche mouvante était moins épaisse, et Jenny, se redressant à chaque instant, essayait, avec une énergie désespérée, d'enfoncer ses pieds dans la glace.

Durant cette chute, je n'entendis que sa voix criant : « Halte ! Seigneur Jésus ! halte ! » Cette sorte de mémoire condensée, que décrivent les gens qui ont failli se noyer une fois, je l'éprouvai alors. Notre effort avait été trop soudain et l'excitation trop intense pour laisser place à la terreur. Comme l'escarpement devenait moins roide, la vitesse était sensiblement ralentie, et nous crûmes que nous allions nous arrêter. Mais l'avalanche traversa l'éminence dont j'ai parlé et reprit sa première vitesse. Alors H... passa son bras autour de son ami, comme si tout espoir était perdu. Pour moi, j'étreignis ma ceinture et luttai un instant pour me détacher. Ne pouvant y parvenir, je concentrai toutes mes forces sur la corde, pour aider à ralentir le mouvement. Ma participation dans le succès fut, je le crains bien, infinitésimale. Mais le puissant effort de traction développé par Jenny se fit sentir. Servi par un léger changement d'inclinaison, il réussit à nous arrêter tous à peu de distance des crevasses. Quelques secondes de plus, et nous ne pouvions manquer d'y être précipités.

Aucun de nous ne fut blessé gravement. H... sortit de la neige le front ensanglanté, mais la lésion était superficielle. Jenny avait eu la main déchirée contre une pierre. La pression de la corde laissait des bandes noires sur mes bras, et tous nous éprouvions une titillation aux mains qui persista pendant plusieurs jours. Je trouvai un bout de ma chaine de montre pendu à mon cou, et l'autre bout dans ma poche; quant à la montre, elle avait disparu.

Cela se passait le 30 juillet. Deux jours plus tard, je descendais en Italie, où je restai dix ou douze jours. Le 16 août, j'étais de retour à Pontresina et tentais une expédition à la recherche de l'objet perdu. Comme moi, mes deux guides pensaient que la neige devait être fondue maintenant au-dessus de la montre. A cause du faible pouvoir absorbant de l'or pour les rayons solaires, je présumais que si, après la chute, la cuvette s'était trouvée en l'air, la montre avait dû rester à la surface, au lieu de couler à fond, comme il arrive à une pierre en pareille circonstance. De la sorte, il eût été possible, malgré ses faibles dimensions, de l'apercevoir de loin.

Je fus accompagné au haut du glacier de Morterasch par cinq amis dont je ne puis assez louer la contenance. L'un d'eux, entre autres, membre du parlement, montra, malgré ses soixante-quatre ans, un courage et un calme admirables au milieu de passages très-difficiles.

Deux de mes compagnons seulement vinrent avec moi sur le lieu de l'accident, mais aucun de nous ne s'aventura sur la portion de glace où l'avalanche avait pris naissance. Comme nous posions le pied sur les débris de cette même avalanche, un roc du poids de plusieurs tonnes se détacha, sous l'action du soleil, d'un talus de neige situé au-dessus de nous, et fut précipité le long de la route que nous avions suivie en glissant.

L'énorme pierre tomba, de ricochets en ricochets, sur le renflement auprès duquel nous avions réussi à amortir notre chute; mais elle bondit en l'air, et, d'un seul jet, atteignit le glacier inférieur, soulevant autour d'elle un nuage de poussière de neige. Quelques fragments de corde retrouvés nous confirmèrent que nous étions vraiment dans le sillon de l'avalanche, et l'investigation commença.

Elle n'avait pas duré vingt minutes, lorsqu'un hurrah de l'un des guides, — Christian-Michel, de Grindelwald,

— nous signala que la montre venait d'être découverte. Nous la trouvâmes sèche, et parfaitement en état ; elle s'était maintenue à découvert, ainsi que nous l'avions conjecturé.

Comme je l'agitais à mon oreille, espérant à peine l'entendre me répondre, la petite créature donna à l'instant signe de vie. Elle avait séjourné dix-huit jours au milieu de la neige. Un tour de clef suffit à lui rendre aussitôt le mouvement. Depuis lors, elle a marché avec une régularité invariable.

J. Tyndall.

V

ASCENSION A LA JUNGFRAU

L. AGASSIZ, E. DESOR, FORBES, HEAT, DU CHATELLIER ET DE PURY (1841).

Hans Wahren. — Glacier de l'Oberaar. — Intérieur d'un précipice. — Neige rouge. — Glaciers de Viesch et d'Aletsch. — Les esprits du Roththal. — Le vertige. — Passage périlleux. — Sommet de la Jungfrau. — Cortége des grands pics. — Brouillard d'or. — Descente au clair de lune. — Lac de Mœrjelen.

Un sentier qui donne le vertige suit le bord du précipice ; on y marche entre la vie et la mort. Deux pics menaçants ferment la route solitaire. Parcours sans bruit ce lieu de terreur ; crains d'éveiller l'avalanche endormie.

Le pont qui franchit l'effrayant abîme, nul d'entre les hommes n'eût osé le bâtir. Au dessous, sans pouvoir l'ébranler, le torrent écume et gronde.

Une voûte sombre semble conduire vers l'empire des morts. Mais au-delà apparait la riante contrée où le printemps se marie à l'automne. Ah ! que ne puis-je échapper aux peines et aux tourments de la vie en me réfugiant dans cette heureuse vallée !

Quatre fleuves, dont la source est à jamais cachée, se précipitent dans la plaine. Ils coulent vers les quatre régions du monde, le couchant et le nord, le midi et le levant. A peine ces eaux bruyantes sont-elles sorties des flancs de leurs mères, qu'elles s'enfuient au loin et disparaissent dans le vaste Océan.

Au-dessus des multitudes humaines, les hautes cimes se dressent dans l'azur. Là flottent les nuées filles du ciel, entourées d'une auréole. Nul témoin terrestre n'assiste à leurs rondes solitaires.

Sur un trône éclatant, impérissable, est assise la Reine des montagnes, le front ceint de diamants, froide couronne qui étincelle sous les brillants rayons du soleil.

SCHILLER.

Avant de nous mettre en route, je crois devoir signaler un trait de l'un de nos guides, qui servira à faire connaître le caractère de ces montagnards et expliquera en même temps la confiance illimitée que nous avions en eux. Hans Wahren, l'ami de Jacob Leuthold, et l'un des plus intelligents entre tous les guides de l'hospice du Grimsel, était à notre service depuis plus d'un mois. Il était, en quelque sorte, le lieutenant de Jacob et se faisait depuis longtemps une fête de nous conduire à la Jungfrau, car lui et Jacob étaient les seuls qui fussent dans le secret de cette expédition. Mais il arriva que, la veille du départ, en descendant avec nous à l'hospice, il fut pris d'une violente inflammation au genou, que le médecin jugea grave. Malgré les douleurs qu'il ressentait, le pauvre homme ne pouvait se résoudre à nous laisser partir seuls. Pendant les deux jours de retard qui survinrent, son genou s'était sensiblement amélioré, à tel point que la veille du départ, il vint en boitant nous assurer qu'il pourrait nous accompagner, ne doutant nullement d'être guéri le lendemain. M. Agassiz, comme on le pense bien, lui refusa son consentement, en lui dépeignant tous les dangers auxquels il s'exposait. Le malheureux Wahren n'avait rien à objecter à ces raisons; mais le chagrin le plus amer était peint sur sa figure, et, voyant qu'il ne pouvait rien obtenir, il se retira dans un coin de l'appartement, où il pleurait, pendant que ses camarades faisaient les préparatifs du départ. Le lendemain, en entrant dans la chambre des domestiques, je fus très-étonné d'y rencontrer notre homme, déjeunant avec les autres guides. Comme je lui en exprimais ma surprise, il me demanda si donc il ne lui était pas permis de nous dire adieu. Je le remerciai de son attention, lui recommandant encore de bien soigner son genou; Agassiz en fit autant, et nous nous mîmes en route. Nous avions à peine fait un quart de lieue, lorsque nous le vîmes tout à coup, au contour d'un rocher, se mêler aux autres guides. Aussitôt tout le monde de se récrier, en lui demandant s'il avait réellement perdu la tête. Nous essayâmes encore de le détourner d'un projet que nous jugions funeste; mais, pour toute réponse, il nous déclara qu'il avait réfléchi aux dangers qu'il courait, et qu'il aimait mieux mourir que ne pas être de la partie. Loin d'insister, nous nous bornâmes maintenant à lui recommander la prudence, en faisant par devers nous quelques réflexions sérieuses sur ce qui avait dû se passer dans le cœur de cet homme, d'ordinaire si calme et si soumis, avant qu'il prît une pareille résolution.

Le 27 août 1841, à quatre heures du matin, nous partîmes du Grimsel (1,881 mètres), nous dirigeant vers le glacier supérieur de l'Aar, qui est séparé du glacier inférieur par le massif du Zinkenstock. Nous étions au sommet du monticule qui s'élève sur le bord de la rivière, lorsque les premiers rayons du soleil vinrent frapper la cime des hautes montagnes, tandis que leur base était encore ensevelie dans cette blancheur crépusculaire qui suit le coucher et précède le lever du soleil. Entre toutes ces cimes il y en avait une, au fond de l'horizon, qui brillait d'un éclat tout particulier; elle paraissait toute en feu. « Quelle est cette cime? » demandai-je aux guides. Ceux-ci, soit qu'ils l'eussent réellement cru, soient qu'ils eussent voulu employer ce stratagème pour exalter notre ardeur, nous répondirent : « C'est la Jungfrau! » La société entière en fut comme électrisée. Nous sentîmes tous notre courage grandir, et de ce moment je ne doutai plus de la réussite.

En deux heures nous atteignîmes l'extrémité du glacier de l'Oberaar; nous fûmes étonnés de voir que ce glacier qui, l'année précédente, était resté stationnaire, participait cette année au mouvement progressif propre à tous les glaciers de l'Oberland bernois. Il avait considérablement poussé ses moraines en avant, notamment sa moraine terminale et sa moraine latérale gauche; celle-ci, en empiétant sur le flanc de la vallée, en avait complétement enlevé le gazon, qui était labouré et retourné comme s'il avait été sillonné par le soc d'une charrue.

La montée nous fournit l'occasion de faire quelques observations intéressantes sur le rapport des roches polies et moutonnées avec la surface du glacier. — Du col, nous descendîmes sur le plateau de neige qui alimente le glacier de Viesch. C'est un vaste cirque de plus d'une demilieue de diamètre, limité au nord par l'immense massif du Finsteraarhorn, et cerné par dix grands pics, qui tous portent, chez les Valaisans, le nom de Viescherhorner, et dont les moins élevés ont plus de 3,000 mètres d'altitude. Ce fut au milieu de ce beau cirque que nous nous établîmes pour prendre notre dîner, dîner frugal s'il en fut jamais, mais que nous trouvâmes cependant délicieux, grâce à l'appétit que nous y apportions.

Nous descendîmes ensuite les champs de glace qui s'étendent au sud, vers le Valais. La neige était parfaitement homogène, sans aucune trace de roches éboulées, ni de corps étrangers à sa surface. Les crevasses avaient à peu près entièrement disparu, ou, si l'on en apercevait encore quelques-unes, c'était sur les flancs de la vallée. Aussi marchions-nous avec une entière sécurité, lorsque nous remarquâmes, à quelque distance de nous, plusieurs petites ouvertures. Curieux d'en connaître la cause, nous nous dirigeâmes de ce côté. Quel ne fut pas notre étonnement, lorsqu'en regardant dans l'une de ces lucarnes, qui n'avait pas plus de $0^{m},8$ de large sur $0^{m},32$ de long, nous vîmes qu'elle cachait un immense précipice ! Et dans ce précipice régnait une lumière azurée qui surpassait, en beauté, en transparence et en douceur, tout ce que nous avions vu jusqu'alors dans les glaciers. Que n'ai-je reçu le talent de reproduire, dans un langage digne de la nature, tout ce qu'il y avait de poésie dans cette simple combinaison de la neige et de la lumière! Jamais je n'avais vu de spectacle plus attrayant; nos yeux en furent tellement fascinés que nous ne nous aperçûmes pas d'abord que la croûte de neige qui recouvrait ce caveau enchanteur n'avait, en cet endroit, que quelques centimètres d'épaisseur ; cependant, je n'estime pas que nous y ayons couru de bien grands dangers, car la neige était fortement tassée, et le soleil ne l'avait pas encore ramollie. Après avoir contemplé l'effet entraînant de ce phénomène unique, nous voulûmes aussi en connaître la nature et la cause. C'était une immense crevasse de plus de 30 mètres de large et d'une profondeur que nous évaluâmes à 100 mètres au moins. A l'endroit où nous l'examinions, elle n'avait d'autre ouverture que la petite lucarne dont je viens de parler; mais, plus loin, elle correspondait à une large crevasse ouverte du côté de la rive droite, par laquelle entrait la lumière, et le toit intermédiaire, en tempérant le reflet des parois de neige, leur donnait une douceur et un charme indicibles. Les parois de ces caveaux, semblables à d'immenses murs de cristal, étaient composées de couches horizontales et parallèles, de $0^{m},8$ et 1 mètre d'épaisseur, d'une neige fortement durcie par le tassement, mais cependant cristalline; car elle n'avait point encore affecté la forme grenue du névé qu'on rencontre plus bas. Entre ces couches de neige il y avait ordinairement une petite bande de glace, mais d'une glace bulbeuse et peu compacte, quoique d'une teinte plus foncée que le reste des parois. Nos guides étaient tous d'accord pour affirmer que chacune de ces couches représente la neige tombée dans une année, et cette explication nous parut en effet la plus naturelle. Quant aux minces bandes de glace qui séparent les couches de neige, elles sont sans doute dues à l'action du soleil qui a agi successivement pendant un été à la surface de toutes les couches annuelles.

En poursuivant notre route nous rencontrâmes encore une quantité de crevasses semblables à celle que je viens de décrire, et nous acquîmes bientôt la certitude que le sol sur lequel nous cheminions était entièrement miné, car, en regardant dans une crevasse ouverte, nous la voyons ordinairement se prolonger dans l'intérieur de la masse, bien au delà de ses limites superficielles ; d'autres étaient ouvertes à la surface dans toute leur longueur.

Après avoir cheminé à peu près une heure sur les champs de neige, nous passâmes sur le névé, où nous rencontrâmes une quantité progidieuse de neige rouge. Comme les petits organismes qui composent la neige rouge sont ordinairement accumulés en plus grand nombre à quelques millimètres au-dessous de la surface, il arrivait qu'en les foulant aux pieds, nous les rendions d'autant plus apparents, et chaque pas que nous faisions laissait comme une trace sanglante qu'on suivait des yeux à une grande distance.

C'est sur la rive droite du glacier, à environ trois heures du village de Viesch, que nous attendait le passage le plus difficile. Il s'agissait de descendre une paroi de rocher à peu près verticale et très-élevée, au pied de laquelle tombait une belle cascade. Le chemin était une espèce de couloir qui présentait, çà et là, quelques légères saillies sur lesquelles on appuyait le pied. Quand ces points d'appui étaient insuffisants, on cherchait à s'accoler de son mieux contre les parois du couloir, en s'aidant du bâton, ou bien on réclamait l'assistance de l'un des guides; mais c'était un moyen auquel l'amour-propre se résignait difficilement. Quand nous fûmes de nouveau sur le glacier et que nous regardâmes la descente que nous venions de faire, il nous sembla impossible que ce fût là le chemin que prennent ordinairement les pâtres. Mais Jacob nous assura qu'il n'en existait pas d'autre. Nous comprenions encore moins comment ils y transportent leurs moutons; Jacob n'en savait rien lui-même. mais il prétendait que c'est par là qu'on les monte. Nous en étant plus tard informés à Viesch, on nous apprit que c'est réellement le seul chemin des pâturages supérieurs, que l'on hisse les moutons au moyen de cordes qu'on leur attache aux cornes, et, à défaut de cornes, au cou. Au reste, les pâtres eux-mêmes ne font pas souvent ce chemin. Lorsqu'une fois les moutons y sont, on les abandonne à eux-mêmes jusqu'en automne, et ce n'est que de temps en temps qu'un berger s'y rend pour leur porter le sel dont ils ont besoin.

Nous eûmes encore plusieurs fois l'occasion de constater, le long du glacier de Viesch, la manière dont le glacier use et façonne ses rives. La roche prédominante est encore ici le granit, tantôt à grains fins, tantôt à gros cristaux, ce qui ne l'empêche pas d'être, sur une foule de points, aussi uni que du marbre poli. On y remarque aussi, d'une manière très-distincte, les stries parallèles qui constituent l'un des caractères distinctifs des polis opérés par les glaciers.

Il était quatre heures du soir lorsque nous fîmes la dernière halte; c'était encore sur la rive droite du glacier de Viesch, en un endroit d'où l'on découvre, pour la première fois, le fond du Valais. Nous observâmes d'ici plusieurs anciennes moraines qui s'étendaient au loin sur la rive gauche du glaciers, jusqu'à une hauteur de plusieurs centaines de mètres au-dessus de son niveau actuel. Une quantité de blocs erratiques sont épars à des niveaux plus élevés encore, et semblent remonter jusqu'au sommet de la montagne.

Il nous restait deux lieues à faire. Personne n'était très-fatigué, quoique nous fussions sur pied depuis douze heures; mais un cri de surprise nous échappa lorsque, au contour de la montagne, Jacob nous montra le chemin que nous avions à suivre. C'était une pente très-escarpée, d'au moins 300 mètres de haut, que longeait un petit sentier d'apparence fort peu commode. L'air désespéré des uns, l'expression de résignation des autres, eussent pu faire le sujet d'un charmant tableau, s'il s'était trouvé parmi nous un artiste qui ne fût pas trop fatigué. Enfin nous arrivâmes à six heures du soir aux chalets de Morjelen, où nous devions passer la nuit et où les pâtres nous reçurent très-cordialement.

Le lendemain, nous montâmes immédiatement sur le glacier d'Aletsch. A l'endroit où il se coude, nous jouîmes d'une vue magnifique dans deux directions. La Dent-Blanche, le mont Cervin, le mont Rose et le Strahlhorn formaient le fond d'un tableau au sud-ouest; tandis que devant nous, au nord, surgissaient au fond du glacier les grandes cimes de la Jungfrau, de l'Eiger et du Monch, qui semblaient nous inviter à la persévérance, tant elles paraissaient rapprochées.

Le glacier d'Aletsch est, en général, très-uni; c'est, de tous les glaciers, celui qui a la plus faible inclinaison. Nous marchâmes à peu près deux heures sur la glace compacte, après quoi nous passâmes dans la région des crevasses, qui est la limite entre la glace et le névé. Cette région a près d'une lieue de large. Le névé qui lui succède est le plus beau de la Suisse. Il commence à peu près à la hauteur du Faulberg. On le reconnaît de loin à un certain air de vétusté qui forme un contraste frappant avec la blancheur étincelante des champs de neiges supérieurs. Il est déprimé au milieu et relevé sur les bords, ce qui est un caractère essentiel de tous les névés. Les crevasses y étaient très-rares cette année, car nous n'en rencontrâmes que quelques-unes fort étroites. Aux champs de neige qui commencent avec la montée, nous fîmes, à neuf heures et demie, la première halte, en un endroit que nous appelâmes le *Repos*, parce que le trajet qu'on vient de faire et les immenses pentes qui s'élèvent en face invitent naturellement à y prendre quelque rafraîchissement.

Nous rencontrâmes sur le premier plateau de neige des crevasses, qui sont surtout fréquentes là où les pentes commencent à devenir roides. Ce sont, comme celles du névé de Viesch, des crevasses de terrassement. Nous en vîmes encore ici qui avaient près de 30 mètres de large ; mais, comme elles ne sont pas très-continues, elles se laissaient d'ordinaire contourner ; ou bien elles étaient masquées et, dans ce cas, nos guides devaient user de la plus grande circonspection pour ne pas trop nous exposer ; aussi avancions-nous bien moins vite que nous ne l'eussions désiré, et, malgré toutes les précautions, plusieurs d'entre nous enfoncèrent, mais sans se faire aucun mal. Nous escaladâmes ainsi plusieurs terrasses, et, nous dirigeant toujours à l'ouest, nous arrivâmes dans un vaste élargissement, dominé de toute part par de grands pics, dont le plus haut était la Jungfrau. Jacob nous fit faire ici une seconde halte, sans doute pour reconnaître le terrain. Quant à nous, nous ne voyions de toute part que difficultés insurmontables. A droite, des pentes verticales ; à gauche, des massifs de glaces qui menaçaient de nous écraser dans leur chute ; et devant nous la *rimaye* ou grande crevasse qui paraissait infranchissable, tant elle était béante. Je demandai à Jacob dans quelle direction nous allions monter ; mais il refusa de me répondre, se contentant de nous dire que nous n'avions qu'à le suivre en toute confiance, que, quant à lui, il voyait déjà le chemin qu'il fallait prendre. Plus tard j'ai reconnu qu'il avait raison d'éluder ma question, car il est vraisemblable que nous ne serions jamais arrivés si tout le monde avait voulu émettre son opinion dans les passages difficiles.

Il était alors près de midi, la chaleur était excessive, et, pour se rafraîchir, nos guides s'appliquaient des poignées de neige sur la nuque. Plusieurs d'entre nous en firent autant, malgré les remontrances des autres qui, effrayés d'une pareille imprudence, oubliaient que, dans ces régions élevées, l'organisme matériel, de même que la nature morale, est beaucoup plus indépendant des influences pernicieuses que dans la plaine. La réverbération de la lumière par la neige était aussi des plus intenses et presque insupportable. En pareille circonstance, on ne peut guère se passer de voile, mais il a, d'un autre côté, le grand inconvénient de rendre la marche moins sûre et d'augmenter considérablement la chaleur du visage, en empêchant l'air frais d'y arriver. Aussi Agassiz préféra-t-il s'exposer à avoir la figure grillée plutôt que d'en faire usage.

Nous nous dirigeâmes droit sur la grande rimaye, que nous atteignîmes après avoir gravi une quatrième terrasse. C'est un gouffre d'une profondeur inconnue, qui s'ouvre sur la pente de l'avant-dernière terrasse, et pénètre un peu obliquement dans le massif de neige ; en aucun endroit sa largeur n'est de moins de 3 mètres, en sorte qu'il n'y avait pas moyen de la franchir sans échelle. Avant de passer outre, nous allâmes examiner les débris d'un éboulement, qui étaient gisants sur notre gauche, et qui semblaient s'être détachés peu de temps auparavant, car les empreintes qu'il avait laissées en roulant à la surface de la neige étaient encore toutes fraîches. Nous vîmes avec intérêt que les débris de cette avalanche, détachée d'une cime dont la hauteur est de plus de 3,000 mètres, étaient composés de couches alternées de glace bleue compacte et de glace blanche ayant l'apparence de la neige congelée. Ces diverses couches avaient deux, trois et même quatre centimètres d'épaisseur et alternaient trois et quatre fois dans un bloc d'un mètre cube.

Il s'agissait maintenant de passer la grande crevasse. Notre échelle avait 8 mètres de long ; elle était par conséquent plus que suffisante. Mais immédiatement au-dessus du gouffre, la pente de la terrasse était d'une rapidité effrayante, sur un espace d'environ 10 mètres. Nous l'évaluâmes à 50°. De plus, la neige, qui jusque-là avait été très-incohérente et presque poudreuse, avait pris tout à coup une dureté excessive, au point que les guides se virent obligés de tailler des marches. Notre courage allait subir la première épreuve ; Jacob et Jaun montèrent les premiers. Quand ils furent arrivés à mi-côte de la terrasse, ils nous envoyèrent la corde qu'ils tenaient par l'un des bouts et qui, fixée par l'autre à l'échelle, devait nous servir de rampe. Nous arrivâmes ainsi tous sans inconvénient, mais non sans quelques difficultés, au sommet de la terrasse. Les guides eux-mêmes s'exagéraient peut-être un peu les dangers de ce premier passage, car ils nous prodiguaient leurs directions et leur appui avec une libéralité que nous eussions trouvée fort superflue, sinon injurieuse, quelques heures plus tard.

Il était deux heures lorsque nous arrivâmes au col du Roththal. Ce col ressemble beaucoup à celui de l'Oberaar; comme ce dernier, il est dominé par deux très-hautes cimes : la Jungfrau au nord et l'extrémité du Kranzberg au sud. Sa largeur est ici de quelques mètres. Les brouillards accumulés dans le fond du Roththal ne nous permirent que quelques fugitifs regards dans cette vallée si sauvage et si déchirée, dans laquelle le peuple de nos campagnes place le séjour d'une bande d'esprits turbulents, connus sous le nom de *Seigneurs du Roththal*[1].

Nous évaluâmes à environ 300 mètres la hauteur de la dernière cime au-dessus du sol, et nous espérions la gravir en moins d'une heure, malgré son excessive roideur. Cependant nous vîmes bientôt que la montée était plus

[1] Hugi, dans son ouvrage sur les Alpes, cherche à rattacher ces fables à des phénomènes électriques.

difficile que nous ne l'avions supposé; au lieu de neige, nous ne rencontrâmes de toute part que de la glace compacte, dans laquelle les guides étaient obligés de tailler des marches pour nous empêcher de glisser; aussi n'avancions-nous que lentement. Nous montions depuis une heure, sans que le sommet se fût sensiblement rapproché, lorsque nous fûmes envahis par un brouillard des plus épais, qui permettait à peine aux derniers de distinguer ceux qui étaient en tête de la colonne.

C'était précisément à l'endroit le plus escarpé de la montée. M. Forbes, en ayant mesuré la pente, la trouva de 45°. La glace était tellement dure et tenace que, pendant un moment, nous ne pûmes faire que quinze pas en un quart d'heure. Le froid d'ailleurs se faisait sentir très-vivement, à tel point qu'il y avait à craindre d'avoir les pieds gelés, malgré le soin que nous prenions de nous donner autant de mouvement que possible. Voyant alors que notre position commençait réellement à devenir critique, Agassiz demanda à Jacob s'il espérait encore nous faire arriver au sommet. Celui-ci lui répondit avec son calme habituel, qu'il n'en avait jamais douté, et, au cri de *Vorwarts!* (En avant!) nous nous remîmes à monter avec la même ardeur qu'au commencement. Cependant l'un des guides nous avait quittés; il n'avait pas pu supporter plus longtemps la vue des précipices qui étaient à notre droite; et, en effet, le chemin que nous suivions était bien pour épouvanter tous ceux qui n'étaient pas sûrs de leur tête ou de leurs jambes. Cette dernière arête, qui a la forme d'une section de cône incliné et à paroi verticale, domine à l'est les champs de neige que nous venions de traverser et à l'ouest le névé du Roththal. L'inclinaison est cependant un peu plus forte du côté de l'ouest que du côté de l'est, car les fragments de glace que détachait chaque coup de hache roulaient tous dans cette dernière vallée. Comme nous n'avions pas de temps à perdre, nous montâmes tout droit, sans faire aucun zigzag. C'était d'ailleurs la méthode la plus rationnelle et la plus sûre, car, d'après les lois de la mécanique, on a bien plus de force en s'appuyant sur la pointe des pieds, et en tournant la face contre la pente qu'en montant obliquement, en sorte que si, par malheur, l'un de nous avait glissé, il n'eût pas été impossible aux autres de le retenir, tandis qu'autrement, cela eût été très-difficile. De plus, Jacob nous faisait marcher sur le bord de l'arête, parce que la glace y était en général un peu moins dure, ce qui accélérait d'autant la montée. Il en résultait que nous avions constamment le précipice sous nos yeux, n'en étant séparés que par un toit de neige en surplomb. Plusieurs fois, en écartant mon bâton un peu plus que de coutume, je le sentis traverser ce toit de neige, qui n'avait en certains endroits que $0^m,60$ d'épaisseur; et nos regards pouvaient alors, toutes les fois que le brouillard se dissipait momentanément, plonger verticalement par le trou du bâton sur le fond du grand cirque qui était à nos pieds. Loin de nous dissuader de cet exercice, nos guides y encourageaient au contraire tous ceux qu'ils savaient exempts de vertige; et je crois, en effet, que c'était un excellent moyen de nous donner de l'assurance.

Cependant les brouillards enveloppaient toujours le sommet, nous n'avions la vue libre qu'à l'est sur l'Eiger, le Monch et les cimes qui encaissent les glaciers de l'Oberaar et de l'Unteraar. Déjà nous désespérions de jouir du spectacle que notre imagination essayait de nous retracer, lorsque tout à coup le voile de nuages se souleva, et, comme si elle eût été touchée de notre persévérance, la Jungfrau se montra à nos yeux émerveillés, dans toute la beauté de ses formes puissantes et majestueuses. Je vous laisse à penser quelle joie nous dûmes éprouver à la vue de ce changement si inattendu! C'est,

La Jungfrau.

au reste, un peu l'histoire de la vie, si je ne me trompe. *Audaces fortuna juvat.*

Après avoir monté encore quelque temps dans la même direction, nous tournâmes brusquement à gauche, pour gagner un endroit où la roche était à nu, traversant ainsi la surface inclinée du demi-cône, dont la largeur est encore ici de près de 100 mètres. Pendant cette petite traversée, le sommet nous était resté caché ; et lorsque nous arrivâmes à l'endroit rocheux, nous vîmes, comme par enchantement, à quelques pas de nous, le point culminant, qui jusque-là avait semblé nous fuir à mesure que nous montions. De treize que nous étions en partant des chalets de Marjelen, nous allions arriver au nombre de huit, qui étaient : MM. Agassiz, Forbes, Duchattelier et moi, accompagnés de quatre guides, Jacob Leuthold, Michel Baunholzer, Johannes Ablanalp et Hans Jaun, de Meyringen. La Suisse, l'Angleterre, la France et l'Allemagne étaient ainsi représentées dans cette ascension.

Nos regards rencontrèrent ici pour la première fois la plaine suisse. Nous étions sur le bord occidental de la section de cône, ayant à nos pieds le massif qui sépare les vallées de Lauterbrunnen de celle de Grindelwald. A partir de ce moment, la scène nous parut entièrement changée ; les massifs, qui nous avaient semblé se rapetisser à mesure que nous montions, grandissaient maintenant de toute la hauteur que nous venions de franchir. Tout près de l'endroit rocheux, la montagne forme un petit coude à 3 mètres au-dessous de la plus haute cime ; c'est en même temps la limite de la glace, qui, plus haut, fait de nouveau place à la neige ou plutôt à un névé à très-gros grains. Nous vîmes, avec une sorte d'effroi, que l'espace qui nous séparait du point culminant était une arête presque tranchante, ayant de $0^m,15$ à $0^m,30$ de large, sur une longueur d'environ 6 mètres, tandis que les pentes, à droite et à gauche, avaient une inclinaison de 60 à 70°. —

« Il n'y a pas moyen d'arriver là, » dit Agassiz ; et c'était à peu près notre avis à tous. Jacob, au contraire, prétendait qu'il n'y avait aucune difficulté et que nous irions tous. Déposant alors les objets qu'il portait, il se mit en route, passa son bâton par-dessus l'arête, de manière à avoir celle-ci sous le bras droit, et marcha sur le flanc oriental, en foulant, autant que possible, la neige sous ses pieds, afin de nous faciliter la voie. Il arriva ainsi en un instant et sans aucune difficulté au sommet. Tant d'assurance et de sang-froid ranimèrent notre courage, et lorsqu'il revint sur ses pas pour nous y conduire après lui, personne n'osa plus refuser.

Le sommet est un très-petit espace, d'environ 0m,65 de long, sur 0m,48 de large. Il a la forme d'un triangle, ayant la base tournée vers la plaine suisse. Comme il n'y avait place que pour une personne, nous y fûmes à tour de rôle. Agassiz y monta le premier, appuyé sur le bras de Jacob, qui le précédait. Il y resta à peu près cinq minutes, et, lorsqu'il nous rejoignit, je vis qu'il était très-agité ; il m'avoua qu'en effet il ne s'était jamais senti pareille émotion. C'était maintenant à mon tour ; je n'éprouvai non plus aucune difficulté à faire la traversée ; mais, lorsque je fus au sommet, je ne pus, pas plus qu'Agassiz, me défendre d'une vive émotion en présence de ce spectacle accablant de grandeur. Je n'y restai que quelques minutes, assez longtemps cependant pour n'avoir pas à craindre que le panorama de la Jungfrau s'efface jamais de ma mémoire.

Ce n'est pas le vaste champ que les yeux embrassent qui fait le charme de ces vues de hautes montagnes. Déjà, l'année précédente, nous avions fait, sur le col de la Strahleck, l'expérience que les vues éloignées sont en général peu distinctes. Ici, au sommet de la Jungfrau, les contours des montagnes lointaines nous parurent encore bien moins précis. Mais eussent-ils été aussi distincts que la ligne du Jura, vue d'une éminence de la plaine, je crois que nos regards ne s'y seraient pas arrêtés longtemps, tant ils étaient fascinés par le spectacle que nous offrait notre voisinage immédiat. Devant nous était étendue la plaine suisse, et à nos pieds s'étageaient les chaînes antérieures qui, par leur uniformité apparente, semblaient exalter encore la puissance des grands pics qui s'élevaient presque jusqu'à notre niveau. En même temps, les vallées de l'Oberland, qui, au moment de notre arrivée, étaient envahies par de légers brouillards, se découvrirent en plusieurs endroits et nous permirent de contempler, en quelque sorte au travers des fissures, le monde inférieur. Nous distinguions, à droite la vallée de Grindelwald; à gauche, dans la profondeur, une immense crevasse, et au fond de celle-ci, un filet brillant qui en suivait les détours; c'était la vallée de Lauterbrunnen avec la Lutschine. Mais, par-dessus tout, l'Eiger et le Monch attiraient notre attention. Nous avions quelque peine à nous faire à l'idée que c'étaient là les mêmes cimes qui semblent plus voisines du ciel que de la terre lorsqu'on les voit de la plaine. Ici nous les contemplions de haut en bas, et leur très-grande proximité nous permettait en quelque sorte de les observer en détail, car nous n'en étions séparés que par le cirque de névé d'Aletsch. A l'opposite, du côté de l'ouest, s'élevait une autre cime moins colossale, mais plus gracieuse; ses flancs, entièrement revêtus de neige, lui ont valu le nom de Silberhorn (Pic argenté); dans la même direction, on découvrait plusieurs autres pics également couronnés de neige, dont le plus rapproché et le plus élancé nous parut être le Gletscherhorn. Ces sommités forment le cortége immédiat de la Jungfrau, qui s'élève comme une reine au milieu d'elles.

Au delà de l'Eiger et du Monch, dans la direction de l'est, les massifs qui bordent les glaciers de Finsteraar et de Lauteraar formaient un autre groupe plus étendu et plus sévère que celui au milieu duquel nous nous trouvions placés. C'étaient les Viescherhorner, l'Oberaarhorn, les Schreckhorner, le Berglistock, les Wetterhorner, et, au centre, le Finsteraarhorn, la plus haute montagne de la Suisse, qui seule, entre toutes, s'élevait au-dessus de notre niveau, et dont les flancs abrupts et rocheux semblaient défier notre ambition.

Du côté du midi, la vue était gênée par des nuages qui s'étaient accumulés depuis quelques heures sur la chaîne du monte Rosa. Mais cet inconvénient se trouva plus que compensé par un phénomène fort extraordinaire qui se passa sous nos yeux et nous intéressa vivement. D'épais brouillards s'étaient amassés sur notre gauche, dans la direction du sud-ouest. Ils s'élevaient toujours du fond du Roththal, et commençaient à s'étendre au nord, sur le massif qui sépare cette vallée de celle de Lauterbrunnen. Déjà nous craignions qu'ils ne nous envahissent une seconde fois, lorsqu'ils se limitèrent subitement, sans doute par l'effet de quelque courant de la plaine, qui les empêchait de s'étendre plus loin dans cette direction. Grâce à cette circonstance, nous nous trouvâmes tout à coup en présence d'un mur vertical de brouillard, dont la hauteur fut évaluée à 4,000 mètres au moins, car il pénétrait jusqu'au fond de la vallée de Lauterbrunnen et s'élevait de beaucoup au-dessus de nos têtes. Comme la température était inférieure au point de congélation, les petites gouttelettes de brouillard s'étaient transformées en cristaux de glace, et reflétaient au soleil toutes les couleurs de l'arc-en-ciel; on eût dit un brouillard d'or qui étincelait autour de nons.

Il était plus de quatre heures quand nous nous remîmes en route. C'était le moment difficile qui allait commencer. La montée déjà avait été pénible, que serait la descente! Aussi, je suis sûr qu'en toisant de l'œil l'immense pente que nous allions franchir, plus d'un d'entre nous aurait voulu déjà être au bas. L'inclinaison était trop forte pour que nous pussions cheminer à la manière ordinaire; nous descendîmes donc à reculons. J'avoue que les premiers pas me donnèrent un peu d'inquiétude; car, comme nous n'avions pas, Agassiz et moi, de guides devant nous pour diriger les pieds, nous étions obligés de regarder constamment entre nos jambes pour trouver les marches, ce qui faisait que la pente ne nous en paraissait que plus vertigineuse. Mais il nous suffit de quelques moments pour nous aguerrir, et telle était la régularité des marches, qu'après avoir fait quelques centaines de pas, nous pouvions au besoin nous en rapporter au tact de nos jambes, et nous dispenser de regarder l'endroit où nous posions le pied. Cependant la pente était toujours à peu près la même, oscillant entre 40 et 45°, c'est-à-dire à peu près pareille à celle des toits de nos cathédrales gothiques. Il y eut même un endroit où elle dut être de près de 47°. Malgré cette excessive roideur, nous ne mîmes pas plus d'une heure à atteindre le col de Roththal, car il était à peu près cinq heures quand nous y arrivâmes.

Il restait encore six lieues à faire pour regagner nos chalets, en sorte que, comme nous l'avions prévu, nous allions être dans le cas de traverser de nuit la partie la plus crevassée du glacier. Mais personne n'avait l'air de s'en inquiéter; au reste, la lune n'allait pas tarder à se lever, et les nuages avaient à peu près entièrement disparu de l'horizon. Nous traversâmes au pas accéléré les trois heures de névé qui succèdent au plateau de neige; cela se fit sans aucune difficulté, car le névé présente ici une surface parfaitement unie, sur laquelle on marche aussi sûrement et avec autant de facilité que sur une grande route. A peine la nuit était-elle arrivée, que nous vîmes la lune surgir en face de nous.

Nous étions alors à la hauteur des deux cols que j'ai

mentionnés plus haut, celui de Lötsch, à l'ouest, et celui qui conduit dans le névé de Viesch, à l'est. La lune était justement dans l'axe du glacier, en sorte que tout ce grand fleuve de glace était uniformément éclairé et reflétait une lumière qui devait nous paraître d'autant plus douce, que nous avions eu à souffrir beaucoup de celle du soleil pendant le jour. Les entrées des deux cols de Lötsch et Viesch étaient d'un effet magique ; car, comme ils sont à angle droit avec la direction du glacier, les montagnes qui les limitent au midi y projetaient des ombres d'une grandeur fantastique, tandis que de gros nuages, accumulés derrière l'Aletschhorn, donnaient au tableau toute la vigueur digne d'un pareil sujet. Qu'on ajoute à cela un calme parfait de l'atmosphère et un silence absolu autour de nous, et l'on comprendra que nous éprouvâmes encore un plaisir extrême à admirer ce spectacle unique, quoique nous eussions contemplé les vues les plus grandioses dans le cours de cette journée.

Bientôt nous entrâmes dans la région des crevasses. Nous jugeâmes alors convenable d'avoir de nouveau recours à la corde ; car, bien que le clair de lune fût très-beau, la lumière n'était cependant pas assez intense pour nous permettre de distinguer d'une manière précise la vieille neige de la neige fraîche, surtout durant le premier quart d'heure de cette traversée. Aussi faisions-nous des culbutes pour ainsi dire à tour de rôle, les guides aussi bien que nous. Il y eut même un instant où l'on eût pu concevoir des inquiétudes sérieuses sur l'issue de la traversée, car, à chaque pas, on était obligé de retirer l'un ou l'autre d'une crevasse. Cependant, peu à peu nous apprîmes à éviter les crevasses couvertes de neige, et nous nous tirâmes encore de ce mauvais pas sans avoir à déplorer aucun accident grave.

Après avoir bien soupé, nous nous remîmes en route pour la dernière étape. Il nous restait encore à peu près trois lieues à faire; mais, sauf les crevasses qu'il nous fallut enjamber, la route était facile, et nous arrivâmes presque sans nous en douter au bord du lac de Mõrjelen. Ici nous fîmes une dernière halte pour admirer un spectacle magnifique. Les blocs de glace flottante qui nageaient à la surface de l'eau étaient d'un effet saisissant, vus par ce beau clair de lune; en même temps, la tranche du glacier, dans le fond, nous apparaissait comme un immense mur de cristal; et, ce qui ajoutait encore à la beauté de ce spectacle, c'est qu'étant arrivés justement au moment où la lune allait passer derrière le massif qui domine le lac, nous vîmes en un quart d'heure les effets de lumière et les contrastes les plus variés. C'était une fin digne d'une pareille journée.

E. Desor.

VI

ASCENSION AU GALENSTOCK

PAR MM. E. DESOR, DOLLFUS-AUSSET ET DANIEL DOLLFUS

(1845).

Jacob Leuthold. — Ascension sur la neige fraîche. — Chaos des Alpes. Souvenirs. — Catastrophe. — Dévouement des guides. — Sauvetage.

Tous ceux qui ont visité l'Oberland avec un œil tant soit peu attentif, même les touristes, ont dû remarquer, au milieu de ces pics nombreux, si hardis, si élancés, une montagne qui se distingue entre toutes par une forme arrondie, représentant une imposante et magnifique coupole de neige. C'est le Galenstock (3,596 mètres), qui domine le beau glacier du Rhône, au point culminant de la chaîne qui sépare le Valais du canton d'Uri. J'avais plusieurs fois conçu le projet d'aller l'étudier sur place. Je m'en étais entretenu avec nos guides les plus expérimentés, qui, sans combattre mes projets, n'étaient pourtant pas disposés à les encourager, non qu'ils trouvassent la montagne trop haute ou trop escarpée, mais à cause de sa forme particulière.

— Remarquez bien, me disait Jacob Leuthold, que c'est

une montagne tout à fait à part. Elle a une pente de glace non interrompue de près de 1,000 mètres, qu'on ne pourrait escalader qu'en taillant des escaliers tout le long. Au besoin, c'est une affaire qu'on pourrait encore entreprendre ; mais, par une journée chaude, les escaliers courraient risque de disparaître par la fonte avant notre retour. Et vous savez que s'il fallait tailler des escaliers à la descente et à reculons, ce ne serait pas chose très-aisée.

« Il y aurait cependant un moyen d'y arriver, ajoutait-il, après un instant de réflexion, ce serait d'entreprendre l'affaire un jour qu'il serait tombé une forte neige pendant le mois d'août ou de septembre. »

Le brave Leuthold ne devait pas avoir cette satisfaction. Il mourut la même année, et de longtemps personne ne parla plus du Galenstock.

En 1845, l'occasion se présenta de ressusciter le projet d'ascension qui paraissait oublié. Un jour où nous avions été interrompus dans le cours de nos observations par une de ces violentes tempêtes qui se déchaînent parfois subitement sur les hautes vallées, nous dûmes battre en retraite, et ce ne fut pas sans peine que nous atteignîmes le Grimsel. A peine étions-nous arrivés à l'hospice, que le temps se remit complétement. A la tempête du jour succéda une soirée superbe et un calme parfait. Cependant la neige était tombée en trop grande quantité pour nous permettre de reprendre immédiatement nos études. Nous étions réunis sur le perron du vieil hospice, déplorant qu'elle nous empêchât de tirer parti d'un aussi beau temps, lorsque notre principal guide, celui qui avait remplacé Jacob Leuthold, me prit à part.

— Vous souvient-il de ce que Jacob vous disait il y a deux ans ? Ce pauvre Jacob, s'il pouvait être ici maintenant !

— Eh bien, que serait-ce? lui dis-je.

— Ce serait, me répondit-il, que nous irions demain...

— Et où?

— Au Galenstock.

— C'est maintenant le moment ou jamais, ajouta-t-il; il doit y avoir au moins quelques pieds de neige là-haut; si nous partons d'assez bonne heure, avant que le dégel se fasse, nous remonterons la grande paroi sans aucune difficulté, et, quant à la descente, ce sera une magnifique partie de traîneau. Qu'en pensez-vous?

J'allai me consulter aussitôt avec MM. Dollfus père et fils et, après quelques pourparlers, il fut décidé qu'on tenterait l'aventure. Les instruments dont nous comptions nous servir furent emballés séance tenante, les provisions préparées, et M. Dollfus déploya un rouleau d'étoffes dont il avait toujours une provision, pour tailler un drapeau destiné à flotter au haut du Galenstock.

Le lendemain 18 août, à trois heures du matin, nous nous acheminâmes vers le col du Grimsel. La compagnie se composait de huit personnes, M. Dollfus-Ausset, son fils Daniel, et moi, accompagnés de cinq guides. A quatre heures, nous avions atteint le haut du col dont le lac des Morts occupe le sommet. Le ciel était sans nuage, et la chaîne du mont Rose semblait un immense brasier, tant la coloration matinale était intense, tandis que les chaînes inférieures laissaient apercevoir au-dessus de leurs vallées ce hâle transparent que notre célèbre paysagiste Calame a su rendre avec tant de bonheur dans le magnifique tableau du mont Rose, qu'on admire au musée de Neufchâtel.

Du premier plateau nous descendîmes par une pente assez facile, quoique escarpée, sur la partie supérieure du glacier du Rhône, que nous traversâmes sans aucune difficulté, en prenant soin pourtant de nous attacher les uns aux autres, à cause des crevasses masquées par la neige fraîche. Le glacier franchi, nous abordâmes immédiatement le massif même du Galenstock, nous dirigeant en zigzag vers la partie la plus basse de l'arête. La neige était gelée, de sorte qu'elle ne s'affaissait guère que de quelques millimètres sous nos pas. Sans causer aucune fatigue, elle offrait un point d'appui suffisant pour qu'on se sentît en parfaite sécurité. Il n'était pas dix heures et déjà nous avions atteint la dépression en question, que nous avons désignée sous le nom de col de Galen. La vue que l'on a de ce col est imposante; elle embrasse d'un côté la grande chaîne du Finsteraarhorn et ses profondes vallées, de l'autre la partie supérieure de la vallée de Realp, celle qu'on suit en montant d'Andermatt à la Furka.

Nous nous acheminâmes à onze heures vers le point culminant, en montant une pente très-douce le long de l'escarpement, tout en nous tenant cependant à une certaine distance du bord, car nous avions remarqué que, dans l'alignement de l'arête principale, la neige surplombait en plusieurs endroits la paroi de rochers. Jamais ascension d'une haute cime ne s'est effectuée plus facilement et plus gaiement que celle-là. On eût dit une bande d'écoliers montant le Naye ou le Chasseral, plutôt que des naturalistes faisant la conquête d'une sommité vierge des Alpes. En arrivant près du point culminant, je cédai le pas à M. Dollfus fils, voulant lui laisser la satisfaction d'y planter le drapeau et de prendre en quelque sorte possession, au nom de la science, d'un point que le pied de l'homme n'avait pas encore foulé.

Au point de vue pittoresque, nous eûmes l'occasion de vérifier encore une fois une remarque que nous avions déjà faite à plusieurs reprises. Nous restâmes convaincus que le charme des vues de haute montagne réside bien plutôt dans les détails des sites rapprochés, que dans l'étendue du panorama que l'on a sous les yeux. Ce qui fascine, c'est le sublime chaos d'arêtes tranchantes, de pics élancés, au milieu de vastes champs de neige, de voûtes brisées, de pitons détachés, dont l'œil le plus exercé chercherait en vain à reconstruire l'enchaînement primitif. Ce sont encore ces contrastes de lumière et d'ombre qui ne font que mieux ressortir la puissance des reliefs. C'était surtout cette profonde crevasse de la vallée de l'Aar, et cette autre, non moins sombre, dans laquelle le Rhône va prendre ses premiers ébats au sortir du glacier ; c'étaient, sur le plateau, entre les deux vallées, ces deux rochers arrondis, étalant au soleil leurs surfaces polies, témoins de l'ancien séjour des glaciers. C'était, enfin, un peu plus loin, les géants des Alpes, aux flancs roides, aux sommets dentelés et déchirés, en partie d'anciennes connaissances, qui rappelaient de beaux moments de notre vie alpestre, entre autres le Schreckhorn, au sommet duquel on aperçoit encore la tige du drapeau que j'y avais planté en 1842, avec mon ami Escher de la Linth, et un peu plus loin, à droite, les trois cimes jumelles du Wetterhorn, que nous avions visitées ensemble l'année précédente et dont l'une, le Rosenhorn, conservait, elle aussi, des traces de notre passage. Nous nous retrouvions, de plus, entourés des mêmes guides qui nous avaient accompagnés sur ces différents sommets, et qui ne jouissaient pas moins que nous de ce grand spectacle. Ils trouvaient surtout du charme à se remettre en mémoire et à nous rappeler tous les incidents de nos différentes ascensions, depuis la Jungfrau jusqu'au Galenstock, à passer en revue les difficultés que nous avions rencontrées, et les dangers que nous avions pu courir sur chacune de ces sommités.

Il était près d'une heure quand nous nous remîmes en route. La neige s'était considérablement ramollie sur les pentes exposées au soleil, si bien que l'on s'y enfonçait maintenant jusqu'à mi-jambe. D'un autre côté, la pente n'était pas assez forte dans la direction que nous devions suivre, pour nous permettre de glisser. Il fallait, comme disent les guides, « des chevaux au traîneau, » termes dont ils se servent pour désigner les glissades qu'ils font faire à *leurs messieurs* en les prenant par les jambes et courant ainsi en bas de la pente.

Nous approchions maintenant de l'endroit où nous avions lieu de supposer que la neige était en surplomb au-dessus des rochers. Nous eûmes soin, pour plus de sûreté, de suivre exactement nos traces du matin. Nous marchions à la file, le guide Jaun en tête de la colonne. Je le suivais à quelques pas, puis venait M. Dollfus fils, après lui trois autres guides, et à quelque distance en arrière, M. Dollfus père accompagné du cinquième guide. Gais et heureux, nous devisions sur notre bonne chance et sur la surprise que devait causer aux touristes et aux guides de l'Oberland la vue d'un drapeau flottant au sommet de la cime inaccessible du Galenstock, lorsque tout à coup je vis une fissure se former devant moi et se propager avec la rapidité de l'éclair... J'aurai éternellement présent à l'esprit le spectacle de ce gouffre aux parois azurées, qui n'eut d'existence qu'un clin d'œil, le temps qu'il faut à un pan de montagne pour s'abîmer. — La fente, qui m'avait rasé le pied gauche, avait passé entre les jambes du guide qui me précédait. Soit instinct, soit hasard, il s'était jeté du côté de la montagne. Pas un cri, pas un murmure ne s'était échappé d'aucune bouche pendant cette scène. Mais quand je me retournai pour interroger mes compagnons, je ne vis que des figures bouleversées. Ils n'étaient plus en nombre... A deux pas derrière moi, *un bâton penchait sur l'abîme;* celui qui le portait avait disparu, emporté avec la partie de la montagne qui venait de s'écrouler. M. Dollfus, qui était à une petite distance, ne comprit pas sur-le-champ la cause de l'agitation qui était survenue. Il allait nous exhorter à être prudents, lorsqu'il s'aperçut que la troupe n'était plus au complet. Certes, en présence d'une découverte pareille, l'émotion d'un père n'a besoin ni d'excuses, ni d'explication. Celui qui manquait était son fils. Avant d'avoir le temps de nous reconnaître, nous nous trouvâmes enveloppés d'un épais nuage de neige ; c'était la poussière de la masse éboulée, que le vent nous amenait en tourbillons... Il me serait difficile de dire ce qui se passa en nous dans ces circonstances. Nous nous attendions à chaque instant, maintenant que le choc était donné, à voir une autre portion du flanc de la montagne se détacher et nous entraîner à notre tour dans le gouffre ; mille projets et mille souvenirs vinrent à la fois assaillir mon esprit. Et que ne devait-il pas se passer dans l'âme de celui que nous envisagions déjà comme une victime !

Peu à peu cependant, — il me serait impossible de dire après combien de temps, — les tourbillons de neige commencèrent à s'éclaircir un peu, de manière à nous permettre de distinguer vaguement quelques contours. L'espoir aussi commençait à renaître en nous, quand nous vîmes qu'il ne survenait pas de nouvelles crevasses. Je me disposai alors à m'avancer jusqu'au bord du précipice en m'étendant de mon long sur la neige ; pour plus de sûreté, je me passai autour du corps la ceinture dont M. Dollfus était toujours muni, afin que les guides pussent au besoin me ramener à la surface au cas où, par l'effet du poids de mon corps, une autre tranche viendrait à se détacher de la paroi de neige. Je ne dirai pas avec quelle anxiété M. Dollfus père me suivit du regard, combien de fois il me demanda si je n'apercevais aucune trace de son fils. D'abord je ne vis rien, si ce n'est une énorme masse de neige en mouvement, à une profondeur de plus de 1,000 mètres au-dessous de moi. C'était la masse éboulée qui se précipitait sous forme d'avalanche dans la vallée de Gor-

Ascension du Galenstock.

schen, au-dessus de Réalp. Après quelques instants cependant, je crus, à travers le brouillard et à peu près perpendiculairement au-dessous de moi, au milieu de la traînée de l'avalanche, apercevoir un objet sombre. Était-ce lui? Je n'osais encore y croire, je n'osais surtout répondre affirmativement à toutes les questions échappées de la bouche des guides. Bientôt cependant je n'eus plus de doutes. C'était bien le chapeau de mon ami et le coin de son épaule que je venais de reconnaître. Une autre question, non moins pressante, était de savoir s'il était mort ou vif. C'était M. Dollfus père qui m'interrogeait cette fois. Il m'eût été bien doux, on le conçoit, de surprendre en ce moment un signe de vie de la part de celui sur qui je tenais les yeux fixés, et de pouvoir répondre sur-le-champ à ce père au désespoir : « Votre fils est vivant ! » Mais comment nourrir un pareil espoir ? Il me semblait qu'à moins d'un miracle, il devait être écrasé ou étouffé par la neige. Aussi bien, c'était déjà une sorte de miracle qu'au lieu d'être entraîné par l'avalanche, il fût resté là, si près du sommet, à 25 mètres au-dessous de nous. Quelques instants plus tard je crus réellement remarquer un mouvement. Il n'était donc pas mort! On comprend l'impression que cette découverte dut produire... — Mais ce que l'on ne comprendra, ce que l'on ne croira que difficilement, c'est le dévouement dont fit preuve en ce moment l'un des guides. J'avais à peine articulé ces mots : « Il vit ! » que Hans Wahren, le guide de prédilection de M. Dollfus, se précipita du haut de l'escarpement. Nous poussâmes tous un cri d'épouvante en le voyant disparaître. Par bonheur il tomba dans la neige de l'avalanche, à 10 mètres du sommet, et, comme cette neige était très-molle, il s'y enfonça si profondément qu'il lui fut impossible de se dégager.

Sur ces entrefaites, M. Dollfus fils avait commencé à se remettre de l'étourdissement que lui avait causé sa chute. Il fit un effort pour regarder en arrière, et quand il m'aperçut au haut de l'escarpement, sa première pensée fut, on le conçoit, pour son père. La nouvelle que son père était sain et sauf et qu'il n'y avait eu d'entraîné que lui, ranima son courage. Il allait essayer de se relever, lorsqu'il s'aperçut qu'il n'avait plus l'usage de son bras droit. Était-il cassé, était-il démis, c'est ce qu'il ne savait encore. « Mais, démis ou cassé, c'est une bagatelle, nous cria-t-il, du moment qu'il n'y a que moi. »

Comment se faisait-il qu'il se fût arrêté dans sa chute à une distance du sommet relativement si faible? A l'aspect des lieux, des personnes d'un tour d'esprit un peu moins analytique auraient vu là certainement, et non sans quelque apparence de raison, une dispensation spéciale de la Providence. Le fait est que, sur cette longue pente si abrupte du Galenstock, il se trouvait une tête de rocher isolée, une sorte de petite pyramide rocheuse, contre laquelle vint frapper la partie du massif éboulé sur laquelle se trouvait M. Dollfus. Une portion de la neige y resta acculée, et avec elle celui qu'elle avait entraîné dans sa chute. Si celui-ci s'était trouvé sur tout autre point de ce long massif, il aurait infailliblement été entraîné avec l'avalanche et n'aurait pas tardé à disparaître dans ses pelotes gigantesques.

Il s'agissait maintenant d'aviser aux moyens de retirer M. Dollfus de cette position. Nous ne voyions point encore comment nous y prendre. Ce que nous savions cependant, sans nous être consultés, c'est que nous étions décidés à ne pas revenir sans lui. Mais nos guides, d'ordinaire si calmes lorsqu'il s'agit de dangers qu'ils connaissent, étaient complétement désorientés. Il n'y avait aucun moyen d'effectuer notre descente par l'escarpement qu'avait suivi l'avalanche. Il était donc indispensable de remonter M. Dollfus. Mais entre lui et nous il y avait d'abord une paroi verticale de 10 mètres, la tranche du névé écroulé, puis une pente très-roide, représentant une hauteur de 15 mètres.

Pour procéder aussi méthodiquement que possible, nous attachâmes l'un des guides à la corde et le fîmes dévaler 10 mètres, jusqu'à l'endroit où se trouvait son camarade Wahren, qu'il aida d'abord à se dépêtrer ; après quoi ils essayèrent de descendre les 15 autres mètres au moyen d'un de ces tours de force dont les chasseurs de chamois ont seuls le secret, et qui consiste à trouver exactement l'endroit où la neige est assez tassée pour servir de support au pied.

Ils arrivèrent ainsi, à force d'adresse et de patience et en se collant littéralement contre la neige, auprès de M. Dollfus, dont ils commencèrent par dégager le corps. Quand ils l'eurent complétement déterré, on constata avec douleur qu'il n'avait pas seulement le bras malade ; sa jambe aussi était compromise au point de refuser tout service. Le moyen de faire franchir à un homme en pareil état une pente de 60 et sur quelques points de 70 degrés ! A la descente, c'eût été impossible, mais à la montée il y a toujours plus de ressources. Aussi nos deux braves gens manœuvrèrent-ils si bien, qu'ils parvinrent à amener M. Dollfus jusqu'au haut de la contre-pente. Là, ils l'attachèrent à la corde et nous le hissâmes à nous, en ayant soin de faire couler la corde sur nos bâtons, que nous avions placés sur le bord du précipice. On employa le même procédé pour remonter les deux guides, qui arrivèrent sains et saufs au sommet.

Plusieurs longues heures s'étaient écoulées au milieu de cette recherche et de ces efforts pour retrouver celui que nous avions cru perdu. Quand nous fûmes de nouveau tous réunis au sommet, le soleil s'était déjà sensiblement abaissé sur le Finsteraarhorn. M. Dollfus était incapable de marcher. L'un des guides le prit sur son dos et le porta jusqu'au col de Galen. C'était là que nous devions prendre quelque nourriture, parce que là seulement nous pouvions nous croire entièrement hors de danger.

E. Desor [1].

[1] *Matériaux pour l'étude des glaciers*, recueillis par M. Dollfus Ausset, tome IV. Nous avons emprunté à cet excellent recueil une partie de nos ascensions des Alpes.

VII

CATASTROPHE DU MONT CERVIN

E. WYMPER, LORD DOUGLAS (1865).

Difficultés de l'ascension. — Halte au sommet. — Précautions sur la descente. — Effroyable inclinaison. — Chute dans le précipice. — Rupture de la corde. — Recherche des victimes.

Au mois de juillet 1865, la nouvelle suivante était donnée à un journal de Genève :

... En arrivant à Zermatt, le vendredi 14 au soir, nous avons appris que le pic de Matterhorn (mont Cervin), jusqu'alors inaccessible, avait enfin été atteint, et, qu'avec une lunette d'approche, on avait vu, à deux heures, des hommes sur le sommet.

Il était en effet parti la veille une expédition pour cette redoutable cime. Des Anglais avaient résolu de tenter encore une fois de gravir le géant qui surplombe de sa pyramide abrupte les hautes montagnes d'alentour, et dont la hauteur est de 4,482 mètres. Ils étaient quatre; l'un d'eux, M. E. Wymper, avait failli payer de sa vie, il y a deux ans, cette même ascension ; il était décidé, dit-on, à l'accomplir ou à y trouver la mort. Trois guides, deux de Zermatt et l'autre de Chamounix, accompagnaient ces hardis voyageurs.

Tout Zermatt ne parlait que de la grande nouvelle. La dernière cime de la chaîne du mont Rose avait été à son tour foulée par le pied de l'homme, et rien n'était impossible à l'audace et au sang-froid de la race anglo-saxonne.

Ceux qui ont visité Zermatt et vu le gigantesque pic se dresser au-dessus de sa large base, peuvent seuls comprendre le péril immense de cette entreprise. Mais, dans la joie du triomphe, on ne réfléchissait pas que tout n'était pas encore dit, et qu'il s'agissait de redescendre les flancs de la montagne.

Quoi qu'il en soit, une douloureuse nouvelle se répandit le samedi matin et parvint bientôt jusqu'au Riffel, où nous étions. Sur les sept voyageurs partis le 13 de Zermatt, trois seulement y étaient rentrés : les autres avaient péri en redescendant.

Nous extrayons le récit suivant de la lettre écrite au président du Club des Alpes, par M. Wymper, le seul des Anglais qui ait survécu.

C'est le mercredi 12 juillet qu'accompagné de lord Francis Douglas, je franchis le col de Saint-Théodule, dans le but de me procurer des guides de Zermatt. Après être sorti des neiges du côté nord, nous contournâmes les bases du grand glacier; puis, le glacier de Furgge passé, je laissai ma tente, des cordes et d'autres objets dans la petite chapelle qui se trouve auprès du lac Noir. De là nous descendîmes au village et j'y engageai les services de Pierre Tauggwald, en l'autorisant à s'adjoindre un deuxième guide.

Dans la soirée, arriva à notre hôtel le révérend Charles Hudson et son ami M. Hadow; tous deux me firent part de leur intention de chercher à gravir le mont Cervin, le lendemain au matin. Lord Douglas tomba d'accord avec moi sur la convenance de nous réunir à nos compatriotes.

Nous parlâmes dans ce sens à M. Hudson, qui accepta immédiatement cette proposition. Mais, avant d'admettre M. Hadow parmi nous, j'eus soin de m'informer de ses capacités comme marcheur; et, autant que je puis m'en souvenir, M. Hudson me répondit que son jeune compagnon avait gravi le sommet du mont Blanc en moins de temps que la plupart des touristes; il ajouta que M. Hadow s'était déjà distingué plusieurs fois dans les expéditions analogues, et qu'il le considérait comme parfaitement à même de tenter l'aventure ave nous. M. Hadow fut donc définitivement admis.

Nous nous mîmes en quête d'autres guides. Michel Croz était au service de M. Hadow et de M. Hudson. Ce dernier estimait que si Pierre Tauggwald consentait à nous accompagner, le nombre des guides serait suffisant; je communiquai cette pensée à nos hommes, qui l'approuvèrent.

Nous quittâmes Zermatt le jeudi, à cinq heures et demie du matin. Sur le désir exprimé par leur père, les deux fils Tauggwald vinrent avec nous. Ils portaient des provisions pour trois jours. Nous ne prîmes point de corde au village; il s'en trouvait de reste dans la chapelle du lac Noir. On ne cesse de me demander pourquoi nous n'emportâmes point le cordon en fil de fer inventé par M. Hudson, et qui faisait partie de son bagage. Je ne sais que répondre. Ledit cordon ne fut pas même mentionné par M. Hudson, et je ne l'ai vu qu'après la catastrophe. C'est de ma corde seule que nous nous sommes servis. Elle se composait de 200 pieds de la corde adoptée par le club des Alpes; puis de 150 pieds d'une autre espèce de corde que j'estime être plus forte que la précédente; enfin, de 200 pieds d'une corde plus mince et plus faible que la première; celle-ci avait été employée par moi jusqu'à l'époque de l'adoption générale de la corde du club des Alpes.

En quittant le village, notre intention était d'attaquer la

montagne d'une façon sérieuse, et nous étions abondamment pourvus de tout l'attirail dont une longue expérience nous avait démontré la nécessité. Cependant, le premier jour, nous ne nous proposions pas d'atteindre une très-grande hauteur, mais seulement de nous arrêter lorsque nous trouverions un lieu favorable à l'érection de la tente.

Nous montâmes en conséquence très-lentement; à huit heures, nous passions le lac Noir et suivions l'arête qui relie le Hornli au pic du mont Cervin proprement dit. Avant midi, la tente était fixée, nous étions à 11,000 pieds de hauteur; mais Croz et l'aîné des fils Tauggwald poursuivirent en éclaireurs, afin de gagner du temps pour le lendemain.

Ils revinrent tout heureux de nous informer qu'ils n'avaient point trouvé de difficultés insurmontables, et que, si nous les avions accompagnés, nous eussions pu gravir jusqu'au sommet et redescendre à la tente pour le soir. Le reste de la journée se passa à considérer la vue, à nous chauffer au soleil et à converser; le couchant fut magnifique, et tout nous promettait un très-beau temps.

Avant la tombée de la nuit, Hudson prépara le thé; je fis le café, et chacun de nous se revêtit du sac qui, dans les excursions alpestres, remplace le lit. Ainsi que les Tauggwald et lord Douglas, j'occupai la tente; les autres préférèrent rester dehors. Il était déjà nuit close que les précipices et les rochers répercutaient encore nos rires et les chants des guides. Nous étions heureux, et nul de nous n'appréhendait le moindre péril.

Avant l'aurore, nous étions debout et en marche; le cadet des fils Tauggwald ne vint pas plus loin. A six heures, nous avions atteint une hauteur de 12,800 pieds; nous décidâmes d'y faire une halte d'une demi-heure, puis l'ascension continua sans la moindre interruption jusqu'à dix

Le Cervin.

heures. A 14,000 pieds, nous fîmes une halte. Jusqu'à ce point nous avions gravi du côté nord et sans nous servir de la corde.

Tantôt je tenais la tête, quelquefois c'était Hudson. Nous étions arrivés au pied de cette partie du pic qui, considérée de Zermatt, semble perpendiculaire; impossible de poursuivre. D'un commun accord, nous gravîmes, pendant un certain temps, par l'arête, dont une des extrémités se dirige vers le village, puis il fallut tourner à droite, au nord-ouest.

Nous avions changé notre ordre de marche : Croz s'avançait le premier; je le suivais, puis Hudson, Hadow, Douglas, enfin Tauggwald et son fils. Ici la prudence et la lenteur devenaient indispensables. En certains endroits, nous ne savions guère à quoi nous accrocher. Dans les fissures et les rugosités de la roche était incrustée une neige durcie, et le roc lui-même était revêtu d'une mince couche de glace. Néanmoins, un montagnard pouvait encore y passer.

Toutefois, ici, nous découvrîmes que M. Hadow n'était pas suffisamment familiarisé avec ce genre de labeur; à chaque instant il fallait venir à son secours. Nul de nous, cependant, ne proposa de le laisser en arrière. Pour rendre hommage à la vérité, je dois ajouter que la peine qu'il avait à avancer ne provenait ni de fatigue, ni de faiblesse, l'expérience seule lui faisait défaut.

M. Hudson, qui me suivait, escalada la montagne tout entière sans qu'on dût une seule fois venir à son aide; quelquefois, après que Croz m'avait tendu la main pour m'attirer à lui, je me tournais pour offrir la main à Hudson : il la refusait toujours comme n'en ayant aucun besoin.

Cette difficile partie de notre tâche ne fut pas de longue durée; l'espace parcouru n'avait guère plus de 300 pieds de hauteur; à son extrémité, l'inclinaison diminua peu à peu : et, pour arriver à la cime même, je me détachai de la caravane, ainsi que Croz, et c'est en courant que nous arrivâmes au sommet du mont Cervin. Il était 1 heure 40; nos amis nous rejoignirent dix minutes plus tard.

On m'a prié de décrire l'état personnel de chacun lors de son arrivée à la cime. Aucun ne semblait fatigué, et je suis convaincu qu'aucun ne l'était. Croz se mit à rire quand je l'interrogeai à cet égard; au fait, nous n'avions été en route que pendant dix heures et je fis remarquer à Croz que notre marche s'était accomplie avec lenteur.

« Oui, me répondit-il, nous avons eu raison de ne pas nous presser; mais j'avoue que, pour descendre, je préférerais être seul avec vous et un guide. »

Mes compatriotes et moi, nous discutions déjà l'emploi de notre soirée, à notre retour au village.

La halte au sommet fut d'une heure. Je me concertai avec Hudson sur ce qu'il y avait à faire pour la descente. Nous tombâmes d'accord qu'il convenait de faire marcher Croz en tête, comme étant le plus fort. Hadow le suivait. Hudson qui, pour la sûreté du pied, valait un guide, voulut être le troisième. Lord Douglas venait ensuite, et le vieux Tauggwald était derrière lui. Je suggérai à Hudson la pensée qu'il ne serait pas mal d'attacher une corde au rocher lorsque nous arriverions à l'endroit difficile, que nous la saisirions des deux mains, et que nous y trouverions un très-efficace supplément de sécurité. Il approuva mon projet; mais nous ne décidâmes point positivement de le mettre à exécution. Tous s'attachèrent les uns aux autres, tandis que je terminais un croquis du sommet. Ils m'attendirent; je me reliai seulement au fils Tauggwald; et nous allions nous remettre en route, lorsque quelqu'un fit la remarque que nous n'avions pas laissé nos noms dans une bouteille.

On me pria de les écrire; pendant que je m'y prêtais commença la marche. Quelques minutes après, je les rejoignis ; ils se trouvaient dans l'endroit le plus difficile. On prit les soins les plus minutieux. Un seul homme bougeait à la fois ; lorsqu'il avait pris son assiette, le suivant s'avançait en silence. La distance moyenne existant entre nous était d'à peu près 20 pieds. On n'avait point cependant attaché au roc la corde supplémentaire ; on n'en parla point, et je ne crois pas même y avoir pensé alors.

Comme je l'ai expliqué, j'étais détaché des autres et je les suivais ; mais, au bout d'un quart d'heure, lord Douglas me pria de me rattacher au père Tauggwald, craignant, me dit-il, que s'il venait à glisser, ce dernier ne suffît pas pour le maintenir. Je le fis immédiatement ; c'était dix minutes avant la catastrophe, et c'est à cette précaution, prise pour un autre, que Tauggwald doit la vie.

Au moment de l'accident, tous étaient immobiles, je le crois du moins ; mais je ne puis le dire avec certitude, et les deux Tauggwald ne le peuvent pas davantage, parce que les deux hommes marchant en tête étaient à demi cachés par un épaulement du roc. Le pauvre Croz avait jeté sa hache, et, pour donner à Hadow plus de sécurité, il lui prenait les jambes et lui mettait les pieds, l'un après l'autre, dans les positions qu'ils devaient occuper, et, à en juger par les mouvements de leurs épaules, je pense que Croz se tournait pour descendre d'un pas ou deux ; c'est dans cet instant que M. Hadow doit avoir trébuché, puis être tombé sur lui.

Croz poussa un cri, je le vis glisser avec la rapidité de la flèche, suivi par Hadow ; une seconde après, Hudson fut arraché de sa place et lord Douglas avec lui ; ce fut l'affaire de deux secondes. Mais à l'instant même où nous entendîmes l'exclamation de Croz, je me renversai en arrière avec Tauggwald aussi ferme que le permettait l'effroyable inclinaison du rocher.

La corde qui nous reliait était tendue, et le choc nous atteignit comme un seul homme. Nous nous maintînmes; la corde se rompit à égale distance de Tauggwald et de Douglas. Pendant deux ou trois secondes, tout au plus, nous vîmes nos infortunés compagnons glisser sur le dos, en étendant les mains, puis ils disparurent l'un après l'autre, et tombèrent de précipice en précipice, sur le glacier, 4,000 pieds plus bas!...

Catastrophe du mont Cervin.

Pendant une demi-heure, le saisissement nous rendit immobiles. Paralysés par la terreur, les deux Tauggwald pleuraient comme des enfants et tremblaient comme la feuille. Descendus un peu plus bas, je demandai à voir la corde qui s'était rompue. Hélas! à ma consternation, je constatai que c'était la plus faible des trois. Nos malheureux amis, s'attachant les uns aux autres pendant que je dessinais, je n'avais pas pris garde à la corde choisie par eux. — On a prétendu que la corde s'est cassée par suite de sa friction sur le roc; il n'en est rien, et l'extrémité restée en ma possession ne justifie point cette manière de voir.

Pendant les deux heures qui suivirent, chaque instant me sembla être le dernier de mon existence. Les Tauggwald étaient complétement énervés et hors d'état de m'être utiles; ils chancelaient à chaque pas. Je dois cependant ajouter qu'à peine arrivés dans une partie plus facile de la descente, le jeune homme se mit à fumer et à manger, comme si rien de funeste ne fût survenu. — Je n'ai plus rien à dire de la descente.

Sans cesse, mais toujours en vain, je m'arrêtais pour chercher à découvrir des traces du passage de mes infornés compagnons. La nuit nous surprit quand nous nous trouvions encore à 13,000 pieds de haut. Nous n'entrâmes à Zermatt que le samedi, à 10 heures et demie du matin.

Dès mon arrivée, je demandai au maire d'envoyer autant de monde que possible sur les hauteurs dominant l'endroit où j'étais certain que mes amis étaient tombés. Plusieurs hommes partirent et revinrent au bout de six heures; ils les avaient vus, mais sans pouvoir les atteindre ce jour-là. Le lendemain nous nous mîmes en route en suivant la direction que nous avions prise quatre jours auparavant. Du Hornli nous descendîmes à droite de l'arête, et, les moraines du glacier du mont Cervin escaladées, nous arrivâmes sur le plateau qui termine ce dernier, en vue de l'angle où nous savions que les corps reposaient.

En voyant chacun de nos guides, au visage hâlé, pointer successivement le télescope sur un certain endroit, pâlir, puis remettre en silence l'instrument à son voisin, nous comprîmes qu'il n'y avait plus rien à espérer. Nous approchâmes. Les malheureux gisaient dans l'ordre où ils s'étaient trouvés sur le pic; Croz un peu en avant, Hadow près de lui et Hudson à quelque distance en arrière; quant à lord Douglas, impossible de le retrouver. A mon grand étonnement, je constatai qu'ils étaient attachés avec la corde du club ou avec la seconde corde forte, par conséquent, un seul fragment, celui qui existait entre Tauggwald et Douglas était la moins solide de tous.

Par ordre du conseil d'État du Valais, quatre jours après l'événement, vingt et un guides durent aller chercher et ramener au village le corps de nos amis. Ces braves gens accomplirent cette tâche dangereuse avec une intrépidité qui leur fait honneur.

Ils ne virent aucune trace du corps de lord Douglas, vraisemblablement arrêté dans sa chute par quelque pointe de rocher. Personne ne déplore sa perte plus profondément que moi; quoique jeune, c'était un montagnard accompli. Pour lui, le danger n'existait pas.

Je dus rester à Zermatt jusqu'au 22 juillet pour assister à l'enquête instituée par le gouvernement.

Telle est la triste histoire que j'avais à raconter. Une simple glissade, ou un simple faux pas, a été la cause d'une infortune qu'on n'oubliera jamais. J'ajouterai un mot. Si la corde ne se fût pas rompue, vous n'auriez pas reçu cette lettre, car nous n'eussions pas été de force à balancer le poids de quatre hommes tombant à la fois.

Mais je suis convaincu que nul accident ne fût arrivé si la corde qui liait Tauggwald au dernier de nos amis eût été roide comme celle qui rattachait ce guide à moi. La corde est d'un grand secours, mais elle ne doit jamais former anneau; car, si une personne tombe ou glisse, sa chute acquiert graduellement une vitesse à laquelle il est difficile de résister.

Édouard Wimper.

II

LES PYRÉNÉES
LES CAP NORD — LE PIC DE TÉNÉRIFFE

Sur les pentes méridionales des monts élevés, près de la dent de Mulhacen, vous êtes vers le soir au pied des rocs où s'arrêtent les nuages. Déjà la lumière abandonne les vallons, et l'obscurité s'étend sur la mer qui vous sépare du sol des Africains. En parvenant jusqu'à vous, entre les faibles tiges de l'yeuse, les clartés du couchant colorent les sommets inaccessibles, au-dessus des précipices dont le fond ne se distingue plus. Vous vous rapprochez ensuite du rivage, autant que le permet dans la nuit l'aspérité des lieux. Mille pieds plus bas les ondes roulent et se brisent sur la grève inégale. Ainsi que les familles des hommes, les vagues expirent sans cesse ; ce mouvement change pour renaître.

Mais au milieu des monts incultes un accord plus sévère, un solennel repos font oublier le temps et agrandissent la pensée. La vue pénètre dans un monde plus sombre et plus vaste, dans l'immensité des cieux. Quelquefois tout reste muet auprès de vous, et il semble qu'une voix tranquille, venue des profondeurs de l'espace, révèle un ordre plus grand, une puissance plus généreuse, une beauté plus constante.

SÉNANCOUR. — *Rêveries.*

Le cirque de Gavarnie

I

LE PIC DU MIDI

R. DE MIRBEL

Vallée de Barèges. — Le lac d'Oncet. — Fleurs et arbustes. Contemplation.

Nous attendions avec une sorte d'impatience que les neiges eussent abandonné les pentes du Pic du Midi de Bigorre pour tenter un voyage vers cette montagne célèbre. Déjà Ramond s'en était approché au commencement de juillet, mais il avait trouvé le chemin impraticable. et il n'avait point été au delà du lac d'Oncet. Depuis cette

8

époque jusqu'au 22, à peine le soleil avait-il été de loin en loin couvert de faibles nuages : ses feux, concentrés dans les vallées, embrasaient l'atmosphère. Il demeurait vainqueur des frimas; aucun obstacle ne devait plus nous arrêter.

Nous formâmes une société de treize ou quatorze personnes, et nous partîmes à quatre heures du matin. La majeure partie de mes compagnons de voyage avait pris des chevaux pour gagner le pied du pic. Quant à moi, j'allais à pied, selon ma coutume, portant sur mon dos la boîte de fer-blanc qui me servait à renfermer les plantes que je rencontrais. J'étais armé d'un long bâton ferré, et je m'étais muni de souliers à crampons.

Nous suivîmes la vallée de Baréges, le long du Bastan, et nous gagnâmes les pentes du Tourmalet. A sa base s'ouvre, vers le nord, une petite vallée latérale de laquelle sort un ruisseau qui va joindre ses eaux tranquilles à celles du Bastan impétueux. La vallée de Baréges adoucit un peu ici la rudesse de ses pentes menaçantes; son sol, moins aride, se couvre de verdure, et ses prairies sont émaillées de fleurs. L'asphodèle rameuse, dont la tige et les feuilles sont d'un vert éclatant et les fleurs blanches striées de rose, y était abondamment répandue; elle élevait sa tête au-dessus de fleurs plus modestes et non moins belles. La véronique saxatile, cramponnant sa tige ligneuse aux rochers qui perçaient la prairie de leurs pointes aiguës, semblait vouloir les cacher au voyageur. Ses jolies fleurs, d'un bleu foncé, surmontées de deux anthères blanches, la faisaient reconnaître de loin. Nous rencontrions aussi la gentiane à fleurs jaunes et le plantain des Alpes.

La vallée qui conduit au pic s'arrête au lac d'Oncet, où nous nous arrêtâmes pour déjeuner. Ceux qui n'ont point parcouru les montagnes ne sauraient se faire une idée du plaisir que l'on ressent à faire un frugal repas, auprès

Le Pic du Midi.

d'une eau limpide, après une longue et pénible course. Il semble que cet air vif et pur vous ramène aux institutions naturelles. On croirait, à voir le montagnard, qu'en abordant ce climat nouveau il a pris une nouvelle âme.

Les bords du lac étaient ornés de la violette biflore dont les fleurs dorées se mariaient avec le vert ardent de la prairie ; çà et là on apercevait, à la déclivité des côtes, la jaune arnica qui tenait sa tête penchée sur le lac, et déjà la lauréole odorante parait les environs des précipices de ses tiges rampantes couvertes de fleurs roses, et embaumait l'air de son parfum.

A l'ouest du lac, s'élevaient perpendiculairement de hautes montagnes dont le pied s'enfonçait sous les eaux ; au nord, le roc n'était pas praticable, mais il s'abaissait vers l'est et laissait voir les bases du Pic du Midi. C'était ce chemin que nous devions prendre ; la pente en était douce et facile.

Le soleil dorait déjà le sommet des montagnes et nous avertissait de nous remettre en marche. Nous partîmes laissant au bord du lac un de nos guides pour garder nos chevaux, et nous nous acheminâmes lentement vers la cime du pic. La raréfaction de l'air, l'état de la végétation, le silence de la nature, la solitude de ces lieux, tout nous annonçait l'approche des hautes régions. Un gazon sec, âpre et glissant, tapissait le rocher ; quelques plantes alpestres étaient répandues çà et là. Au milieu d'elles se faisaient remarquer la gentiane printanière et la gentiane acuale, ces deux compagnes inséparables, qui, nées à la même latitude, parcourent les mêmes régions, habitent le bord des eaux ou l'aride rocher, les terres grasses et profondes ou le mont qui en est dépourvu. Quelquefois aussi de jolies touffes de silènes récréaient la vue, et près d'elles le drasa à fleur gris de lin étalait son feuillage délicat. Plus loin, au milieu des éboulements et des débris, monuments de la toute-puissance du temps, croissaient dans les interstices des pierres quelques pâles fleurs qui trouvaient la vie au sein même de la destruction, et autour desquelles volaient de brillants papillons.

Après une heure et demie de marche, nous arrivâmes au sommet du pic. Les vapeurs de la nuit s'étaient dissipées, le ciel était serein, le soleil resplendissait. La chaîne entière des Pyrénées s'ouvrait en amphithéâtre devant nous. Sur la droite s'élevait Néouvielle, roc granitique couronné de neiges éternelles ; à gauche, la brèche de Roland, la tour de Marboré et le mont Perdu, dont la cime lointaine surpassait toutes les autres. En jetant les yeux du côté opposé, nous découvrions une plaine immense dont les limites vaporeuses se confondaient avec l'horizon. Nous embrassions à la fois ces monts, ces précipices, ces glaciers, ces neiges antiques, ces lacs aériens, immenses et silencieux ateliers de la nature, et ces champs fertiles que les torrents apaisés arrosent de leurs eaux fécondantes. Les cimes, qui naguère n'étaient pour moi qu'un inutile chaos et le résultat des bizarres caprices d'une nature aveugle, m'apparaissaient maintenant comme l'œuvre sublime d'une main bienfaisante. Je promenais mes regards sur ce monde merveilleux dont mon imagination pouvait à peine mesurer l'étendue, et dont la contemplation remplissait mon âme d'enthousiasme.

Quelques fleurs décoraient le plateau. Le muflier des Pyrénées insérait ses racines menues dans les fentes du roc, et le bleu clair de ses fleurs faisait ressortir le bleu pourpré de la saxifrage. A côté s'épanouissait la corolle dorée du pavôt alpestre. Les précipices abritaient cette belle saxifrage, rare ornement des montagnes, dont la fleur, d'une blancheur éclatante, rivalise avec l'éclat des neiges

B. DE MIRBEL.

II

ASCENSION A LA BRÈCHE DE ROLAND

B. DE MIRBEL. — J. PASQUIER.

Vallée de Gavarnie. — Route hardie. — Pont de Sia. — La Peyrade. — Amphithéâtre et cascade de Gavarnie. — Sentier à pic. — Les bergers. — Troupe d'isards. — Les glaciers. — Un contrebandier. — La brèche.

..... Je n'aurais pas entrepris une telle expédition si je n'eusse trouvé dans M. Jules Pasquier un homme fait pour partager ces travaux et plein de zèle pour connaître les secrets de la nature. Il avait admiré les beautés qu'offre le Pic du Midi, mais son âme ardente n'était pas rassasiée. Il savait qu'au milieu des neiges et des glaciers, quelques hommes intrépides s'étaient frayé une route jusqu'au sommet de la chaîne des Pyrénées, et c'en était assez pour piquer son émulation et lui faire mépriser les dangers.

Nous partîmes de Baréges le 8 août 1797, à six heures du matin. En arrivant à Luz, nous prîmes un guide et nous continuâmes notre route vers la vallée de Gavarnie. Ce n'est qu'en tremblant que l'on y pénètre. Tout y est grand, magnifique, sublime, et l'homme, entouré de monuments augustes, reconnaît sa faiblesse et la toute-puissance d'une main souveraine. Telle fut ma première pensée lorsque je pénétrai dans la vallée; la seconde fut plus satisfaisante pour mon amour-propre. Je ne pus voir sans admiration, sans orgueil, ce chemin suspendu sur le bord d'un épouvantable précipice, que le bruit du Gave rend plus effrayant encore. C'est ici que l'homme a déployé à la fois l'intelligence dans les conceptions, la force et l'adresse dans les travaux, la persévérance dans l'exécution. La vallée monte du nord au sud. A l'est et à l'ouest s'élèvent d'âpres rochers formés de bancs calcaires inclinés de la perpendiculaire au sud, et courant de l'orient à l'occident. Souvent le roc, s'élevant du fond des eaux vers le ciel, ne présente qu'un mur qui semble défier les efforts humains; souvent aussi il est plus incliné, et n'en devient que plus difficile à traverser, à cause des longues pentes formées de débris schisteux, de pierres détachées des hautes sommités et de terres mouvantes toujours prêtes à rouler vers les bas-fonds. C'est là cependant que l'on est parvenu à construire un chemin sûr, commode, et assez large pour rassurer le cavalier le plus timide. On ne voit point sans étonnement cette route s'élever avec la montagne, s'abaisser avec elle, l'esquiver ici, la ressaisir là, passer d'une rive à l'autre, se soutenir en voûte sur le torrent, et s'ouvrir un passage à travers les rochers de nos plaines jusqu'aux plaines espagnoles. Si la hardiesse de ces travaux devient l'objet de la curiosité du voyageur, la variété des sites, leur originalité, l'attachent encore davantage. La vallée présente partout des aspects différents. Les tapis verdoyants qui ornent le riche bassin de Luz se prolongent assez avant dans la montagne. Jetés avec négligence sur des pentes doucement inclinées que couronne une végétation vigoureuse et qu'embellissent de pittoresques chaumières, ils semblent annoncer la vallée de Tempé. Tout à coup les gazons disparaissent; à ces croupes arrondies succèdent des roches aiguës, les arbres vigoureux font place à des troncs déchirés par le temps et les frimas, qui penchent sur le précipice. Le Gave, resserré entre les rochers, mugit, s'élève, bouillonne et retombe sur lui-même; les bruyantes cascades se précipitent de tous côtés, et le roc menaçant pend sur la tête du voyageur.

Quand je vis cette vallée pour la première fois, il me semblait marcher de merveille en merveille; mais, ce qui me frappa le plus fut la vue du pont de Sia. Quelque temps avant d'y arriver, les bords du Gave revêtent des formes moins rudes; ses eaux ralentissent leur cours, elles se traînent au travers de gros pâturages, sous des arbres qui plient leurs branches en cerceau et les dérobent au regard. A peine a-t-on fait un quart de lieue, qu'un bruit sourd se fait entendre, et bientôt, comme par enchantement, on se trouve sur le pont qui, jusqu'alors, était resté caché. Il est orné de guirlandes de lierre: ses culées sont appuyées sur le roc et le Gave roule ses eaux à plus de cent pieds au-dessous de l'arche. A gauche, la montagne reprend son aspect sourcilleux; à droite, au contraire, elle conserve ses formes gracieuses. Sur le devant du tableau on aperçoit le torrent qui, pressé entre les parois des rochers, s'élève peu à peu, tombe avec bruit quand le terrain ne lui prête plus d'appui, et soudain redevenu tranquille, continue lentement son cours.

Nous arrivâmes bientôt à Gèdres. Ce village est situé au pied du Coumélie, roc granitique qui est le point de division de la vallée de Héas et de la vallée de Gavarnie.

..... Plus nous approchions du terme de notre voyage et plus les aspects devenaient imposants. Les formes bizarres et tourmentées avaient fait place aux contours graves et mesurés, et les couleurs vives et tranchantes à des teintes douces et uniformes qui confondaient les sommets aériens avec l'azur du ciel.

Nous vîmes, en passant, la belle cascade de Saousa qui tombe en pluie fine dans le Gave et que l'on prendrait pour une gaze légère agitée par les vents. Plus loin est l'affreuse solitude de la Peyrade, dont on ne saurait se faire une idée qu'après l'avoir vue. Représentez-vous une montagne dont les sommets brisés se sont écroulés les uns sur les autres, accumulant jusqu'au fond de la vallée des quartiers de roc dont la grandeur étonne l'œil et fatigue l'imagination. Les restes de la cime qui éprouva cette épouvantable secousse menacent depuis des siècles d'ensevelir ces immenses débris sous des débris nouveaux. Des blocs énormes se sont précipités les premiers dans le torrent, arrêtant les moindres masses, empilées les unes par-dessus les autres. Ces blocs sont séparés par de grands interstices, dont l'ingénieur a profité pour construire la route.

Il n'était que deux heures lorsque nous arrivâmes à Gavarnie. Nous n'étions pas fatigués, et nous nous dirigeâmes vers la vallée d'Ossau, pour mettre à profit la soirée. Cette vallée se divise en plusieurs branches; nous choisîmes celle qui conduit au lac des Espessières. — Au bord du lac paissaient de jeunes chevaux, que l'on envoie dans les montagnes pendant la belle saison. Effrayés par notre approche, ils montèrent brusquement sur les pentes et franchirent avec légèreté les sommets escarpés où ils semblaient nous défier de les joindre. Nous parvînmes à les attirer dans la plaine en leur montrant quelques poignées de sel. Tandis que nous étions encore occupés à les caresser, le Marboré et la brèche de Roland se couvrirent de nuages; un violent coup de tonnerre retentit dans la montagne, et les chevaux effrayés s'échappèrent de nos mains. Tremblants pour le succès de notre entreprise, nous reprîmes la route de Gavarnie. Mais bientôt le ciel s'éclaircit, les nuées se dissipèrent, le soleil couchant colora les cimes d'un vif incarnat et l'arc-en-ciel les ceignit de ses brillantes couleurs.

Nous reprîmes notre ascension à quatre heures du matin, conduits par un guide excellent, le nommé Rondo, que nous envoyait un ami. Vers cinq heures nous commençâmes à découvrir les sommets du Marboré. On les prendrait de loin pour des tours, tant leurs formes sont régulières. Après trois quarts d'heure de marche, nous nous trouvâmes en face de l'amphithéâtre de Gavarnie, dont la majesté est au-dessus de toute description. Au premier coup d'œil, on serait tenté de le prendre pour l'ouvrage des hommes, à cause d'une régularité peu commune dans les grands travaux de la nature. Mais la hardiesse du dessin, la richesse des formes, la masse énorme des blocs superposés, la magnificence d'une architecture à la fois élégante et simple, et surtout l'abondance et la variété de contours dans les différentes parties, vous instruisent, alors même que l'on remarque l'admirable symétrie de l'ensemble, de la présence d'un agent supérieur. D'immenses assises, plus reculées à mesure que les monts s'élèvent, forment des gradins couverts de neiges et de glaciers d'où tombent de nombreuses cascades. Sur la gauche de l'amphithéâtre, un impétueux torrent s'élance des montagnes, frappe dans sa chute un avancement du roc, et de là rejaillit dans le cirque. Cette magnifique cascade, mesurée géométriquement par Reboul, est élevée de 1,266 pieds. On serait tenté de mettre ce fait en doute, si le savant mathématicien qui l'affirme n'inspirait une entière confiance. Presque tous les étrangers qui visitent Gavarnie croient exagérer en donnant trois à quatre cents pieds à sa cascade. La plupart d'entre eux, il est vrai, n'ont jamais voyagé dans les montagnes, et ne considèrent pas que chaque objet particulier s'efface devant l'imposante grandeur de l'ensemble. Ce lieu célèbre offre peut-être ce qu'il y a de plus étonnant dans la structure des montagnes. Il présente au naturaliste de grands problèmes à résoudre, de nouveaux systèmes à établir ; au peintre un ensemble sublime où se trouvent réunies la grâce et la vigueur dans les formes, la vivacité et la richesse dans le coloris, l'harmonie et l'unité dans toutes les parties.

Le soleil dorait déjà le sommet des tours du Marboré, lorsque nous prîmes la route de la brèche de Roland. Rondo marchait le premier; il frayait la route. M. Pasquier le suivait, et moi j'étais tantôt devant, tantôt derrière, ramassant des plantes ou examinant la structure du roc. J'avais dit à Lagunier, notre guide de Luz, de ne point s'écarter, afin de me venir en aide au besoin. Il fallait gravir les rochers en face de la cascade. Nous nous avançâmes par un chemin dont l'inclinaison était effrayante. Formé par la chute de pierres arrondies et mouvantes, il était appliqué le long du rocher à pic, contre lequel nous nous serrions, et côtoyait un épouvantable précipice. Telle fut la route que nous eûmes à suivre pendant une demi-heure. Une autre s'offrit bientôt, plus dangereuse encore. L'intrépide Rondo s'avança le premier. Le rocher était exactement perpendiculaire; toutes les parties de notre corps étaient appliquées contre; nous placions la pointe du pied sur de petits avancements formés par la dégradation des couches, et nous nous soutenions en accrochant nos mains aux avancements supérieurs. Cette attitude pénible devenait presque insupportable lorsque Rondo était obligé de s'arrêter devant de nouveaux obstacles. Alors, chacun de nous, se roidissant contre le roc qui le repoussait en arrière, restait suspendu sur de faibles appuis, ayant sous lui un précipice de plus de 2,000 toises de profondeur. Heureusement cette situation ne dura pas longtemps. Nous arrivâmes bientôt sur un plateau délicieux, où nous trouvâmes un troupeau nombreux de brebis et de chèvres gardé par des bergers espagnols. Ils faisaient leur premier repas. Leur chien vint au-devant de nous et semblait, par ses caresses, nous inviter à y prendre part. Nous acceptâmes avec reconnaissance le lait qui nous était cordialement offert.

La brèche de Roland.

A quelques pas de là nous traversâmes une petite vallée de neige, et nous aperçûmes bientôt la brèche de Roland, qui nous était cachée depuis longtemps par les sommités situées entre elle et nous. Nous en étions séparés par de grands glaciers, et nul passage ne se présentait pour les éviter. Lagunier, également effrayé des dangers qu'il venait de courir et des obstacles qu'il lui restait à vaincre, nous déclara nettement qu'il ne ferait pas un pas de plus. Nous ne crûmes pas devoir le presser de nous suivre, pensant qu'il nous serait plutôt une charge qu'un secours.

Nous nous avançâmes dans une nouvelle vallée de neige, beaucoup plus grande que la première et d'un aspect ravissant. Au nord, le Taillon élève ses couches perpendiculaires à une hauteur prodigieuse. Au midi, les premiers gradins du mur de la brèche sont également à découvert; mais à l'ouest, le brillant tapis de neige, d'une blancheur éblouissante, suit mollement les sinuosités du roc, s'abaisse et se rehausse avec lui, se replie de cent manières et monte lentement vers la région des glaces éternelles, où une teinte bleuâtre altère sa blancheur.

Tandis que nous admirions la magique beauté de ces lieux, une troupe d'isards, le cou droit, la tête haute, le nez au vent, le pied ferme et sûr, s'élança d'un rocher voisin, s'arrêta sur les neiges, étonnée de notre présence, et, tout à coup, avec la rapidité de l'éclair, franchit la plaine glacée, sauta de roc en roc, de sommet en sommet, paraissant et disparaissant à nos yeux vingt fois en un moment, pour s'arrêter enfin, tranquille et calme sur la crête escarpée du Taillon.

Après avoir marché quelque temps dans la vallée de neige, nous nous dirigeâmes vers les glaciers qui étaient à notre gauche. Un contrebandier espagnol nous accompagnait. Plus accoutumé que nous à ce genre de marche, il franchissait avec rapidité les premières bandes des glaciers, et déjà nous avait laissés loin derrière lui, quand la glace s'ouvrant sous ses pieds, il y enfonça en poussant un cri perçant. Nous le crûmes perdu et courûmes pour lui porter secours s'il en était temps encore. Il s'était fortement cramponné aux parois du glacier et restait suspendu sur le gouffre, lorsque M. Pasquier arriva. Nous l'aidâmes à se dégager, mais non sans faire de sérieuses réflexions sur les dangers que pouvait nous faire courir la plus légère imprudence. Rondo était plein d'attention pour nous. Il creusait la glace avec un marteau et y formait des pas qui nous devenaient à chaque instant plus utiles, la glace prenant toujours plus de consistance et résistant déjà à la pointe ferrée de nos bâtons. Nous marchions silencieusement, regardant l'endroit où nous posions le pied, et jetant les yeux de temps en temps sur le gouffre où le plus léger accident nous eût précipités, et sur le trajet qu'il nous restait à faire. Cette pénible ascension dura près d'un quart d'heure pendant lequel, aux plus périlleux passages, nous ne pûmes nous défendre d'un frissonnement de crainte bientôt réprimé.

Nous touchons enfin au but de notre voyage ; les précipices sont loin de nous, et si nous gardons encore le souvenir des dangers courus, c'est pour mieux jouir de notre sécurité, c'est pour attacher un plus grand prix au spectacle sublime qui s'offre à nos regards.

Un mur immense s'élève entre la France et l'Espagne ; il est formé, comme le Marboré, de couches perpendiculaires et d'assises horizontales. Une brèche coupée à angle droit est la porte de communication des deux pays. Placé sur le seuil de ce magnifique portail, on distingue, au levant et au couchant, la barrière insurmontable élevée par la nature entre les deux peuples, et l'on aperçoit, au nord et au midi, les terres soumises à leur domination.

Il était près d'une heure lorsque nous quittâmes la brèche. Nous descendîmes les glaciers avec précaution, et sortîmes sans accident de ces dangereuses régions. Le soir même, à dix heures, nous étions de retour à Baréges.

(B. DE MIRBEL, *Extrait d'un voyage inédit.*)

III

ASCENSIONS AU MONT PERDU

RAMOND.

Cimes sublimes, de quelles pures et bienfaisantes jouissances ne formez-vous pas le principe! Quelles marques vives et éloquentes ne donnez-vous pas de la petitesse de ces idoles que le luxe met en honneur parmi les hommes, lorsque vous étalez devant eux l'immensité de vos points de vue et les masses sévères de vos éternelles pyramides, et que l'on aperçoit, du haut de vos sommets, les fumées des grandes villes s'élevant çà et là du milieu des provinces qui rampent à vos pieds! Quel architecte imiterait jamais votre magnificence, et où existerait-il des trésors qui la puissent payer? Tous les peuples, se donnant rendez-vous au travail, ne bâtiraient seulement pas une tour à la hauteur de la plus humble d'entre vous. Les nations antiques, vous mettant à part du reste du monde, vous considéraient comme la seule demeure digne des dieux; et il semble, en effet, que vos pics, à demi perdus dans les nuages, soient autant de signaux qui sortent de la terre pour enseigner aux hommes le chemin des cieux. Il n'y avait que la nature qui fût capable de rompre la monotonie de notre globe par des édifices tels que vous; et sans nous demander aucun effort, elle nous a ouvert d'elle-même les portes de vos vallées, comme si elle avait plaisir à appeler les hommes dans ces temples qu'elle a bâtis, où elle a inspiré aux premiers hôtes de la terre l'idée de sacrifier à l'Éternel, et dans lesquels elle ne cesse de nous découvrir de plus en plus vivement des merveilles de puissance et de beauté.

JEAN REYNAUD. — *Terre et Ciel.*

Vallée d'Estaubé. — Les pasteurs. — Les glaciers. — Périlleuse ascension et chute. — Apparition du mont Perdu. — Vallée de Béousse.

Nous partîmes de Baréges le 25 thermidor de l'an V, correspondant au 11 août 1797, précisément dix ans après mon voyage aux montagnes Maudites, et vingt après mon premier voyage dans les Alpes suisses. Qu'on me pardonne de rappeler des époques dont la mémoire m'est chère : elles m'ont laissé des souvenirs dont aucune idée importune ne vient troubler le charme. Nous étions nombreux cette fois. La Peyrouse était suivi de son fils, d'un de ses élèves, le citoyen Frizac de Toulouse, et du citoyen Ferrière, jardinier de l'École centrale de cette ville. J'étais accompagné de Mirbel et de Pasquier, qui venaient de faire le voyage de la brèche de Roland, et de Corbin et Massey de Tarbes, tous deux mes élèves, et dont le dernier surtout sera souvent mentionné avec éloge dans l'énumération que je publierai des plantes des hautes Pyrénées.

Descendus dans le bassin de Luz, nous enfilâmes ce grand chemin des curieux et des observateurs, cette vallée de Gèvres si justement vantée, mais tant de fois décrite qu'il est presque superflu d'en mentionner encore les singularités. On connaît ses précipices et ses cascades, et la hardiesse de la route qui en parcourt les escarpements. On sait de quels matériaux sont construits ces murs, le long desquels on marche suspendu sur un abîme.

Nous montâmes de Coumélie par un sentier tortueux et pourtant assez rapide, qui conduit les troupeaux de Gèdres sur les pâturages de sa région moyenne. — Une foule de granges sont répandues sur ces riches herbages; elles forment trois hameaux dépendant de Héas, Gèdres et Gavarnie. Nous n'y trouvâmes qu'un petit nombre d'habitants et de troupeaux, qui, à cette époque, sont encore dans les hautes montagnes.

Nous passâmes la nuit dans une grange, inquiétés par l'incertitude du temps. Cependant le vent du sud, qui avait chargé le Marboré des nuages de l'Espagne, finit par céder au vent du nord qui arrivait chargé des nuages de France. Ceux-là sont toujours élevés et enveloppent les cimes; ceux-ci sont toujours bas et rampants dans les fonds. Ils inondèrent peu à peu les vallées que nous dominions, formant une mer immense que perçaient comme des écueils les sommités au niveau desquelles nous étions parvenus. J'espérai une belle journée.

La meilleure partie de la nuit fut employée à me pourvoir de guides. J'avais amené de Baréges les deux hommes en qui j'ai le plus de confiance, mon Laurens, qui ne me quitte guère, et Antoine Mouré, qui le supplée quelquefois. Ce sont des montagnards à toute épreuve, mais les lieux que nous devions parcourir leur étaient aussi étrangers qu'à moi. Je fus donc chercher à Héas un chasseur d'isards qui m'avait été vanté pour la connaissance qu'il avait, disait-on, du mont Perdu ; le fait est qu'il n'en savait guère plus que nous. Je lui adjoignis encore deux habitants du Coumélie, qui me servirent beaucoup mieux, quoiqu'ils n'en sussent pas davantage; et dès le point du jour nous prîmes la route de la vallée d'Estaubé, marchant toujours sur les pâturages du Coumélie, qui s'y fondent presque de plain pied.

A peine on tourne de l'orient vers le midi, qu'on est arrêté par l'imposant aspect des vallées de Héas et d'Estaubé, ceintes de montagnes énormes quoiqu'en partie secondaires, et dont les formes également grandes et simples contrastent singulièrement avec le hideux désordre des cornéennes ruineuses et des granits démembrés qu'on a laissés derrière soi. D'ici, le mont Perdu laisse apercevoir sa cime. Elle est fort apparente, et néanmoins peu remarquable pour ceux qui ne la cherchent pas. C'est un cône très-oblique et très-obtus, tout resplendissant de neiges éternelles, et qui se montre au-dessus des hautes murailles de la vallée d'Estaubé. Je l'indiquai à mes jeunes compagnons, qui, en la voyant si nettement, se croyaient déjà au terme du voyage. Or, il ne nous fallait pas moins de quatre heures de marche pour atteindre seulement le pied du mur ; et ce mur, qu'il s'agissait de tourner et peut-être de gravir, j'en mesurais d'un œil inquiet les roides escarpements.

Cependant nous entrions dans la vallée d'Estaubé et nous contemplions en silence ses tranquilles solitudes. C'est à la fois le calme des hautes régions et des terrains secondaires. Des montagnes qui paraîtraient déjà considérables quand même on n'aurait pas d'égard à l'élévation de leur base, étonnent encore par une simplicité de formes qu'elles n'affectent communément que sur la lisière des grandes chaînes, et au voisinage des lieux où elles dégénèrent en humbles colonnes. Les masses, largement modelées, offrent ces contours coulants mais fiers qu'aucun accident bizarre ne fait sortir des limites du beau. Tout s'élève ou s'abaisse suivant de justes proportions. Rien ne trouble l'harmonie d'un dessin dont la sévérité modère la hardiesse ; et une couleur transparente et pure, un gris clair légèrement animé de rose, sympathisant également avec la lumière et l'ombre dont il adoucit le contraste, accompagne dans l'azur du ciel des cimes qui en ont revêtu d'avance les teintes éthérées.

Peu de débris et surtout très-peu de ruines récentes. La végétation s'avance avec sécurité jusqu'au pied des escarpements. Çà et là quelques vieux blocs dont la végétation s'est aussi emparée. Une petite rivière, qui plus bas deviendra torrent, circule paisiblement sur un lit de roche où le gazon dessine ses rivages. Là, le sorbier des oiseaux ombrage le sceau de Salomon, rare dans nos montagnes, mais qui acquiert ici des dimensions peu ordinaires à son espèce. Sur les versants des montagnes latérales, on voit le pin rouge qui y défie la cognée. Tous les blocs sont ornés des panaches flottants de la superbe saxifrage à longues feuilles. Dans les terrains incultes, c'est tantôt la carline des Pyrénées, tantôt le beau panicant décrit par Gouin, et qui passe quelquefois ici de l'améthyste au cramoisi. Sur les gazons, ce sont les deux carlines distinguées par Allioni et Villars, et dont la seconde, décrite sous le nom de carline à feuilles d'acanthe, se fait constamment remarquer par la couleur dorée de sa couronne calicinale.

Rien de brillant, rien de somptueux comme un gazon que chamarrent l'or et l'argent de ces deux carlines. Mais, ce que ne peuvent faire concevoir ni les énumérations botaniques, ni les descriptions, c'est la nuance du tapis qui enrichit cette superbe broderie. Si l'on appelle vertes les prairies de la plaine, comment qualifier ces pelouses, près de qui la verdure même des vallées inférieures a je ne sais quoi de cru et de faux?

Nous avancions toujours, et peu à peu tout finit par s'abaisser devant les murailles d'Estaubé, qui semblaient se rehausser à chaque pas que nous faisions pour nous élever vers elles. Déjà nous distinguions de beaux glaciers au bas des champs de neige dont elles sont bigarrées. Enfin, après quatre heures de marche, nous nous trouvâmes au-dessous du glacier intermédiaire, et nous nous arrêtâmes pour considérer ces murailles qui s'élançaient jusqu'aux cieux. Le lieu où nous nous trouvions est le plus haut où séjournent les bergers. On donne le nom de *couïlas* à ces stations passagères, et celle-ci s'appelle le *couïla* de l'*Abassat-dessus*. Nous y rencontrâmes deux pasteurs espagnols, du nombre de ceux qui louent les pâturages les plus élevés de nos Pyrénées, pour y conduire leurs troupeaux voyageurs. Ces deux hommes étaient étendus à côté d'une hutte de pierres sèches, qui n'avait que les dimensions nécessaires pour les contenir assis ou couchés. C'est tout ce qu'il faut à des nomades plus qu'à demi sauvages qui n'habitent cette âpre région que durant quelques jours de la belle saison ; ailleurs même ils se passent de cette commodité, et, pourvu qu'ils trouvent un abri sous quelque roche surplombée, ils n'ont garde de rien construire.

Deux hommes de cette sorte, deux habitués des environs du mont Perdu, nous semblèrent la plus heureuse des rencontres aux approches de cette montagne : c'était à qui les interrogerait. Mais des pasteurs n'ont que faire au séjour des neiges éternelles et leurs réponses me satisfaisaient médiocrement, quand un contrebandier de leur nation vint les joindre. Celui-ci était une autorité. Obligé de fuir sans cesse les routes battues et de se confier au hasard des plus dangereux sentiers, il devait avoir vu le mont Perdu de plus près, et, en effet, il avait bien autre chose à nous dire. Tandis que la grande question s'agitait entre ces Espagnols et nos guides, nous prenions un peu de repos et je combinais mon plan à ma manière. Le résultat unanime de la consultation fut qu'il fallait passer le port de Pinède, descendre dans la vallée de Béousse et remonter à droite par des rochers fort roides qu'on disait toutefois praticables. Mais, monter encore deux heures pour descendre une heure, et gravir ces rochers qui en devaient consumer quatre ou cinq, c'était se mettre en présence du mont Perdu au moment où il faudrait le quitter. J'avais considéré le glacier au-dessous duquel nous nous trouvions; il était encore couvert de neige, et ces neiges devaient le rendre accessible; l'inclinaison était forte, mais elle ne me semblait pas insurmontable; le glacier conduisait à une brèche qui paraissait s'ouvrir en face du mont Perdu. Je déclarai que j'étais résolu à risquer l'aventure. Ce procédé parut extravagant aux bergers. Ils avouaient bien que ces neiges étaient quelquefois praticables, mais ils ne croyaient pas qu'elles le fussent actuellement que des taches grisâtres indiquaient la surface du glacier. Le contrebandier fut d'abord le seul qui applaudit à ma résolution. Mon fidèle Laurens s'y rangea ensuite, après de mûres réflexions. Tous les autres souriaient, et nos guides locaux étaient précisément les plus incrédules et les moins déterminés. Il fallut mettre un terme à ces incertitudes : j'affirmai que je monterais le glacier avec quiconque voudrait me suivre; l'opiniâtreté ne manque jamais de décider l'irrésolution; on me suivit. Quant au contrebandier, il s'était déjà mis en devoir de faire honneur à son avis, et bientôt nous le perdîmes de vue.

... Nous nous élevâmes directement vers l'embouchure du glacier, par des pentes assez roides, mais gazonnées, qui paraissaient débarrassées depuis peu de temps des neiges dont elles sont couvertes sept ou huit mois de l'année. Ce gazon était à son printemps et déployait tout le luxe de la floraison alpestre.

Cependant nous approchions des murailles, et les moindres objets acquéraient des dimensions démesurées. Nous atteignîmes enfin les débris que verse la montagne et qui forment la moraine du glacier. Il fallut mettre le pied sur la neige et envisager de front le menaçant couloir au haut duquel nous devions trouver le mont Perdu. Au premier abord, ce n'était qu'un jeu; la neige avait une bonne consistance et une médiocre inclinaison; on s'y élança avec toute la confiance que donne l'inexpérience des montagnes. Mais nous n'avions pas fait cinquante pas que l'inclinaison augmenta; et on la voyait augmenter sans cesse. On regardait au-dessus de sa tête, et l'inclinaison augmentait toujours. La marche se ralentissait; on s'arrêtait, on se consultait. Je vis que La Peyrouse restait en arrière. Je lui fis essayer les crampons que j'emploie et que les élèves avaient adoptés à mon exemple : ce sont ceux dont Saussure faisait usage dans les voyages les plus périlleux. Mais ce secours lui était aussi étranger que les lieux qui obligent d'y avoir recours. Rien à son âge ne pouvait suppléer à l'habitude des montagnes. Je le conjurai de ne pas me charger de la responsabilité de son salut; il consentit à nous abandonner, et nous nous séparâmes au moment où je comptais le plus sur le concours de ses lumières.

Je le laissai donc au bas du glacier avec mon brave

Antoine, que j'avais attaché à son service, et ils s'assirent sur une roche d'où ils nous virent continuer lentement notre route. Nous n'avions pas marché un quart d'heure, que la neige durcit au point de ne plus recevoir l'impression du pied. Il fallut songer à assurer nos pas, en les traçant d'avance à l'aide de marteaux. Nous nous disposâmes donc en file, marchant tour à tour et du même pied dans les trous que creusaient les trois premiers de la colonne, travail où le jardinier Ferrière se distinguait par une ardeur qui contrastait singulièrement avec le sang-froid de nos montagnards. Durant la première heure tout alla bien. Nous évitions soigneusement la partie découverte des glaciers, et au moyen de nombreux zigzags, prudemment dirigés, nous éludions l'inclinaison d'une pente qui variait de 35 à 40 degrés, quand tout à coup nous aperçûmes un homme éperdu qui se collait contre un rocher d'où il nous appelait à son aide. C'était notre contrebandier. Son histoire était écrite sur la neige où nous distinguions une longue traînée. Le malheureux s'était aventuré sans crampon, sans hache, sans aucun des moyens de sûreté que les gens de son métier ne manquent jamais de prendre; il avait glissé plus de deux cents pas pour s'être trop approché du rocher. Une fois lancé, il était inconcevable qu'il eût réussi à s'arrêter. Nous aurions voulu voler à son secours : il fallut nous y traîner. Nous le recueillîmes enfin, et nous le plaçâmes dans nos rangs. Il avait perdu son chapeau, sa veste, sa pacotille ; il avait fait une perte bien plus considérable : il avait perdu son bâton qui l'avait devancé dans le précipice, et que nous ne pouvions lui rendre. Le reste était épars autour de nous, et nous eûmes bientôt recouvré la veste et le petit paquet de marchandises. Mais le chapeau était arrêté dans une position périlleuse; il nous coûta un bon quart d'heure de travail, quoiqu'il ne fût pas à vingt pas. En vain le pauvre homme était au milieu de nous : il ne pouvait se remettre. Notre assurance agissait moins sur lui que son inquiétude sur mes compagnons. Je voyais déjà sur le visage d'un couple d'entre eux les signes d'une frayeur dont je redoutais les suites. A chaque pas on me demandait de mesurer l'inclinaison du glacier : elle allait à 60 degrés. Il fut question de changer de route et d'essayer les rochers qui bordaient la glace. Ce n'était point mon avis, mais l'inquiétude croissait. Deux fois nous prîmes terre, et nos deux guides du Coumélie tentèrent l'escalade. Chaque fois ils furent contraints de redescendre. Il fallut toujours retourner à la neige, où, au moyen de notre manœuvre, il n'y avait réellement rien à craindre que le découragement. Le glacier était ici à sa plus forte inclinaison, mais aussi nous étions à notre dernier effort. Au-dessus, la pente s'adoucissait visiblement, et la glace se cachait sous des neiges d'un blanc pur qui indiquaient le sommet de la crête, en se découpant sur le bleu foncé du ciel. Il ne fut plus question que de triompher d'un obstacle au delà duquel l'imagination nous montrait la cime du mont Perdu. On rassemble tout ce qu'on a de forces. On s'anime, on s'excite mutuellement. A chaque pas que l'on fait, on voit baisser les hautes limites du vallon. La brèche qui nous avait été longtemps cachée par la saillie du glacier, reparaît sous de gigantesques proportions, et déjà l'on sent le vent froid qui débouche par sa large ouverture. On se hâte, on s'élance, on atteint hors d'haleine le but désiré. Un cri de jo'e annonce le changement de scène : un morne silence lui succède à l'aspect d'un nouveau monde, des profondeurs qui nous en séparent, des glaciers qui le ceignent et du nuage qui le couvre ; spectacle affreux et sublime dont toutes nos facultés sont accablées ! Un instant indivisible l'avait développé dans toute sa majesté, et plusieurs instants ne suffisaient pas pour lui coordonner nos sens. « Voilà le mont Perdu ! voilà le mont Perdu ! » se disait-on l'un à l'autre, et cependant personne ne le démêlait en-

Le mont Perdu.

core dans ce chaos de rochers, de neiges et de vapeurs. C'est le Dieu dont la présence est sentie plutôt qu'aperçue, et qui se manifeste dans tout ce qui l'environne avant de se révéler lui-même.

Et ce n'était pas sans raison qu'on voyait partout le mont Perdu : tout ici lui appartient, tout en fait partie, même la crête où nous étions parvenus, et qui n'est séparée de la cime principale que par l'affaissement ou l'érosion d'une partie de ses flancs. Cette cime était devant nous, un peu à gauche, blanche, mais ombrée de gris, et fuyant dans le sein d'une brume épaisse qui circulait lentement autour d'elle. A droite se détachait le Cylindre, plus sombre que le nuage, plus menaçant que le mont Perdu lui-même, dressé sur son énorme piédestal au niveau duquel nous étions placés, et si près de nous qu'on semblait le toucher de la main. En vain je l'avais vu cent fois de loin : son apparition n'en était que plus fantastique. Toujours invisible pour moi de toutes les stations intermédiaires, il était subitement devenu un colosse qu'agrandissait encore à mes yeux le souvenir de sa première apparence. Cette figure de tour tronquée qui rappelle des dimensions connues, contrastant avec des proportions auxquelles rien n'est comparable, sa situation, sa couleur, sa proximité, la vapeur dont il était environné, tout concourait à faire de cet énorme rocher l'objet le plus extraordinaire du tableau. C'était vers lui que les regards étaient sans cesse ramenés ; c'était lui que les guides s'obstinaient à nommer le mont Perdu.

Mais ce qui était encore plus imprévu, s'il se peut, que ces étranges aspects, ce qu'aucune vue antérieure n'avait préparé, ce qu'on ne saurait considérer que du haut de l'observatoire où nous nous étions portés, c'est l'indescriptible apparence du majestueux support de ces deux sommités. Taillé du même ciseau qui a façonné les étages du Marboré, il présente une suite de gradins tantôt drapés de neige, tantôt hérissés de glaciers qui débordent et se versent les uns sur les autres en larges et immobiles cascades, jusques aux bords d'un lac dont la surface encore glacée, mais déjà dégagée de neiges, brillait d'un éclat sombre qui rehaussait l'éblouissante blancheur de ses rives.

Ce lac, l'aire désolée où il repose, l'amas de glaces qui le borde au midi, les noires murailles qui le surmontent, le Cylindre et le mont Perdu s'élançant dans un ciel orageux, et cette enceinte escarpée, nue, déchirée, d'un des créneaux de laquelle nous contemplions ce que les Pyrénées ont de plus imposant et de plus affreux ; tout échappait à la fois à toute comparaison ; rien ne nous offrait un module auquel nous pussions rapporter les dimensions de l'ensemble, et nous étions réduits à une vague estimation des hauteurs et des distances, si le hasard ne nous avait fourni un objet de grandeur déterminée dans une troupe d'isards qui erraient sur la glace du lac et se désaltéraient dans ses crevasses. Au premier cri ils s'enfuirent en bondissant vers les crêtes, nous laissant seuls désormais dans ces vastes déserts dont ils avaient mesuré pour nous l'étendue.

Il était temps de combiner ce qu'il convenait de faire pour en visiter les parties abordables. Je n'avais pas tardé à reconnaître que la route des cimes nous était fermée par le désordre de leurs glaces et l'escarpement de leurs flancs. Les isards mêmes les avaient évités dans leur fuite, quoique ce fût le chemin le plus court pour se soustraire à nos regards, et ils avaient parcouru le lac dans toute sa longueur, pour se réfugier sur les hauteurs plus accessibles qui séparent le Cylindre de la région du Marboré. Mais nous pouvions descendre dans le bassin. La pente, quoique extrêmement rapide, était absolument sans danger. Une fois au niveau du lac, sa surface glacée nous ouvrait toutes les communications, et rien ne nous empêchait de suivre la route des isards jusqu'à la crête occidentale qui nous portait au pied du Cylindre et sur les derniers gradins du mont Perdu. Il fallait songer en même temps au retour; il était midi, et l'état du ciel annonçait un prochain changement de temps. Si nous consumions ici le reste de la journée, nous n'avions plus le choix de la retraite, et notre seule ressource était de reprendre le vallon de neige que nous venions de monter. Mais ceux de nos compagnons qui avaient frémi des périls de l'ascension, ne pouvaient être exposés sans imprudence au péri bien plus réel de la descente. Au défaut de chemins plus commodes, il leur fallait des dangers moins prévus. Je me rappelais l'escarpement de la vallée de Béousse : les bergers espagnols le regardaient comme la route naturelle du lac. D'après leurs indications, cet escarpement communiquait avec le revers du port de Pinède. C'était un long détour, il est vrai, et pour le suivre il fallait renoncer dès à présent à toute entreprise nouvelle; mais, d'un autre côté, le contrebandier m'assurait que ces rochers étaient fort praticables, et il allait en parcourir lui-même une partie pour se rendre dans la vallée de Fanlo. Je pouvais donc remonter au lac le lendemain par cette même route, et peut-être amener La Peyrouse dans ces lieux extraordinaires où je l'avais déjà regretté tant de fois. Je me décide aussitôt à l'informer de ma marche. Je lui écris de passer sur-le-champ le port de Pinède, et de nous attendre au fond de la vallée de Béousse, dans une masure que je lui désigne d'après le rapport du contrebandier; je le préviens du dessein que j'ai formé de remonter le lendemain au lac, et de l'espérance que j'ai conçue de l'y amener; je charge de mon billet un des guides du Coumélie, qui se décide à lui porter par le vallon de neige, au bas duquel il devait être encore. Le départ de mon courrier ne fut pas l'épisode le moins émouvant du voyage. Il fallait le voir rampant sur la neige, s'aidant des mains, s'allongeant avec précaution pour poser le pied dans les traces que nous avions imprimées. Toutes ces lenteurs n'étaient pas de bon augure pour le succès de l'ambassade. L'événement justifia le présage : c'était encore en vain que j'avais espéré amener La Peyrouse au mont Perdu.

Cependant je donnai un dernier regard aux rochers de la brèche, et la prédilection de mes compagnons pour les plantes attira mon attention sur le petit nombre des végétaux qui résistent aux âpres hivers d'une région élevée de 3,000 mètres au moins au-dessus du niveau de la mer. L'exposition septentrionale ne nous avait offert qu'une plante, mais c'était la renoncule glaciale, si rare aux Pyrénées que je n'en avais encore rencontré que deux individus au sommet de Néouvielle, et qu'il avait fallu en envoyer un à La Peyrouse pour le persuader qu'elle y existait. Là, elle était abondante et superbe, mais suspendue à des rochers si escarpés, suspendus eux-mêmes sur un si redoutable précipice, que, pour l'atteindre, ce n'était pas trop de tout le zèle de la science. Mirbel et Pasquier s'y accrochèrent les premiers. Leur exemple encouragea les autres : on n'avait pas encore franchi un aussi mauvais pas, et aucun n'avait été franchi d'aussi bonne grâce.

.... Du sein du lac s'élance une bande de rochers qui y forme un long promontoire. La figure de cette bande indiquait une parfaite similitude entre sa structure et celle des bases du Cylindre : elle m'offrait donc un objet de comparaison qui devait lever tous mes doutes.

Je descendis promptement. Le lac était couvert d'une glace épaisse dont il me fut aisé de franchir les crevasses, et j'atteignis bientôt le promontoire. Je trouvai sa roche divisée en assises horizontales, comme les gradins du Marboré, comme les murs de la brèche de Roland, comme le Cylindre et sa plate-forme. Mais ces assises étaient-elles des tranches ou des couches? Le premier coup de marteau résolut la question : c'étaient des tranches, et les couches étaient verticales. J'allais frapper un second coup dans le vif de la pierre, quand j'aperçois à sa surface une saillie rougeâtre ; je regarde de plus près ; je reconnais un tronçon de polypier. Je regarde encore, et je vois la valve supérieure d'une huître, puis des fragments d'un madrépore, puis d'autres zoophytes brisés que je n'ai pu déterminer... Je m'écrie, j'appelle mes compagnons, je les rassemble sur ces rochers tout empâtés des débris du règne organique. Je leur montre ces vénérables restes qui acquièrent dans les flancs du mont Perdu une importance toute particulière. On se répand sur le promontoire ; on arrache à l'envi tout ce qui se distingue de la substance de la pierre, et travaillant moi-même avec une ardeur nouvelle, au milieu de ces ardents travailleurs, je jouissais d'un bonheur que personne ne peut partager avec moi : celui d'avoir ouvert un si beau champ d'observations à des successeurs qui peut-être y trouveront un jour ce que l'état actuel de nos connaissances ne nous permet pas de voir.

Mais, si c'était un satisfaisant spectacle que les élèves de deux naissantes écoles en possession d'une contrée dont les savants allaient nous envier la découverte ; si je ne pouvais voir sans émotion ces jeunes gens puiser dans un premier succès la passion des recherches et la soif du savoir ; eux-mêmes subissaient de leur côté l'influence des lieux, et se livraient à des transports qui tenaient du délire. Restons ici, me disaient-ils ; demain, peut-être, nous réussirons à gravir la cime du mont Perdu... Mais le froid de la nuit?... Qu'est-ce qu'une nuit devant une pareille espérance?... Mais des vivres?... On saura s'en passer : fatigues, craintes, dangers, tout était oublié ; combinaisons, prévoyance, tout était en défaut. Ces glaces n'avaient plus rien d'effrayant ; l'épaisse nuée qui ceignait les sommets n'avait plus rien de sinistre, quand tout à coup, du sein même de ce nuage part une détonation formidable que multiplient les échos du désert. Les plus déterminés en pâlirent ; on croit voir éclater l'orage sur ces affreuses solitudes dont il va fermer les issues : ce n'était pourtant qu'une lavange qui avait roulé sur les gradins supérieurs de la montagne; mais l'impression était faite et l'on ne songea plus qu'à partir.

..... A peine nous eûmes dépassé le lac que nous nous trouvâmes au bord d'un précipice dont aucun autre ne peut donner l'idée. Il semblait que la terre se dérobât tout à coup sous nos pieds. De quelque côté que nos regards se portassent, ce n'était qu'escarpements à pic et que murailles debout. A gauche les montagnes d'Estaubé, à droite le mont Perdu, plongeant ensemble à une profondeur immense, fournissaient deux longues chaînes parallèles, formées des mêmes roches, taillées sur le même modèle, et resserrant entre des boulevards énormes la vallée de Béousse, que nous dominions comme du haut des airs et qui fuyait devant nous à perte de vue.

Mais qu'elle était ravissante, cette vallée, au milieu de la formidable enceinte dont les rochers la défendent et dont les glaces la fécondent ! Riche du luxe de la nature et belle de sa sauvage beauté, c'est la terre aux premiers jours de sa naissance et avant que l'homme l'eût asservie à la culture. J'y cherche en vain les traces de fréquentation qui devraient annoncer la route d'un fort ; le sentier, l'hospice échappent à la vue; les habitants se cachent, les passagers fuient devant cette nature que les uns n'ont pu soumettre, que les autres n'osent contempler, et le dernier qui l'aborde peut se croire le premier qui l'ait abordée. Il faut voir ces prairies sans troupeaux, ces ombrages que l'on n'a pas plantés, ces forêts, vierges encore, ces haies de buis dont personne n'a tracé les contours, et ce torrent, né du mont Perdu, la Cinca, fière de son origine, impétueuse, indomptée, dessinant son cours incertain au fond de cette longue tranchée où les ruines qui l'accompagnent retiennent la verdure à une respectueuse distance. Le regard, entraîné à la suite, s'égare avec elle dans la déserte étendue qu'elle parcout sans obstacle et presque sans témoin. Elle fuit, et l'on ne peut la quitter ; l'œil cherche aux limites de l'horizon le dernier scintillement de ses flots; l'oreille attentive recueille le dernier murmure que ranime le passage du vent. Elle échappe enfin à tous les sens dans les profondes vallées qui la conduisent, et l'imagination la poursuit encore jusque sur les rivages lointains où l'Èbre reçoit les eaux dont nous touchons ici les sources éternelles... Mais quel est donc le charme secret de ces déserts? Quel sentiment involontaire, profond, impérieux, m'arrête dans ces lieux où mes pareils n'ont pas établi leur empire? Quel penchant irrésistible y ramène sans cesse ma pensée et mes pas, m'y retient et amuse ma fantaisie du vain désir d'y bâtir ma cabane et d'y cacher ma famille? Qu'est-ce que la civilisation, si elle laisse en nos cœurs l'impérissable regret de notre première indépendance? Qu'est-ce que la société, si l'homme qu'elle a façonné à son gré, qu'elle s'est attaché par tous les liens de l'habitude et du besoin, ne peut échapper un instant à la foule qui le comprime sans donner une larme à la nécessité qui l'y replonge?...

SECONDE ASCENSION AU MONT PERDU

Le guide Rondo. — Ascension du glacier. — Passage sur la crête. Précipices. — Escalade. — Magique tableau.

Je repris la route du mont Perdu le 22 fructidor (7 septembre). La Peyrouse avait quitté Baréges. Je n'eus pour compagnons que les citoyens Mirbel et Pasquier, qui avaient fait leurs preuves d'adresse et de résolution dans le premier voyage, et le citoyen Dralet, juge au tribunal d'Auch, agriculteur distingué, ami de l'histoire naturelle, et de la société duquel j'eus bien lieu de me louer. Quoique étranger aux montagnes, il y conserva une rare présence d'esprit, et je lui dois la plus belle observation que le voyage nous ait fournie. Nous prîmes à Baréges deux hommes, l'un, mon guide de confiance, l'honnête Laurens, qui s'était conduit dans le premier voyage avec son habileté ordinaire ; l'autre, que nous reçûmes à l'essai, ne sera plus tenté, je pense, de se remettre à pareille épreuve; celle-ci faillit lui être deux fois funeste. C'était pourtant un homme vigoureux et adroit dans les rochers; mais il n'avait nulle expérience des glaces de la région supérieure. Arrivé à Gèdres, je m'assurai en outre de mon ami Rondo, l'un des hommes les plus lestes et les plus aventureux du pays. Les mauvais pas du Marboré sont ses grands chemins. Il n'y a pas un montagnard aussi familiarisé avec les neiges de toutes les saisons. Un pareil renfort était indispensable pour une expédition qui devait être bien autrement périlleuse que la précédente, et je dois à Rondo le témoignage que, dans cette circonstance, il se surpassa lui-même.

Pour gagner du temps et employer utilement toute la

journée du lendemain, il fallait passer la nuit le plus près du mont Perdu qu'il était possible. Nous avions donc résolu d'aller coucher au fond de l'Estaubé, dans la hutte de l'*Abassat-dessus*, et j'avais pris mes mesures pour y arriver de bonne heure. Nous étions munis de couvertures ; je fis porter une bonne provision de bois, et à peine ces précautions étaient-elles suffisantes pour nous défendre du froid que nous devions éprouver à cette hauteur et dans une saison aussi avancée.

Cette fois nous ne montâmes pas le Coumélie par sa face antérieure. Je voulais revoir ses pentes orientales. Nous passâmes donc par la vallée de Héas pour y gagner le *Passet des Glouriettes* qui s'élève directement jusqu'à la vallée d'Estaubé. A mesure que nous montions, nous trouvions dans la fraîcheur de l'air et la sérénité du ciel de nouvelles assurances de la constance du temps ; mais aussi, à chaque pas, nous laissions derrière nous quelqu'une des plantes de l'été. L'automne nous attendait sur les hauteurs et nous annonçait l'hiver que nous trouverions sur les cimes.

Nous arrivâmes à la cabane avant le coucher du soleil. Elle était vide : ses possesseurs avaient déserté des pâturages déjà flétris par les gelées de la nuit. Je pris possession du gîte, et, dans le calme d'une belle soirée, je me livrai sans distraction à l'étude des montagnes dont nous étions environnés.

..... La nuit fut sereine et très-froide. Nous la passâmes autour d'un grand feu, bien enveloppés de nos couvertures. Dès le point du jour, nous étions sur la route de la brèche. Le sol que nous foulions, la structure des couches, nous avertirent bientôt que nous touchions les bases du mont Perdu. Là, tout l'annonce déjà et porte l'empreinte de sa majesté. Les murailles sortant d'un amas immense de débris et de neige, s'élancent jusqu'aux nues et semblent décrire un arc de cercle dont chaque extrémité est flanquée d'un large glacier. De ces glaciers, le plus haut est placé dans une niche au voisinage du port de Pinède ; le plus vaste et le plus beau est au côté opposé ; il se prolonge vers la brèche d'Allanz et correspond à ceux que l'on voit de Gavarnie sur ce corps avancé du Marboré qui y porte le nom de mont Perdu. Au milieu du cirque, deux rampes comblées de neige et de glace s'élèvent jusqu'au haut des murailles ; l'une est absolument inaccessible, c'est la plus occidentale, et au bas de celle-ci deux grands rochers coniques sont placés comme des bornes qu'il n'est pas permis d'outre-passer. L'autre rampe, plus large et moins rapide, est celle que j'abordais pour la seconde fois : elle a aussi sa borne et c'est même la plus remarquable par sa forme et la plus imposante par son volume ; mais celle-là n'arrêtera plus quiconque ne compte pas avec le danger pour voir le mont Perdu sous le plus frappant de ses aspects.

Nous approchions de cette rampe, et depuis longtemps je considérais le glacier avec quelque souci. Il avait beaucoup changé depuis mon premier voyage. Plus de neige : sa surface était toute nue et n'offrait pas un point où le pied pût laisser son empreinte. Le milieu s'était excavé. Deux grandes crevasses le parcouraient du haut en bas ; et, vers les deux tiers de sa hauteur, je remarquais une dépression transversale qui augmentait considérablement l'inclinaison de la partie supérieure. Nous ne pûmes même l'aborder de front : il s'était escarpé à l'extrémité et n'offrait que des coupes nettes, percées de l'ouverture de ses crevasses. Il fallut le prendre de côté, et, dès les premiers pas, nous reconnûmes qu'à la moindre inclinaison il était déjà dangereux. Les crampons n'y mordaient pas, et nos bâtons ferrés, appuyés de toutes nos forces, y laissaient à peine la trace de leur pointe. Au reste, nous nous étions munis de bons instruments pour fendre la glace, et dès lors on fut obligé de les mettre en œuvre. Mais le travail était des plus rudes, et nous n'avions pas seulement la liberté de le diriger à notre gré. Le glacier se creusait en gouttière : au milieu, on le voyait tout criblé de crevasses et de trous ; il fallait s'en éloigner sans cependant se rapprocher des bords qui se redressaient au voisinage des rochers ; nous étions donc réduits à gravir presqu'en ligne droite entre les deux écueils que nous avions à éviter. C'était une échelle de glace à monter ; point de zigzags à tracer, rien qui dissimulât l'inclinaison ; et l'inclinaison augmentait sans cesse comme le précipice s'approfondissait toujours.

Nous marchâmes plus de deux heures dans cette position, et nous n'avions fait encore que le moins difficile. Nous approchions de la bosse que le glacier formait au-dessus de la dépression dont j'ai parlé. Cette bosse, on ne savait par où la prendre, et nous étions au terme de nos expédients. Rondo proposa de la tourner en montant sur le bord que nous avions si soigneusement évité. Il faut savoir ce que c'était que ce bord. C'était une arête en tranchant de couteau, séparée du rocher par un large intervalle qui s'ouvrait en entonnoir dans la cavité du glacier. Cette proposition qui, une heure plus tôt, nous aurait paru dérisoire, était en ce moment la seule qui nous offrît un moyen de sortir honorablement de notre périlleuse aventure. Une douzaine de degrés que nous taillâmes presque à pic nous portèrent sur ce bord, qu'il fallut écrêter avant d'y poser le pied, et sonder à grands coups pour s'assurer qu'il était capable de nous porter. En sondant et en écrêtant toujours, nous réussîmes à faire treize pas en vingt minutes, montant en équilibre sur une ligne glissante, le précipice derrière et des deux côtés. Une pareille position et surtout une pareille lenteur étaient bien propres à refroidir le courage. Cependant, après ces treize pas, il fallut s'arrêter et délibérer encore.

. . . . . Le guide novice que nous avions amené de Baréges déclara que la tête lui tournait et qu'il était au moment de se précipiter. Il se trouvait sur les devants : il fallut le mettre entre nous, et l'on comprend ce que cette opération avait de dangereux et de difficile sur une ligne sans largeur et qui était exactement la ligne géométrique. Le mouvement que cela occasionna fit tomber du sac de mon Laurens ma lunette et ma boussole. Elles roulèrent ensemble dans le creux qui nous séparait du rocher. Le brave Rondo voulut y descendre ; j'essayai en vain de l'en dissuader. Nous étions munis de cordes sur lesquelles il fondait son espérance. Il se glissa dans la fente et pénétra dans les cavernes antérieures où il trouva la boussole. Nous lui jetâmes la corde ; il s'en ceignit, et il fallut l'extraire avec effort d'un étranglement où son poids l'avait fait rouler en descendant. Le froid extrême de ces cavités ne lui avait pas permis de s'arrêter à chercher la lunette. Mon Laurens prétendit y descendre à son tour. Nous l'en tirâmes de même ; et certes, ceux qui prêtaient secours n'étaient pas dans une position moins critique que ceux qui le recevaient. Il ne rapporta rien ; j'avais perdu une excellente lunette, mais nous avions trouvé dans l'action une nouvelle confiance en nos forces, et nous fîmes encore une trentaine de pas sur la crête, prenant à peine le loisir de l'ébrêcher.

Cependant, à chaque instant cette crête nous exposait à de nouveaux hasards. Deux fois nous fûmes arrêtés par des saillies du rocher qui se projetaient en avant et nous barraient le chemin. On ne pouvait ni monter ni descendre ; il fallait se plier autour de ces saillies, au risque de perdre l'équilibre et de se précipiter. Bientôt il fut tout à fait impossible de passer outre, et nous n'eûmes plus d'autre refuge que ces mêmes rochers qui, la première fois, avaient paru inaccessibles. Ils sont, il est vrai, taillés en degrés par les coupes croisées des couches et des tranches, mais pour concevoir la disposition de ces degrés, qu'on se figure d'abord une rampe d'escalier dont les marches seraient presque toujours plus hautes que larges, et qu'on aurait redressée de façon que l'angle d'inclinaison eût augmenté d'un tiers; qu'on ajoute ensuite à cette idée celle de toutes les irrégularités et de toutes les dégradations que peut occasionner un pareil redressement dans une pareille structure ; l'incertitude où nous étions de ce que nous trouverions plus haut, la prévention que devait exciter l'infructueuse tentative des guides du Coumélie, et l'on jugera de quel œil nous regardions la dernière ressource qui nous restait. Ce fut là pourtant qu'il fallut se hisser de gradin en gradin. Le premier y était poussé par le second, et, une fois accroché, il lui prêtait la main à son tour. Les risques étaient au moins égaux, si même le désavantage n'était du côté des derniers. Ceux qui gravissaient en avant ne pouvaient faire un faux pas qui ne compromît le reste de la troupe, ni ébranler un quartier de pierre qui ne volât sur la tête des autres. Je fus moi-même blessé assez fortement par un de ces débris contre lequel je ne pus que me roidir, puisque ma position ne me permettait pas de l'éviter. Cette dernière escalade dura plus d'une heure, et ce que nous courûmes de dangers dans ce voyage apprendra à quiconque voudra aborder le mont Perdu par cette route, qu'elle n'est praticable qu'au gros de l'été, et tandis que les glaciers sont encore couverts de neige. Un mois auparavant, nous n'avions pas employé deux heures à la montée, et ce n'avait été qu'un jeu pour ceux qui avaient la moindre expérience des montagnes. Aujourd'hui elle en exigea cinq, et dans ces cinq heures, pas une minute où nous n'eussions couru risque de la vie.

Nous approchions enfin du sommet de la crête; il ne restait plus qu'un petit nombre de degrés à monter ; et le redressement des couches en adoucit déjà la pente. Je regardai mes compagnons ; aucun n'avait donné des signes de crainte, mais aucun ne donnait des signes de joie. Une sorte de tristesse, produite par une longue anxiété, laissait à peine concevoir ce que le mont Perdu nous préparait de dédommagements. Après tant de plans inclinés, de rochers si droits, de glaces si perfides, nous ne sentions d'autre besoin que celui d'un peu de terrain plat où le pied pût se poser sans délibération ; mais ce terrain, nous ne le touchions pas encore que déjà la scène change et que tout est oublié. Du haut des rochers, nous considérons avec une muette surprise le majestueux spectacle qui nous attendait au passage de la brèche. Nous ne le connaissions pas ; nous ne l'avions jamais vu ; nous n'avions nulle idée de l'éclat incomparable qu'il recevait d'un beau jour. La première fois le rideau n'avait été que soulevé ; le crêpe suspendu aux cimes répandait le deuil sur les objets mêmes qu'il ne couvrait pas. Aujourd'hui, rien de voilé, rien que le soleil n'éclairât de sa lumière la plus vive ; le lac, complétement dégelé, réfléchissait un ciel d'azur ; les glaciers étincelaient et la cime du mont Perdu, toute resplendissante de célestes clartés, semblait ne plus appartenir à la terre. En vain j'essayerais de peindre la magique apparence de ce tableau. Le dessin et la teinte sont également étrangers à tout ce qui frappe habituellement nos regards. En vain je tenterais de décrire ce que son apparition a d'inopiné, d'étonnant, de fantastique, au moment où le rideau s'abaisse, où la porte s'ouvre, où l'on touche enfin le seuil du gigantesque édifice. Les mots se traînent loin d'une sensation plus rapide que la pensée, on n'en croit pas ses yeux ; on cherche autour de soi un appui, des comparaisons : tout s'y refuse à la fois ; un monde finit, un autre commence ; un monde régi par les lois d'une autre existence. Quel repos dans cette vaste enceinte où les siècles passent d'un pied plus léger qu'ici-bas les années ! Quel silence sur ces hauteurs où un son, quel qu'il soit, est la redoutable annonce d'un grand et rare phénomène! Quel calme dans l'air et quelle sérénité dans le ciel qui nous inondait de clartés! Tout était d'accord, l'air, le ciel, la terre et les eaux : tout semblait se recueillir en présence du soleil et recevoir son regard dans un immobile respect.

En comparant l'imposante symétrie du cirque au désordre hideux qu'il offrait lorsqu'une brume épaisse se traînait autour de ses degrés, nous reconnaissions à peine les lieux que nous avions parcourus. Ce n'était plus la lourde masse du Cylindre qui fixait exclusivement les regards. La transparence de l'air rectifiait les apparences qu'avait brouillées l'interposition de la nue ; la cime principale était rentrée dans ses droits ; elle ramenait à l'unité toutes les parties de cet immense chaos. Jamais rien de pareil ne s'était offert à mes yeux. J'ai vu les hautes Alpes; je les ai vues dans ma première jeunesse, à cet âge où l'on voit tout plus beau et plus grand que nature ; mais, ce que je n'y ai pas vu, c'est la livrée des sommets les plus élevés revêtue par une montagne secondaire. Ces formes simples et graves, ces coupes nettes et hardies, ces rochers si entiers et si sains dont les larges assises s'alignent en murailles, se courbent en amphithéâtre, se façonnent en gradins, s'élancent en tour où la main des géants semble avoir appliqué l'apomb et le cordeau, voilà ce que personne n'a rencontré au séjour des glaces éternelles, voilà ce qu'on chercherait en vain dans les montagnes primitives dont les flancs déchirés s'allongent en pointes aiguës, et dont la base se cache sous des monceaux de débris. Quiconque s'est rassasié de leurs horreurs, trouvera encore ici des aspects étranges et nouveaux. Du mont Blanc même il faut venir au mont Perdu : quand on a vu la première des montagnes granatiques, il reste à voir encore la première des montagnes calcaires.

(Ramond, *Voyages au mont Perdu.*)

IV

ASCENSIONS AU CAP NORD

CHARLES MARTINS. — LOUIS ÉNAULT.

Aspect du cap. — Belle prairie. — Plantes alpines. — Le plateau. — Grand spectacle. — L'océan Glacial. — Le soleil de minuit.

... En sortant du détroit de Havoe, nous passâmes près d'une île un peu élevée, la verte Masoe, autrefois habitée, maintenant déserte, et nous allâmes coucher le soir dans une petite baie de l'île, appelée Giestvaer, où demeurent un pauvre marchand et quelques pêcheurs. Nous y passâmes une partie de la nuit, et repartîmes le lendemain pour le cap Nord. Nous découvrîmes bientôt les Stappen, noirs écueils qui s'élèvent comme des tours au milieu des flots. De nombreux oiseaux de mer, des mouettes, des goëlands, volaient à l'entour.

Cependant le vent fraîchissait et soulevait les vagues de l'océan Glacial ; cette mer houleuse et tourmentée nous annonçait le voisinage de ce promontoire redouté du navigateur, qu'on appelle le cap Nord, et qu'on pourrait aussi appeler le cap des Tempêtes. En effet, dans ces parages, jamais la mer n'est tranquille, même dans les jours les plus calmes, car les houles de tous les gros temps de l'Atlantique, de la mer Glaciale et de la mer

Blanche viennent expirer au pied de cette jetée, qui s'avance dans l'Océan entre les vastes continents de l'Amérique et de l'Asie septentrionale. Le vent contraire nous forçait de louvoyer, et longtemps nous eûmes sous les yeux le spectacle imposant et sévère de cette masse de rochers. Allongée comme une proue de navire, elle semble aller au-devant des flots impuissants de la mer, qui se brisent contre elle depuis l'origine des âges. Enfin, nous courûmes une dernière bordée, et vînmes mouiller à l'est du cap Nord, dans une petite baie à laquelle sa forme a fait donner le nom de baie de la Corne, ou *Hornwig*.

Combien je fus agréablement surpris, en descendant terre, de me trouver au milieu de la plus riche prairie subalpine qu'il fût possible de voir ! L'herbe haute et touffue me venait aux genoux, et je rencontrais à l'extrémité de l'Europe les plantes que j'avais admirées si souvent dans les Alpes de la Suisse ; c'étaient elles, aussi vigoureuses, aussi brillantes et plus grandes que dans leurs montagnes. A droite, se dressait la masse imposante du cap Nord, noire, escarpée, inaccessible. Devant nous, une pente roide, mais verdoyante, permettait d'atteindre au sommet, en contournant la base du promontoire. Je recueillais avec ardeur toutes les plantes qui s'offraient à ma vue : il me semblait qu'elles avaient un intérêt particulier, puisqu'elles étaient pour ainsi dire les plus robustes et les plus aventureuses d'entre leurs sœurs européennes. Je me plaisais à retrouver parmi elles des plantes des environs de Paris ; elles me semblaient dépaysées comme moi sur ce noir rocher battu par les flots. J'étais tenté de leur demander pourquoi elles avaient quitté les bords des champs cultivés et les ombrages paisibles du bois de Meudon, où elles reçoivent les hommages des botanistes parisiens, pour vivre tristement parmi des étrangères, car les plantes alpines étaient en majorité. Au haut de la pente, je me trouvai sur un plateau nu, dépouillé, parsemé de flaques d'eau. Au loin, à perte de vue, se déroulent des plans successifs, de grandes ondulations de terrains uniformes, peu accidentés, séparés par des baies et des bas-fonds marécageux : tout est froid, immobile, désolé. Tandis que le calme régnait dans la belle prairie que j'ai décrite, un vent du nord furieux balayait le plateau du Cap et nous empêchait presque de marcher. Nous avançâmes néanmoins et parvînmes jusqu'à l'extrémité. Jamais je n'oublierai la sombre grandeur du spectacle qui s'offrait à mes yeux. Devant nous s'étendait l'océan Glacial, dont les limites sont au pôle, s'agitant au-dessous d'une épaisse couche de nuages qui semblaient peser sur lui ; à gauche, une pointe de terre longue et basse bordée d'écume ; à droite, quelques îlots sans nom. Quand je me penchais sur le bord du précipice qui termine le cap, je voyais la mer se briser au pied de l'escarpement, à une profondeur de 1,000 pieds au-dessous de moi. De cette hauteur les lames énormes venues en ligne droite du Groenland, du Spitzberg, ou de la Nouvelle-Zemble, ne formaient, en se brisant, qu'un simple liséré d'écume, comme feraient les rides d'un petit lac poussées doucement vers le rivage par un léger souffle de vent.

Le sommet le plus élevé du cap Nord est, d'après mes observations, à 308 mètres au-dessus de la mer ; il est surmonté d'un petit rocher sur lequel les voyageurs gravent leur nom. J'y lus avec respect celui de Parrot, célèbre par ses voyages dans les Alpes, l'Ararat et le Caucase. Même ce dernier rocher n'est pas dépourvu de toute végétation : de petites flaques circulaires de parmélies et d'ombilicaires noires comme la roche s'étaient attachées à elle, et une mousse microscopique se cachait dans les fentes. Sur le plateau il y avait encore quelques plantes souffreteuses, dépouillées par les vents, couchées sur le sol, ou cherchant un arbre derrière les plis du terrain

Le cap Nord.

qui pouvaient les abriter contre les rafales continuelles qui balayent le cap Nord.

(Charles Martins, *du Spitzberg au Sahara.*)

Le cap Nord est à 12 ou 15 milles du fiord de Giestvar. Nous franchîmes cette courte distance par un temps assez calme : usant de la rame bien plus que de la voile. Nous avions à gauche la pleine mer; à droite la côte de l'île. Toute cette côte est semblable à une haute muraille, formée de couches perpendiculaires : à la base, des brisants et des écueils; au sommet, une crête au fil droit, parfois dentelée de pointes aiguës. Au milieu de ce boulevard de rochers, nous aperçûmes de loin une grande tour carrée faisant saillie et flanquée de bastions épais : c'était le cap Nord.

Au lieu de prendre terre immédiatement, nous poussâmes une pointe au large, à un quart de mille, pour mieux saisir l'effet d'ensemble. La masse énorme s'élève à pic du sein de la mer, sombre, morne, hautaine, inabordable. Immobile comme l'arc-boutant d'un monde, solide comme le contre-fort d'un continent, elle révèle au premier regard l'idée d'une inébranlable puissance. L'Europe est en paix derrière cette sentinelle avancée qui la défend contre les flots et les tempêtes de la mer Glaciale.

Nous doublâmes la pointe, et nous pénétrâmes dans une seconde baie, très-petite, creusée et arrondie par la nature au sein même de la montagne. Le cap versait sur nous son ombre immense. Autour de la baie, une enceinte de rochers semi-circulaire dessine nettement ses contours. Tantôt ces rochers noircis s'émiettent comme des laves qu'un choc aurait broyées au sortir du cratère; tantôt ils se partagent d'eux-mêmes en larges lames comme des feuilles d'ardoise ou des tables de marbre. Entre la mer et ces rochers, une couche de terre végétale se recouvre de gazon et de fleurs ; ce sont les andromèdes et les renoncules glaciales, le petit œillet des bois, le géranium sauvage, l'angélique et le *Vergiss-mein-nicht* qui semble éclore en ces parages lointains comme pour rappeler un souvenir à l'âme oublieuse. Sur les pierres, entre les fleurs et les gazons, un petit ruisseau d'argent scintille et murmure.

Nous commençâmes bientôt l'ascension du cap.

Le cap Nord est une montagne d'environ 1,000 pieds de hauteur, coupée à pic du côté de la mer, et de toute part presque inaccessible. Les pentes sont toujours escarpées et roides, souvent rendues glissantes par des bandes de mousse humide et courte, serrée, élastique, et repoussant d'elle-même le pied, qui ne rencontre aucun appui ; d'autres fois il faut franchir des amas de pierres roulantes, qui se détachent dès qu'on les touche, ou bien encore des masses de rochers âpres, qu'il faut gravir comme par escalade. Çà et là, dans les anfractuosités qui retiennent un peu de terre végétale, les bouleaux nains essayent de lever leur tête éplorée, et bientôt retombent sur le sol, où ils se tordent, végètent, rampent et meurent. Parfois, à quelque distance, la mouette, perchée sur une pointe de rocher, nous regardait de son œil clair et perçant, et, rassurée par notre air pacifique, continuait son rêve, sans même tourner vers nous sa tête immobile. Les corbeaux croassant rasaient le sol en noirs tourbillons, tandis que, dans le ciel éthéré, les aigles et les faucons décrivaient des orbes immenses.

Enfin, nous atteignîmes la dernière cime, plateau en terrasse couvert d'un humus jaunâtre, que se disputent des mousses et des lichens, et où, sur des couches de granit sombre, étincelle la blancheur du quartz.

Le cap Nord (aspect des côtes, île Mageroe).

Quand je me sentis sur cette dernière pointe du vieux continent européen, j'éprouvai une des plus profondes émotions de ma vie de voyageur...

Il était minuit un quart. Le soleil était tout entier au-dessus de l'horizon. C'est à peine si le bord inférieur de son disque effleurait la crête des flots empourprés. Là, l'astre infatigable fournit une carrière de quatre mois sans repos, avant d'aller tomber dans la mer. Seulement, il ne paraît pas suivre sa marche accoutumée. Au lieu de tracer sur nos têtes un arc lumineux, dont une pointe s'appuierait à l'orient et l'autre à l'occident, il glisse doucement sur la courbe insensible d'une ellipse démesurément allongée.

Du reste, la lumière n'est pas la même à toute heure; ses nuances varient selon la position de l'astre qui la produit. Si le soleil de midi lance, comme chez nous, des rayons ardents, si, vers dix heures, son disque oblique se plonge dans des flots de pourpre qui teignent la moitié du ciel; souvent, à minuit, quand il effleure la ligne de l'horizon, sa lumière, décomposée par un prisme invisible, hésite et se dégrade dans les demi-tons verdâtres et jaunes d'une gamme peu étendue, mais infiniment variée. Les objets revêtent alors des teintes fantastiques, et, quelle que soit la clarté de l'atmosphère, on sent pourtant que ce n'est pas là le jour véritable de l'action et du mouvement. Parfois, pendant ce long jour, la lune se rencontre dans le ciel avec le soleil, chacun de ces astres régnant sur une partie de l'horizon. A mesure que le soleil s'avance dans sa gloire, tout ruisselant d'or et de feu, la lune, toujours belle dans sa pâleur rosée, s'enfuit et se laisse voir à travers le voile nacré des nuages.

Nous passâmes une grande partie de la nuit sur le sommet du cap, chacun de nous se livrant à ses réflexions et respectant le silence et la rêverie de ses compagnans.

..... Parfois le cap Nord, impassible témoin, assiste à ces grandes colères de la nature qui bouleversent la face du globe. Les vents du nord et du nord-ouest, qui se portent du pôle vers l'équateur, se précipitent impétueusement, en causant sur leur passage des commotions terribles. — Soulevées en montagnes liquides, les vagues, que le vent chasse devant lui, assaillent le cap de tous les côtés à la fois, brisant leur fureur contre le granit immobile.

Nous n'avons point connu ces spectacles d'une horreur sublime, et, quand le souvenir du cap Nord nous revient, comme la première fois nous le voyons toujours par une belle nuit d'été, sereine et sans ténèbres, projetant sa grande ombre sur les flots empourprés ; devant nous, à l'infini, s'étend la mer immobile, et si, le long de l'écueil, soulevée en ride légère, quelque vague suspend à ses flancs de granit une frange d'écume, bientôt elle retombe apaisée à ses pieds, et s'endort avec un faible et doux murmure.

(Louis Énault, *la Norwége.*)

Le cap Nord (île de Lofoden).

V

LE PIC DE TÉNÉRIFFE

BERTHELOT.

Gorges d'Oucanca. — Le cratère. — Source de la Picdra. — Amas de laves. — Sommet du Teyde. — Vue de Ténériffe. — Océan de nuages.

..... Ce fut le 8 juillet que je résolus de gravir jusqu'au pic de Teyde, plus particulièrement connu, en Europe, sous le nom de pic de Ténériffe. J'avais l'intention d'y parvenir par les pentes méridionales; je savais qu'avant moi aucun voyageur n'avait tenté de le faire de ce côté, car les sentiers qui y conduisent sont presque impraticables; mais je pouvais rencontrer par là quelques plantes échappées aux savantes recherches de Broussonnet et de Ch. Smith, et cette seule espérance balançait tous les obstacles. Je me trouvais, à cette époque, à Chasna, village situé dans une position des plus pittoresques, au sud du Teyde, et à 1,416 mètres d'élévation au-dessus du niveau de l'Océan, quoiqu'il ne soit guère éloigné que de trois lieues de la côte méridionale de l'île. J'en partis à cinq heures du matin avec M. Mac-Gregor, alors consul d'Angleterre aux Canaries, et deux guides qui nous accompagnaient. Après deux heures de marches, nous arrivâmes à la base des montagnes centrales. Les pins des Canaries, qui couvraient presque tous les terrains que nous avions traversés, commencèrent à devenir plus rares; à mesure que nous avancions dans la gorge d'Oucanca, ces beaux arbres disparurent insensiblement et furent remplacés par des genêts visqueux. Oucanca est un endroit qui mérite d'être vu : une éruption volcanique, accompagnée sans doute de violentes commotions, en bouleversant jadis la base des montagnes centrales, donna naissance à la gorge qui existe aujourd'hui. Le cratère principal, qu'il est facile de reconnaître, vomit un torrent de lave vitrifiée qui inonda les alentours et suivit son cours vers la côte, en parcourant un espace de plus de deux lieues. Le désordre de ce site sauvage est encore augmenté par d'énormes rochers qui paraissent s'être détachés des hauteurs voisines.

Au sortir des gorges d'Oucanca, nous continuâmes à gravir la montagne que nous avions en face : les genêts blancs, dont nous avions déjà rencontré quelques buissons près du cratère, se montrèrent alors en plus grand nombre, et s'étendirent bientôt en une zone de végétation qui domine exclusivement autour des bases du pic.

La station où nous étions parvenus s'appelle *degollada de Oucanca*. Le Teyde était en face de nous, nous comptions déjà les torrents de lave noire qui sillonnent ses pentes, et nous découvrions toutes les montagnes centrales de Ténériffe, car ce n'est que de ce point qu'on peut embrasser d'un seul regard l'ensemble de ce groupe de sommités volcaniques. Cette vue est des plus imposantes, et aucune description ne pourrait en donner une idée assez juste. Les montagnes des Canadas, qui peut-être formèrent dans d'autres temps une chaîne entièrement circulaire, offrent aujourd'hui deux grands passages dont les abords bouleversés indiquent assez les causes violentes qui les produisirent; les hautes crêtes s'élèvent à plus de 3,000 mètres au-dessus du niveau de l'Océan; tout l'espace renfermé par la ligne de circonvallation de ces monts trachytiques constitue un cratère immense, d'une origine primordiale relativement au pic lui-même, que le géologue Escolar appelait *el hijo de las Canadas* (le fils des Canadas). C'est à peu près du milieu de ce cratère elliptique, dont le plus grand diamètre est d'environ 5 lieues, que s'élance le Teyde, encore fumant au-dessus de ce sol bouleversé. Le vaste circuit qui l'entoure est désigné à Ténériffe sous le nom de gorges du pic (*Canadas del Teyde,* ou simplement *Canadas*).

Le sentier qui conduit à la degollada d'Oucanca, dans le fond des gorges, est des plus scabreux; la contre-pente de la montagne est presque à pic, et présente, dans plusieurs endroits, des précipices de plus de 300 mètres de chute. Lorsque nous descendions dans l'intérieur des Canadas, nous pouvions à peine concevoir comment nous y parviendrions; mais enfin nous y arrivâmes. Le sol de ces gorges est à 2,730 mètres au-dessus du niveau de la mer, et la cime du Teyde s'élève à 985 mètres au-dessus du sol. Nous avions, d'un côté, les vastes pentes du grand cône, et de l'autre la chaîne des montagnes d'où nous étions descendus, et dont la coupe presque perpendiculaire servait jadis de parois à cet immense cratère de soulèvement. Quel étonnant spectacle! et si l'imagination se transporte dans les siècles de tourmente géologique où ce volcan épouvantable était dans toute son activité, on ne concevra pas sans effroi un gouffre enflammé de plus de 9 lieues de circonférence et de 300 mètres de profondeur! Alors seulement on pourra se faire une idée de l'état de fermentation de cette époque d'incandescence, et la formation du Teyde au milieu de ce gouffre ne paraîtra plus qu'un effet secondaire.

Après avoir admiré ces grands accidents volcaniques, et avant de nous avancer davantage vers la base du Teyde, nous fûmes nous reposer à la source de *la Piedra,* car nous étions suffoqués par la chaleur. Dans cette région élevée, l'air est toujours calme et diaphane, le ciel toujours d'un azur éclatant, et la plus légère nuée ne vient jamais en rompre l'uniformité. L'intensité des rayons solaires dans ces gorges, leur réverbération sur les nappes de tuf blanc, leur éblouissante scintillation sur tous les débris de ponce et d'obsidienne qui couvrent le sol, sont autant de causes qui produisent une haute température. De là on domine les nuages; aussi, point de ces brumes bienfaisantes qui, dans les lieux plus bas, viennent rafraîchir l'atmosphère, humecter la terre et vivifier la végétation. L'habitant des plaines, qui traverse cette zone, en ressent bientôt l'influence; l'extrême sécheresse de l'air resserre ses pores, arrête sa transpiration et gerce son épiderme; une soif immodérée le tourmente sans cesse, et souvent il cherche en vain la source cachée qui ne doit l'étancher qu'un instant. C'est vainement encore que, pour fuir l'ardeur du soleil, il tente de se réfugier sous les buissons de genêts ou à l'ombre de quelque roche; la terre est partout brûlante, partout la chaleur est insupportable, partout règne ce calme qui le désespère, et il est bientôt forcé de quitter ces abris où aucun courant d'air ne se fait sentir.

La source de *la Piedra* fournit une eau d'une fraîcheur délicieuse; les chèvres qu'on laisse errer dans ces gorges, et les abeilles dont les ruches sont placées dans le voisinage, viennent s'y désaltérer; une multitude de genêts blancs croissent aux alentours; cet utile arbuste est l'ornement des Canadas, les chèvres broutent ses tiges, tandis que les abeilles butinent sans cesse sur ses fleurs parfumées. Ainsi, dans les lieux les plus arides, la nature semble avoir pourvu à tous les besoins. Sans le genêt, qu'elle a si abondamment répandu dans cette vallée, comment pourraient subsister ces troupeaux et ces essaims précieux qui forment pour les habitants du midi de Ténériffe une des branches les plus importantes de l'économie rurale?

Le pic de Ténériffe.

Nous continuâmes alors notre route par le défilé de *Canada blanca;* nos guides nous firent traverser ensuite un torrent de lave que nous avions à notre droite, puis entrer dans un autre que nous laissâmes bientôt pour passer dans un troisième. On appelle *mal pais* (mauvais pays), tous ces espaces envahis par les éruptions. A mesure que nous avancions, les obstacles devenaient plus insurmontables; à chaque instant il nous fallait gravir des tas de scories, des amas d'obsidiennes qui interceptaient tous les passages. Nous marchions depuis plus de deux heures sur ce sol infernal, quand nos guides, qui s'étaient déjà arrêtés plusieurs fois pour se consulter, nous parurent incertains sur la route qu'ils devaient suivre; bientôt l'un d'eux vint nous déclarer que nous nous étions égarés et que nous devions renoncer à notre entreprise. Nous ne fûmes pas de son avis; nous étions trop avancés pour retourner en arrière; mais il fallait sortir de ce mauvais pas, car la nuit s'approchait. L'endroit où nos ignorants conducteurs nous avaient conduits était désespérant : des laves entassées en blocs nous entouraient de toute part; plus loin elles paraissaient s'être répandues en nappe; nous ne savions de quel côté nous diriger. Cependant, à tout hasard et à force de bras, nous parvînmes à frayer un sentier au malheureux cheval qui portait nos provisions, et qui manqua périr dix fois dans ce trajet.

Nous étions harassés de fatigue lorsque nous arrivâmes à la base d'une montagne de ponces adossée au pic. Au sortir des ponces, nos chaussures étaient en lambeaux mais nous étions déjà parvenus sur une des pentes du Teyde et nous reprîmes courage. Je reconnus les lieux, c'était le sentier que j'avais suivi en 1825, lors de ma première expédition. Certains alors de ne plus nous égarer, nous nous dirigeâmes hardiment vers *la Estancia,* où nous arrivâmes enfin, à neuf heures, par un beau clair de lune. Malgré la hauteur de cette station, nous en trouvâmes la température très-supportable; nous respirions un air des plus purs; seulement, quelques légères rafales du vent du nord nous apportaient le parfum des genêts. Nos gens, à peine arrivés, mirent à contribution tous les buissons des alentours; un immense bûcher s'alluma, et ils se disposèrent à faire rôtir une malheureuse chèvre qu'ils avaient tuée dans les Canadas. Bientôt après le souper, ils se groupèrent autour du foyer, et chacun s'endormit dans son coin. Quant à moi, je ne pus en faire autant, la marche forcée de la journée m'avait trop échauffé le sang, et dans cet état d'irritation on dort mal, surtout sur les rochers. Le spectacle que j'avais sous les yeux avait, du reste, trop d'attrait pour moi; la sérénité du ciel, la solitude du lieu, les formes bizarres des rochers entassés autour de notre bivouac, ces grandes ombres qui voilaient les gorges dont nous étions enfin sortis, formaient un tableau imposant.

Il était trois heures du matin lorsque nous abandonnâmes notre bivouac pour nous avancer vers la pointe du pic. Le sentier que nous suivîmes d'abord, quoique très-incliné, est pourtant assez praticable; mais en approchant de l'*Altavista*, le désordre du sol devient épouvantable par l'encombrement des matières que le volcan a vomies, et l'on ne peut marcher avec trop de précaution au milieu de tant de crevasses et d'aspérités. Après avoirs franchi ce *mal pais del Teyde*, comme l'appelaient nos guides, on arrive sur l'assise de *la Rambleta*. Tout semble indiquer dans cet endroit un cratère antérieur à celui du sommet du pic, car c'est de là que débordèrent les nombreux torrents de lave qui ont inondé les Canadas. Le Teyde aura eu des alternatives de repos, et ce fut probablement après une d'elles qu'une nouvelle éruption produisit le pic. Ce chapiteau volcanique, qui a recouvert l'ancien gouffre, s'élève en effet au milieu de *la Rambleta*. Maintenant il couronne la montagne, et les échancrures de sa cime que nous apercevions au-dessous de nous, étaient éclairées par les premiers rayons du soleil levant. Des exhalaisons sulfureuses commençaient déjà à se faire sentir, nous touchions au terme de notre entreprise ; mais il nous restait à gravir les pentes de ce petit cône, dont la hauteur est de 146 mètres. Les ponces et les débris de scories rendent cette montée des plus fatigantes; cependant, après nous être reposés plusieurs fois pour reprendre haleine, nous atteignîmes enfin le sommet.

La vue dont on jouit de cette élévation est tout à fait grandiose ; il me serait impossible de vous en donner une idée bien exacte, et vous rendre raison des impressions que produit ce spectacle sublime me serait plus difficile encore. On éprouve à la fois une espèce de vertige et d'extase, on est muet d'admiration. De ce point culminant que les éruptions lancèrent à 3,715 mètres au-dessus du niveau de la mer, nos regards embrassaient les sept îles ; à l'orient, les hautes cimes de Canaria perçaient à travers les nuages que le soleil dorait de ses feux ; plus loin, nous découvrions Lancerote et Fortaventure ; à l'occident, l'ombre du Teyde s'étendait en un immense triangle jusque sur Gomere, et non loin se montraient Palma et l'île de Fer. Nous avions au-dessous de nous Ténériffe, avec le circuit de ses côtes, les divers enchaînements de ses montagnes, ses plateaux et ses vallées pittoresques. Nos regards errèrent longtemps sur cette multitude de creux et de relèvements qu'indiquait le jeu des ombres ; nous aurions voulu deviner toutes les localités et reconnaître chaque accident, mais ce panorama était trop éloigné de nous pour qu'il fût possible de bien en saisir tous les détails ; ce n'était plus qu'un plan en relief; nous ne pouvions assez apprécier et les hauteurs et les distances, car de là les collines mêmes semblaient s'être affaissées sous le Teyde. Nous étions enivrés d'admiration devant l'immensité de ce tableau ; mais la scène changea bientôt d'aspect. A mesure que le soleil s'avançait dans sa course, les vapeurs s'élevaient de toutes parts, l'on voyait peu à peu flotter leur masses condensées, et des nuées blanchâtres se former sur les lieux où une plus grande réunion de végétaux attirait et reproduisait sans cesse de nouveaux brouillards. Ce fut ainsi que se couvrit insensiblement toute la surface de l'île au-dessus de laquelle nous dominâmes alors comme sur un océan de nuages.

(Berthelot, *Bulletin de la Société de géographie.*)

II

LES ANDES

Quand le souvenir des grands aspects de la nature qui m'ont le plus impressionné vient à s'emparer de moi, je pense souvent à la mer des tropiques vue par une nuit tiède et sereine, lorsque la blanche lumière des étoiles exemptes de scintillation, mais rayonnant doucement comme des planètes, s'étend à la surface des flots onduleux. Ou bien je me représente les vallées boisées des Cordillères. Là, des palmiers élancés, perçant la sombre voûte de feuillage des arbres moins élevés, forment de longues colonnades et supportent une forêt au-dessus de la forêt. Quelquefois je me transporte en imagination sur le pic de Ténériffe. Une mer de nuages sépare le sommet de la montagne des parties basses de l'île ; tout à coup les courants d'air ascendants déterminent une rupture dans la couche brumeuse, et le voyageur, placé au bord du cratère, aperçoit par une échappée les coteaux couverts de vignes qui environnent Orotava, et les jardins d'orangers qui bordent la côte. Dans ces aspects, ce n'est plus le sentiment de cette vie universelle dont l'action lente, mais intime, pénètre la nature, qui captive notre attention ; c'est le caractère pittoresque du paysage, le concert des nuages, de la mer et des contours du rivage qui se confondent dans la vapeur embaumée du matin ; c'est la beauté des formes végétales groupées harmonieusement entre elles.

Dans un beau paysage, l'incommensurable, le terrible même deviennent une source de jouissance. L'imagination complète par ses créations le tableau inachevé que les sens ont esquissé pour les yeux de l'esprit, et suit pas à pas toutes les fluctuations morales de l'observateur ; elle change à chaque instant la direction de ses idées. Jouet de ses illusions, il croit recevoir du monde extérieur les impressions dont la source est en lui-même.

Après une longue navigation, quand le voyageur pose pour la première fois le pied sur une terre des tropiques, il reconnait avec attendrissement, à l'aspect des premières falaises, les roches de son pays natal. En retrouvant sur un autre continent les formations géologiques de l'Europe, il acquiert la conviction que la structure de la vieille croûte du globe est indépendante des climats. Mais ces rochers de la patrie sont ornés d'une végétation exotique. L'habitant du nord se voit entouré de végétaux aux formes étranges et d'une nature qu'il ne connait pas. Écrasé par la grandeur de la puissance organique sous le ciel des tropiques, il fait un retour sur lui-même et admire la puissance d'assimilation de l'esprit lui-même. Il lui semble d'abord que le tranquille paysage de la patrie parle un langage plus doux et plus intime, comme le dialecte de son village. Il se trouve isolé au milieu de ce luxe exubérant de la végétation; mais il sent en même temps que tout ce qui vit ne saurait lui être étranger, et le pays des palmiers devient bientôt le sien; car un lien secret relie entre elles toutes les formes de la nature vivante. Nous en avons le sentiment, quoiqu'il ne revête point le caractère d'une notion distincte, et notre imagination agrandit et ennoblit toutes ces formes exotiques en les comparant à celles qui entourent notre berceau. Ainsi, ces sentiments mal définis, l'ensemble de nos sensations et les déductions du raisonnement amènent tous les hommes, quel que soit le degré de leur développement intellectuel, à cette conviction profonde, qu'un lien commun réunit sous la même loi tous les êtres si variés qui composent la nature vivante.

(A. de Humboldt. — *Cosmos.*)

Cascade dans les Cordillères.

I

PASSAGE DES CORDILLÈRES DU PEROU

A. DE HUMBOLDT.

Château enchanté du Gualgayoc. — Les paramos. — Vallée de Caxamarca. — Colonnades de porphyre. — Vue de l'océan Pacifique.

Nous demeurâmes dix-sept jours dans la vallée chaude du Marañon supérieur ou fleuve des Amazones. Pour se rendre de là au bord de l'océan Pacifique, on gravit la chaîne des Andes au point où elle est coupée par l'équateur magnétique, entre Micuipampa et Caxamarca. En continuant à monter on arrive aux fameuses mines d'argent de Chota; de là on commence à descendre, sauf quelques interruptions, dans la dépression du Pérou, en passant par l'ancienne Caxamarca, qui fut, il y a trois cents ans, le théâtre le plus sanglant de la conquête espagnole, puis par Aroma et Gangamarca. Ici, comme presque partout dans la chaîne des Andes et dans les montagnes mexicaines, les plus grandes élévations sont pittoresquement caractérisées par des saillies rocheuses de porphyre et de trachyte; les masses de porphyre sont de préférence fendues en puissantes colonnes. Ces roches donnent à la chaîne tantôt une apparence déchiquetée, tantôt la forme d'un dôme. Elles ont ici coupé la formation calcaire, qui, en deçà et au delà de l'équateur, dans le nouveau monde, prend une extension si énorme, et appartient, suivant les belles recherches de Léopold de Buch, au terrain crayeux. Entre Guombos et Montan, à 12,000 pieds au-dessus de la mer, nous trouvâmes des coquilles fossiles pélasgiques.

En quittant Montan, métairie solitaire, entourée de troupeaux de lamas, nous continuâmes, vers le sud, à monter la pente orientale des Cordillères, et nous atteignîmes un plateau où la montagne argentine de Gualgayoc, centre des fameuses mines de Chota, offrit, à la nuit tombante, un aspect étrange. Le Cerro de Gualgayoc, séparé du mont calcaire Cormolatsche par une vallée profonde, est un roc isolé de pierre cornéenne, traversé par d'innombrables filons d'argent la plupart convergents, très-abrupts, et taillés presque à pic au nord et à l'ouest. Les galeries les plus élevées sont à 1,446 pieds au-dessus du niveau du Socabon de Espinachi. Le contour de la montagne est interrompu par d'innombrables pointes turriformes et pyramidales. Aussi le sommet porte-t-il le nom de *las Puntas*. Cette situation contraste de la manière la plus frappante avec le « doux aspect » que le mineur

Passage des Cordillères du Pérou.

trouve habituellement aux contrées qui abondent en métaux. « Notre montagne, disait un riche propriétaire de mines chez lequel nous fîmes une halte, est là comme un château enchanté. » Le Gualgayoc est percé en tous sens jusqu'à la cime par plusieurs centaines de galeries. La roche siliceuse même offre des fentes naturelles, à travers lesquelles un observateur, placé au pied de la montagne, aperçoit la voûte céleste, qui, à cette hauteur, est d'un bleu très-foncé. Le peuple donne à ces fentes le nom de fenêtres, *las ventanillas de Gualgayoc*. On nous montra sur les parois trachytiques du volcan de Pichincha des fenêtres semblables. Les nombreuses cabanes et les maisonnettes des mineurs, suspendues comme des nids au penchant du Gualgayoc, là où le sol permettait d'établir une habitation, ajoutent encore à la singularité du tableau. Les ouvriers, chargés de hottes, vont par des sentiers périlleux, escarpés, porter les minerais jusqu'aux lieux où ils les soumettent au procédé d'amalgamation.

Le chemin étroit de Micuipampa à Caxamarca, antique ville des Incas, est à peine praticable pour les mulets. Cette ville se nommait primitivement Kazamarca, c'est-à-dire ville glaciale. Le chemin nous conduisit, cinq ou six heures durant, par une rangée de *paramos*[1], où nous fûmes presque continuellement exposés à la fureur des

[1] Par le mot *paramo* on désigne, dans les colonies espagnoles, les contrées montueuses qui sont de 1,800 à 2,200 toises au-dessus du niveau de la mer, et où règne un climat âpre et brumeux. Dans les paramos élevés, on voit chaque jour, plusieurs heures durant, tomber de la grêle et de la pluie fine, qui rafraîchissent les plantes des montagnes; ce n'est pas qu'il y ait dans les hautes régions un manque absolu de vapeur d'eau, mais cela arrive à cause de la précipitation fréquente de cette vapeur, précipitation que déterminent les changements brusques survenus dans les courants d'air et dans la tension électrique. Les arbres y sont rabougris, disposés en ombelle, mais ornés d'un vrai feuillage, toujours vert, sur des branches noueuses. Ce sont pour la plupart des arbrisseaux alpestres à grandes fleurs et à feuilles de laurier, ou myrtiformes.

ouragans et à ces grêlons à vive arête si communs dans la chaîne des Andes. La route se maintient presque constamment entre 9 à 10,000 pieds de hauteur. Elle fut pour moi l'occasion d'une observation magnétique d'un intérêt universel; elle me servit à déterminer le point où l'inclinaison boréale de l'aiguille aimantée passe à l'inclinaison australe, par conséquent l'endroit où le voyageur coupe l'équateur magnétique.

Arrivé enfin à la dernière de ces solitudes montagneuses, le paramo de Yanaguanga, on plonge avec joie le regard dans la fertile vallée de Caxamarca. C'est une vue ravissante; la vallée, au fond de laquelle serpente une petite rivière, est un plateau ovale, de 6 à 7 milles carrés. Cette vallée ressemble au plateau de Bogota, et probablement, comme celui-ci, c'est l'ancien lit d'un lac. Il ne manque que la fable du magicien Botschica ou Idacanzas, et du grand prêtre d'Irica, qui ouvrit aux eaux de Tequendama une voie à travers les rochers. Caxamarca est de 600 pieds plus élevée que Santa-Fé-de-Bogota, conséquemment aussi élevée que la ville de Quito; mais protégée tout alentour par des montagnes, Caxamarca jouit d'un climat plus doux. Le sol est extrêmement fertile, rempli de champs et de jardins, ornés d'allées de saules, de variétés de *datura* à grandes fleurs rouges, blanches et jaunes, de *mimosa* et de beaux arbres *quinuar*. Dans la pampa de Caxamarca le froment rapporte, en moyenne, quinze à vingt fois sa semence. Mais quelquefois l'espoir d'une riche moisson est anéanti par les gelées nocturnes. Ces gelées, provenant de ce que la chaleur, sous un ciel serein, rayonne vers les couches minces d'une atmosphère sèche, atténuée, ne sont pas sensibles dans les demeures abritées.

Nous restâmes cinq jours dans la ville. La quantité de mulets qu'exigeait le transport de nos collections, et le choix des guides qui devaient nous conduire à travers la chaîne des Andes jusqu'à l'entrée du long et étroit désert du Pérou (*desierto de Sechura*), retardèrent notre départ. Le passage des Cordillères se fit du nord-est au sud-ouest. A peine a-t-on quitté le délicieux plateau de Caxamarca, que pendant une montée de 9,600 pieds on est frappé d'étonnement à l'aspect de deux cimes de porphyre, l'Aroma et le Canturaga, séjour favori du puissant vautour connu sous le nom de condor. Ces cimes se composent de colonnes de 5 à 7 pans, hautes de 35 à 40 pieds, en partie articulées et courbées. Le cerro Aroma est surtout pittoresque : par la distribution des colonnades superposées, souvent convergentes, il ressemble à un édifice à deux étages, surmonté d'une masse rocheuse compacte, en guise de dôme. Ces éruptions de porphyre et de trachyte caractérisent singulièrement la crête des Cordillères, et donnent à cette chaîne une physionomie toute différente des Alpes de la Suisse, des Pyrénées et de l'Altaï sibérien.

De Canturaga et Arona on descend en zigzag une pente de rochers escarpés, et après 6,000 pieds de descente on arrive dans la vallée étroite de la Madeleine, dont le sol est cependant encore à 4,000 pieds au-dessus de la mer. En sortant de cette vallée nous eûmes à gravir pendant deux heures et demie une pente rocheuse de 4,800 pieds, située en face des groupes porphyritiques de l'Alto de Aroma. Nous éprouvâmes un changement de climat d'autant plus sensible que nous avions été sur cette pente souvent enveloppés d'un brouillard glacé.

Après avoir erré dix-huit mois dans l'intérieur des montagnes, nous eûmes le désir bien naturel de jouir de l'aspect libre de la mer ; ce désir avait été alimenté encore par des illusions auxquelles nous étions souvent entraînés. De la cime du volcan de Pichincha, d'où la vue s'étend par-dessus les forêts épaisses de la Provincia de las Esmeraldas, on ne distingue plus nettement l'horizon de la mer, à cause de la trop grande distance du littoral au point où l'on est placé. Le regard plonge de là dans le vide, comme du haut d'un aérostat. On croit entrevoir, mais on ne distingue plus rien. Quand nous eûmes atteint, entre Loxa et Guancabamba, le paramo de Guamani, où gisent épars les débris de beaucoup d'édifices d'Incas, les muletiers assurèrent que nous apercevions la mer, au delà de la plaine, au delà des dépressions de Piura et de Lambajèque; mais un brouillard épais voilait la plaine et le littoral voisin. Nous vîmes seulement des masses de rochers de formes bizarres surgir et disparaître tour à tour, comme des îles, au-dessus d'une mer de brume ondoyante: spectacle pareil à celui dont nous avions joui sur le pic de Ténériffe. Nous eûmes à subir à peu près les mêmes illusions au passage de Guangamarca dans les Andes. Pendant que nous nous élevions, poussés par l'espérance, vers le puissant col de la montagne, les guides, qui n'étaient pas tout à fait sûrs de leur chemin, nous promettaient d'heure en heure l'accomplissement de nos vœux. La couche de brouillard qui nous enveloppait paraissait par intervalles se dissiper; mais bientôt la vue était de nouveau bornée par quelque saillie de rochers menaçants.

Le désir que l'on a de voir certains objets ne dépend pas seulement, il s'en faut, de leur grandeur, de leur beauté ou de leur importance: il s'y mêle, dans chaque homme, accidentellement à beaucoup d'impressions de la jeunesse, une vieille prédilection pour certains travaux, le penchant pour les choses lointaines et pour une vie agitée. Des difficultés en apparence insurmontables leur prêtent un charme nouveau. Le voyageur jouit d'avance du moment où il verra la Croix du Sud, les nuées de Magellan, qui tournent autour du pôle austral, la neige du Chimborazo, la colonne de fumée des volcans de Quito, un bois de fougères en arbres, le calme de l'Océan. Les jours de ces impressions ineffaçables, si vivement désirées, font époque dans la vie d'un homme. Ces choses se sentent et ne se raisonnent pas. Le désir de contempler l'océan Pacifique du haut de la chaîne des Andes est ravivé par un souvenir d'enfance, par le récit de l'expédition hardie de Vasco Punex de Balboa, de cet homme heureux, qui, suivi de François Pizarro, fut le premier des Européens à apercevoir, des hauteurs de Quarequa, sur l'isthme de Panama, la partie orientale de l'océan Pacifique. On ne pourrait certes pas appeler pittoresques les bords de roseaux de la mer Caspienne, là où je les vis pour la première fois, au delta et à l'embouchure du Volga; et cependant leur aspect me réjouissait, parce que, dans ma première jeunesse, j'aimais tant à contempler sur les cartes la forme de cette mer intérieure de l'Asie. C'est ainsi que des impressions de l'enfance ou des souvenirs accidentels de la vie peuvent plus tard déterminer des entreprises sérieuses et devenir le mobile de travaux scientifiques.

Après avoir franchi bien des ondulations du sol, nous atteignîmes enfin le point le plus élevé de l'Alto de Guangamarca. La voûte céleste longtemps voilée s'éclaircit soudain : une forte brise du sud-ouest dissipa le brouillard. L'azur foncé de l'air atténué des montagnes perçait entre les flocons serrés des plus hauts nuages. Toute la pente occidentale des Cordillères près de Chorillos et de Cascas, couverte d'énormes blocs de quartz de 12 à 14 pieds de longueur, les plaines de Chala et de Molinos jusqu'au rivage près de Truxillo, gisaient là comme sous nos yeux. Nous aperçûmes alors pour la première fois l'océan Pacifique; nous l'aperçûmes distinctement, reflétant près du littoral beaucoup de lumière, et reculant les bornes de l'horizon dans un vague lointain.

(A. de Humboldt, *Tableaux de la nature.*)

II

EXCURSION A LA CIME DE LA SILLA

A. DE HUMBOLDT.

Embrasement des savanes. — Zones d'arbustes odoriférants. — Belles fleurs. — Géographie des plantes. — Pronostics du temps. — Énorme précipice. — Solitudes du nouveau monde. — Scène nocturne.

J'ai séjourné deux mois à Caracas. Nous habitions, M. Bonpland et moi, une grande maison presque isolée, dans la partie la plus élevée de la ville. Du haut d'une galerie, nous pouvions découvrir à la fois le sommet de la Silla, la crête dentelée du Galipano et la vallée riante de Guayre, dont la riche culture contraste avec le sombre rideau des montagnes d'alentour. C'était la saison des sécheresses. Pour améliorer les pâturages, on met le feu aux savanes et aux gazons qui couvrent les rochers les plus escarpés. Ces vastes embrasements, vus de loin, produisent des effets de lumière surprenants. Partout où les savanes, en suivant les ondulations des pentes rocheuses, ont rempli les sillons creusés par les eaux, les terrains enflammés se présentent, par une nuit obscure, comme des courants de laves suspendus sur le vallon. Leur lumière, vive mais tranquille, prend une teinte rougeâtre lorsque le vent qui descend de la Silla accumule les trainées de vapeurs dans les basses régions. D'autres fois, et ce spectacle est le plus imposant, ces bandes lumineuses, enveloppées de nuages épais, ne paraissent que par intervalles à travers des éclaircies. A mesure que les nuages montent, une vive clarté se répand sur leurs bords. Ces phénomènes divers, si communs sous les tropiques, gagnent d'intérêt par la forme des montagnes, la disposition des pentes et la hauteur des savanes couvertes de graminées alpines.

Dans une contrée qui offre des aspects si ravissants, à une époque où, malgré les tentatives d'un mouvement populaire, la plupart des habitants ne dirigeaient leurs pensées que sur des objets d'un intérêt physique, la fertilité de l'année, les longues sécheresses, le conflit des vents de Petare et de Catia, je croyais devoir trouver beaucoup de personnes connaissant à fond les hautes montagnes d'alentour. Mon attente ne fut point remplie; nous ne pûmes découvrir à Caracas un seul homme qui fût allé au sommet de la Silla. Les chasseurs ne s'élèvent pas si haut sur la croupe des montagnes, et on ne voyage guère dans ce pays pour chercher des plantes alpines, pour examiner des roches ou pour porter un baromètre sur des lieux élevés. Accoutumé à une vie uniforme et casanière, on redoute la fatigue et les changements brusques de climat; on dirait que l'on ne vit pas pour jouir de la vie, mais uniquement pour la prolonger.

En examinant, avec une lunette, les pentes rapides de la montagne et la forme des deux pics qui la terminent, nous avions pu apprécier les difficultés que nous aurions à vaincre pour parvenir au sommet. Des angles de hauteur pris avec le sextant, à la Trinidad, m'avaient fait juger que ce sommet devait être moins élevé au-dessus du niveau de la mer que la grande place de la ville de Quito. Cette évaluation ne s'accordait guère avec les idées des habitants de la vallée. Les montagnes qui dominent de grandes villes acquièrent, par cela même, dans les deux continents, une célébrité extraordinaire. Longtemps avant qu'on les ait mesurées d'une manière précise, les savants du pays leur assignent une hauteur dont il n'est pas permis de douter sans blesser un préjugé national.

Le capitaine général nous fit donner des guides. C'étaient des noirs qui connaissaient un peu le sentier qui conduit vers les côtes par la crête des montagnes, près du pic occidental de la Silla. Ce sentier est fréquenté par les contrebandiers; mais ni ces guides, ni les hommes les plus expérimentés de la milice, employés à poursuivre les contrebandiers dans des lieux si sauvages, n'avaient été sur le pic oriental qui forme le sommet le plus élevé. Pendant tout le mois de décembre, la montagne, dont les angles de hauteur me faisaient connaître le jeu des réfractions terrestres, n'avait paru que cinq fois sans nuages. Comme dans cette saison deux jours sereins se succèdent rarement, on nous avait conseillé pour notre excursion moins un temps clair qu'une époque où les nuages se soutiennent à peu de hauteur, et où l'on peut espérer qu'après avoir traversé la première couche de vapeurs uniformément répandues, on entrera dans un air sec et transparent. Nous passâmes la nuit du 2 janvier dans l'*Estancia* de Gallegos, plantation de caféiers, près de laquelle, dans un ravin richement ombragé, la petite rivière de Chacaïto forme de belles cascades en descendant des montagnes. La nuit était assez claire; et quoique, la veille d'un voyage pénible, nous eussions désiré jouir de quelque repos, nous passâmes la nuit, M. Bonpland et moi, à attendre trois occultations des satellites de Jupiter.

Après avoir observé, avant le lever du soleil, l'intensité des forces magnétiques au pied de la montagne, nous nous mîmes en marche à cinq heures du matin, accompagnés d'esclaves qui portaient nos instruments. Nous étions dix-huit personnes qui marchaient à la suite les unes des

La Silla de Caracas.

autres par un sentier étroit. Ce sentier est tracé sur une pente rapide, couverte de gazon. On tâche d'abord de gagner le sommet d'une colline qui, vers le sud-ouest, forme comme un promontoire de la Silla. Elle tient au corps même de la montagne par une digue étroite, que les pâtres désignent par un nom très-caractéristique, celui de la porte ou *puerta de la Silla*. Nous y arrivâmes vers sept heures. La matinée était belle et fraîche; le ciel, jusque-là, paraissait favoriser notre excursion. Je vis le thermomètre se soutenir un peu au-dessous de 14°. Le baromètre m'indiquait que nous étions déjà à 1,335 mètres d'élévation au-dessus du niveau de la mer, c'est-à-dire près de 156 mètres plus haut qu'à la *Venta*, où l'on jouit d'une vue si magnifique sur les côtes. Nos guides pensaient qu'il faudrait encore six heures pour parvenir au sommet de la Silla.

Nous traversâmes une digue étroite de rochers couverts de gazon qui nous conduisait à la croupe de la grande montagne. La vue plonge sur les deux vallons, qui sont plutôt des crevasses remplies d'une végétation épaisse. A droite, on aperçoit le ravin qui descend entre les deux pics vers la ferme de Munoz; à gauche, on domine la crevasse de Chacaïto, dont les eaux abondantes jaillissent près de la ferme de Gallego. On entend le bruit des cascades sans voir le torrent, qui reste caché sous l'ombrage touffu des erythrina, des clusla et des figuiers de l'Inde. Rien n'est plus pittoresque, sous une zone où tant de végétaux ont des feuilles grandes, luisantes et coriaces, que l'aspect du sommet des arbres placés à une grande profondeur, et éclairés par les rayons presque perpendiculaires du soleil.

Depuis la *puerta*, la montée devenait toujours plus rapide. Il fallait jeter le corps fortement en avant pour pouvoir avancer. Une longue sécheresse avait rendu le gazon très-glissant. Nous aurions désiré avoir des crampons ou des bâtons ferrés. Cette montée, plus fatigante que périlleuse, découragea les personnes qui nous avaient accompagnés depuis la ville et qui n'étaient pas accoutumées à gravir les montagnes. Nous perdîmes beaucoup de temps à les attendre et nous ne résolûmes de continuer seuls notre route que lorsque nous les vîmes redescendre. Le temps commençait à se couvrir. Déjà, du bocage humide qui au-dessous de nous bordait la région des savanes alpines, la brume sortait comme de la fumée en filets minces. On aurait dit un incendie qui se manifestait à la fois sur plusieurs points de la forêt. Peu à peu ces traînées de vapeurs s'accumulaient; et détachées du sol, poussées par la brise du matin, elles rasaient, comme un nuage léger, la croupe arrondie des montagnes.

Après quatre heures de marche par les savanes, nous entrâmes dans un bocage formé d'arbustes et d'arbres plus élevés. Ce bocage s'appelle *el Pejual,* sans doute à cause de la grande abondance du *Pejua*, plante à feuilles très-odoriférantes. La pente de la montagne devenait plus douce et nous avions un plaisir indicible à examiner les végétaux de cette région. Nulle part peut-être on ne trouve réunies sur un petit espace de terrain des productions si belles et si remarquables sous le rapport de la géographie des plantes. A 2,000 mètres d'élévation, les savanes de la Silla aboutissent à une zone d'arbustes qui, par leur port, leurs branches tortueuses, la dureté de leurs feuilles, la grandeur et la beauté de leurs fleurs pourprées, rappellent ce que, dans la cordillère des Andes, on désigne par le nom de végétation des páramos. C'est là que se montre la famille des roses des Alpes, les thibaudia, les andromènes, les vaccinium et ces bejaria à feuilles résineuses, que nous avons plusieurs fois comparés aux rhododendrons des Alpes d'Europe.

Lors même que la nature ne produit pas les mêmes espèces sous des climats analogues, soit dans les plaines sous des parallèles isothermes, soit sur des plateaux dont la température approche de celle des lieux plus voisins des pôles, on observe cependant une ressemblance frappante de port et de physionomie dans la végétation des régions les plus éloignées. Ce phénomène est un des plus curieux que présente l'histoire des formes organiques. Je dis l'histoire, car la raison a beau interdire à l'homme les hypothèses sur l'origine des choses, nous n'en sommes pas moins tourmentés de ces problèmes insolubles de la distribution des êtres. Une graminée de la Suisse végète sur les rochers granitiques du détroit de Magellan. La Nouvelle-Hollande nourrit plus de quarante plantes phanérogames de l'Europe, et le plus grand nombre des végétaux qui sont identiques dans les zones tempérées des deux hémisphères, manquent entièrement dans la région intermédiaire. Une violette à feuilles velues, qui termine pour ainsi dire la zone des phanérogames sur le volcan de Ténériffe, et que longtemps on a crue propre à cette île, se montre 300 lieues plus au nord près du sommet neigeux des Pyrénées. Des graminées et des cypéracées de l'Allemagne, de l'Arabie et du Sénégal, ont été reconnues parmi les plantes que M. Bonpland et moi avons recueillies sur les plateaux froids du Mexique, le long des rives brûlantes de l'Orénoque, et dans l'hémisphère austral sur le dos des Andes de Quito. Comment concevoir les migrations des plantes à travers des régions d'un climat si différent, et qui sont aujourd'hui couvertes par l'Océan? Comment les germes des êtres organiques, qui se ressemblent par leur port et même par leur structure interne, se sont-ils développés à d'inégales distances des pôles et de la surface des mers, partout où des lieux si distants offrent quelque analogie de température ? Malgré l'influence de la pression que l'air et l'extinction plus ou moins grande de la lumière exercent sur les fonctions vitales des plantes, c'est pourtant la chaleur inégalement distribuée entre les différentes parties de l'année, que l'on doit considérer comme le stimulus le plus puissant de la végétation.

On dit qu'une montagne est assez élevée pour entrer dans la région des rhododendrons et des bejarias, comme on dit depuis longtemps qu'une montagne atteint la limite des neiges perpétuelles. En se servant de cette expression, on suppose tacitement que, sous l'influence de certaines températures, certaines formes végétales doivent nécessairement se développer. Une telle supposition n'est pas rigoureuse dans toute sa généralité. Les pins du Mexique manquent sur les Cordillères du Pérou. La Silla de Caracas n'est pas couverte de ces chênes qui, dans la Nouvelle-Grenade, végètent à la même hauteur.

L'identité des formes indique une analogie des climats; mais, sous des climats analogues, les espèces peuvent être singulièrement diversifiées.

Dans le petit bocage qui couronne la Silla, le bejaria ledifolia n'a que 3 à 4 pieds de haut. Le tronc est divisé, dès sa base, en un grand nombre de rameaux fragiles et presque verticillés. Les feuilles sont ovales, lancéolées, glauques en dessous et roulées vers les bords. Toute la plante est couverte de poils longs et visqueux; elle a une odeur résineuse très-agréable. Les abeilles visitent ses belles fleurs pourprées, qui sont très-abondantes, comme dans toutes les espèces alpestres, et qui, bien épanouies, ont souvent près d'un pouce de large.

Nous nous arrêtâmes longtemps à examiner les belles plantes du Pejual. Le ciel devint plus sombre. Le thermomètre baissa jusqu'au-dessous de 11°. C'est une température à laquelle, sous cette zone, on commence à souffrir du froid. En quittant le bocage d'arbustes alpestres, on se trouve de nouveau dans une savane. Nous gravîmes une partie du dôme occidental pour descendre dans l'enfoncement de la *Selle*, vallée qui sépare les deux sommets de la Silla.

C'est là que nous eûmes de grandes difficultés à vaincre à cause de la force de la végétation. Pour frayer un chemin à travers cette forêt, les nègres nous devançaient avec leurs coutelas ou *machettes*. Nous nous dirigions toujours du côté du pic oriental, qui était de temps en temps visible par une clairière. Soudain nous nous trouvâmes enveloppés dans une brume épaisse; la boussole seule pouvait nous guider; mais en avançant vers le nord nous risquâmes à chaque pas de nous trouver au bord de l'énorme mur de rochers qui descend presque perpendiculairement à 2,000 mètres de profondeur vers la mer. Il fallut s'arrêter; entourés de nuages qui rasaient la terre, nous commençâmes à douter si nous pourrions atteindre le pic avant l'entrée de la nuit. Heureusement les nègres qui portaient l'eau et les provisions nous avaient rejoints, et nous résolûmes de prendre quelque nourriture.

Je fis, au milieu de la brume, l'expérience de l'électromètre de Volta. Quoique très-rapproché des héliconia réunis en un bois épais, j'obtins des signes d'électricité atmosphérique très-sensibles. Elle passa souvent du positif au négatif en changeant d'intensité à chaque instant. Ces variations et le conflit de plusieurs petits courants d'air qui divisaient la brume et la transformaient en nuages à contours déterminés, me parurent des pronostics infaillibles d'un changement de temps. Il n'était que deux heures après midi. Nous conçûmes de nouveau quelque espoir de pouvoir atteindre le sommet oriental de la Silla avant le coucher du soleil, et de redescendre dans le vallon qui sépare les deux pics. C'est là que nous comptions passer la nuit, en allumant un grand feu et en faisant construire par les nègres une cabane avec les feuilles larges et minces de l'heliconia. Nous renvoyâmes la moitié de nos gens, en leur enjoignant de venir le lendemain matin à notre rencontre avec des provisions.

A peine avions-nous pris ces dispositions, que le vent

d'est commença à souffler avec impétuosité du côté de la mer. Le thermomètre s'éleva jusqu'à 12°,5. C'était sans doute un vent ascendant qui, en faisant hausser la température, dissolvait les vapeurs. En moins de deux minutes les nuages disparurent et les dômes de la Silla se montrèrent à nos yeux. Pour atteindre le pic le plus élevé, il faut se rapprocher autant que possible de l'énorme escarpement qui descend vers les côtes. Le gneiss avait conservé jusqu'ici sa texture lamelleuse et sa direction primitive; mais là où nous gravîmes le sommet de la Silla, il passe au granit. Le mica, plus rare, y est plus inégalement réparti. On ne trouve plus de grenats, mais quelques cristaux isolés d'amphibole.

Nous mîmes trois quarts d'heure pour parvenir à la cime de la pyramide. Cette partie du chemin n'est pas périlleuse, pourvu qu'on examine bien la solidité des blocs de rochers sur lesquels on pose le pied. Le granit superposé au gneiss n'offre pas une séparation régulière en bancs; il est divisé par des fentes qui se coupent souvent à angles droits. Des blocs prismatiques sortent obliquement de terre, et se présentent au bord du précipice comme d'énormes poutres suspendues au-dessus de l'abîme.

Arrivés au sommet, nous jouîmes, mais pendant peu de minutes seulement, de toute la sérénité du ciel. Nos regards plongeaient à la fois, vers le nord sur la mer, vers le midi sur la vallée de Caracas. La vue embrasse une étendue de mer de 36 lieues de rayon.

Ceux dont les sens se troublent à la vue des profondeurs doivent se tenir au centre du petit plateau qui surmonte le dôme oriental de la Silla. La montagne n'est pas très-remarquable par sa hauteur, qui est presque de 200 mètres moindre que le Canigou; mais elle se distingue de toutes les montagnes par l'énorme précipice qu'elle offre du côté de la mer. La côte ne forme qu'une lisière étroite sous ce mur de rochers qui semble presque perpendiculaire.

En embrassant d'un coup d'œil ce vaste paysage, on regrette à peine de ne pas voir les solitudes du nouveau monde embellies de l'image des temps passés. Partout où, sous la zone torride, la terre, hérissée de montagnes et jonchée de végétaux, a conservé ces traits primitifs, l'homme ne se présente plus comme le centre de la création. Loin de dompter les éléments, il ne tend qu'à se soustraire à leur empire. Les changements que les sauvages ont faits depuis des siècles à la surface du globe, disparaissent auprès de ceux que produisent, en quelques heures, l'action des feux souterrains, les débordements des grands fleuves, l'impétuosité des tempêtes. C'est la lutte des éléments entre eux qui caractérise dans le nouveau continent le spectacle de la nature. Un pays sans population se présente à l'habitant de l'Europe cultivée comme une cité délaissée par ses habitants. En Amérique, lorsqu'on a vécu pendant plusieurs années dans les forêts des basses régions, ou sur le dos des Cordillères ; lorsqu'on a vu des pays étendus comme la France, ne renfermer qu'un petit nombre de cabanes éparses, une vaste solitude n'effraye plus l'imagination. On s'habitue à l'idée d'un monde qui ne nourrit que des plantes et des animaux, où l'homme sauvage n'a jamais fait entendre le cri de l'allégresse ou les accents plaintifs de la douleur.

Nous ne pûmes profiter longtemps des avantages qu'offre la position de la Silla, qui domine sur toutes les cimes d'alentour. Tandis que nous examinions avec une lunette la partie de la mer dont l'horizon était bien terminé, et la chaîne des monts d'Ocumare, derrière laquelle commence le monde inconnu de l'Orénoque et de l'Amazone, une brume épaisse s'éleva des plaines vers les hautes régions. Elle remplissait d'abord le fond de la vallée de Caracas. Les vapeurs, éclairées d'en haut, offraient une teinte uniforme, d'un blanc laiteux. La vallée paraissait couverte d'eau ; on eût dit un bras de mer, dont les montagnes voisines formaient le rivage escarpé.

L'inclinaison de l'aiguille aimantée était à la Silla d'un degré moindre qu'à la ville de Caracas. En réunissant les observations que j'ai faites, par un temps calme et dans des circonstances très-favorables, soit sur les montagnes, soit le long des côtes voisines, on croirait, au premier abord, reconnaître, dans cette partie du globe, une certaine influence des hauteurs sur l'inclinaison de l'aiguille et sur l'intensité des forces magnétiques ; mais il faut remarquer que l'inclinaison à Caracas est singulièrement plus grande qu'on ne devrait le supposer d'après la position de la ville, et que les phénomènes magnétiques sont modifiés par la proximité de certaines roches qui forment autant de centres particuliers, ou petits systèmes d'attraction.

Il était quatre heures et demie du soir lorsque nous eûmes fini nos observations. Satisfaits de l'heureux succès de notre voyage, nous oubliâmes qu'il pouvait être dangereux de descendre dans l'obscurité sur des pentes escarpées, couvertes d'un gazon ras et glissant. La brume nous dérobait la vue de la vallée ; mais nous distinguions la double colline de la Puerta, qui paraissait, comme font toujours les objets placés presque perpendiculairement au-dessous de nous, dans une proximité extraordinaire. Nous abandonnâmes le projet de passer la nuit entre les deux pitons de la Silla ; et, après avoir retrouvé le sentier que nous nous étions frayé en montant à travers le bois touffu d'heliconia, nous parvînmes au Pejual, qui est la région des arbustes odoriférants et résineux. La beauté des bejaria, leurs branches couvertes de grandes fleurs pourprées, attiraient de nouveau toute notre attention. Lorsque dans ces climats on recueille des plantes pour faire des herbiers, on est d'autant plus difficile sur le choix, que le luxe de la végétation est plus grand. On rejette les branches qu'on vient de couper, parce qu'elles paraissent moins belles que les branches qu'on n'a pu atteindre. Surchargé de plantes en quittant le bocage, on regrette encore de n'avoir pas fait une plus riche moisson. Nous nous arrêtâmes si longtemps au Pejual, que la nuit nous surprit à l'entrée dans la savane, à plus de 1,800 mètres de hauteur.

Comme entre les tropiques le crépuscule est presque nul, on passe subitement de la plus grande clarté du jour dans les ténèbres. La lune était sur l'horizon; son disque était couvert de temps en temps par de gros nuages que chassait un vent froid et impétueux. Les pentes rapides, revêtues d'herbes jaunes et sèches, tantôt paraissaient dans l'ombre, tantôt, subitement éclairées, ressemblaient à des précipices dont l'œil mesurait la profondeur. Nous marchâmes en longue file; on tâchait de s'aider des mains pour ne pas rouler en tombant. Les guides qui portaient nos instruments nous abandonnaient peu à peu pour coucher dans la montagne. Parmi ceux qui étaient restés, j'admirais l'adresse d'un nègre congo, qui portait sur sa tête une grande boussole d'inclinaison; il la tenait constamment en équilibre, malgré l'extrême déclivité des rochers. La brume avait disparu peu à peu dans le fond de la vallée. Les lumières éparses que nous vîmes au-dessous de nous causèrent une double illusion. Les escarpements semblaient encore plus dangereux qu'ils ne le sont; et, pendant six heures de descente continuelle, nous nous crûmes également près des fermes placées au pied de la Silla. Nous entendîmes très-distinctement la voix des hommes et les sons aigus des guitares. En général, le son se propage si bien de bas en haut que, dans un ballon aérostatique, à 6,000 mètres de hauteur, on entend quelquefois l'aboiement des chiens [1].

[1] Gay-Lussac, dans son ascension du 16 septembre 1805.

Nous n'arrivâmes qu'à dix heures du soir au fond de la vallée, harassés de fatigue et de soif. Nous avions marché presque sans interruption pendant quinze heures : la plante de nos pieds était déchirée par les aspérités d'un sol pierreux et par le chaume dur et sec des graminées. Il avait fallu quitter nos bottes, dont les semelles étaient devenues trop glissantes, sur des pentes qui, dépourvues de broussailles ou d'herbes ligneuses, ne peuvent offrir aucun appui aux mains, ou diminuer le danger de la descente en marchant pieds nus. Pour raccourcir le chemin, on nous conduisit de la Puerta de la Silla à la ferme de Gallegos par un sentier qui mène à un réservoir d'eau. Cette dernière descente, la plus rapide de toutes, nous rapprocha du ravin de Chacaïto. Le bruit des cascades donnait à cette scène nocturne un caractère grand et sauvage.

Nous passâmes la nuit au pied de la Silla; nos amis de Caracas avaient pu nous distinguer, par des lunettes, sur le sommet du pic oriental. On s'intéressait au récit de nos fatigues, mais on n'était pas content d'une mesure qui ne donne pas même à la Silla l'élévation de la plus haute cime des Pyrénées. Comment blâmer cet intérêt national qui s'attache aux monuments de la nature, là où les monuments de l'art ne sont rien? comment s'étonner que les habitants de Quito et de Riobamba, qui s'enorgueillissent depuis des siècles de la hauteur du Chimborazo, se défient de ces mesures qui élèvent les montagnes de l'Himalaya, dans l'Inde, au-dessus de tous les colosses des Cordillères?

(A. de Humboldt, *Voyages aux régions équinoxales du nouveau continent.*)

III

ASCENSION AU CHIMBORAZO

BOUSSINGAULT.

Plateau de Riobamba. — Formation des nuages. — Fatigues de l'ascension. — Avalanches de pierres. — Le silence. — Passages dangereux. — L'enfer de glace. — Raréfaction de l'air. — Le colonel Hall.

Riobamba est peut-être le plus singulier diorama de l'univers. La ville n'a rien de remarquable en elle-même ; elle est placée sur un des plateaux arides si communs dans les Andes, et qui ont tous, à cette grande élévation, un aspect hivernal caractéristique, qui imprime au voyageur une certaine sensation de tristesse. Sans doute c'est que pour y parvenir on passe d'abord par les sites les plus pittoresques, et c'est toujours à regret que l'on quitte le climat des tropiques pour les frimas du nord.

De la maison que j'habitais, je pouvais relever le Capac-Urcu, le Tunguragna, le Cubillé, le Carguairazo, et enfin au nord le Chimborazo ; puis encore plusieurs autres montagnes célèbres des paramos qui, sans avoir l'honneur des neiges éternelles, n'en sont pas moins dignes de l'intérêt du géologue.

C'est un sujet continuel d'observations variées que ce vaste amphithéâtre qui limite de toutes parts l'horizon de Riobamba. Il est curieux d'observer l'aspect de ces glaciers aux différentes heures du jour, de voir leur hauteur apparente varier d'un moment à l'autre par l'effet des réfractions atmosphériques. Avec quel intérêt ne voit-on pas aussi se produire, dans un espace aussi circonscrit, tous les grands phénomènes de la météorologie? Ici, c'est un de ces nuages, immenses en largeur, que Saussure a si bien définis par le nom de nuage parasite, qui vient s'attacher à la partie moyenne d'un cône de trachyte ; il y adhère; le vent qui souffle ne peut rien sur lui. Bientôt la foudre éclate au milieu de cette masse de vapeur; de la grêle mêlée de pluie inonde la base de la montagne, tandis que son sommet neigeux, que l'orage n'a pu atteindre, est vivement éclairé par le soleil. Plus loin, c'est une cime élancée de glace resplendissante de lumière; elle se dessine nettement sur l'azur du ciel, on en distingue tous les contours, tous les accidents; l'atmosphère est d'une pureté remarquable, et cependant cette cime de neige se couvre d'un nuage qui semble émaner de son sein : on croirait en voir sortir de la fumée. Ce nuage n'offre déjà plus qu'une légère vapeur, il disparaît bientôt; mais bientôt aussi il se reproduit pour disparaître encore. Cette formation intermittente des nuages est un phénomène très-fréquent sur les sommets des montagnes couvertes de neige; on l'observe principalement dans les temps sereins, toujours quelques heures après la culmination du soleil. Dans ces conditions, les glaciers peuvent être comparés à des condensateurs lancés vers les hautes régions de l'atmosphère, pour dessécher l'air en le refroidissant, et ramener ainsi à la surface de la terre l'eau qui s'y trouve contenue à l'état de vapeur.

Ces plateaux entourés de glaciers présentent quelquefois aspect le plus lugubre, quand un vent soutenu y apporte l'air humide des régions chaudes. Les montagnes deviennent invisibles, l'horizon est masqué par une ligne de nuages qui semblent toucher la terre. Le jour est froid et humide, cette masse de vapeur étant presque impénétrable à la lumière solaire. C'est un long crépuscule, le seul que l'on connaisse entre les tropiques, car sous la zone équatoriale la nuit succède subitement au jour : on dirait que le soleil s'éteint en se couchant.

Je ne pouvais mieux terminer mes recherches sur les trachytes des Cordillères que par une étude spéciale du Chimborazo. Pour l'étudier il suffisait, à la vérité, de s'approcher de sa base; mais ce qui me fit franchir la limite des neiges, ce qui détermina mon ascension, ce fut l'espoir d'obtenir la température moyenne d'une station extrêmement élevée. Et, bien que cet espoir ait été frustré, mon excursion, je l'espère, ne restera pas néanmoins sans utilité pour la science.

Mon ami, le colonel Hall, qui m'avait déjà accompagné sur l'Antisana et le Cotopaxi, voulut bien encore s'adjoindre à moi pour cette expédition, afin d'augmenter les nombreuses données qu'il possédait déjà sur la topographie de la province de Quito, et continuer ses recherches sur la géographie des plantes.

De Riobamba, le Chimborazo présente deux pentes d'une inclinaison très-différente. L'une, celle qui regarde l'Arenal, est très-abrupte, et l'on voit sortir de dessous la glace de nombreux pics de trachyte; l'autre, qui descend vers le site appelé Chillapullu, non loin de Mocha, est au contraire peu inclinée, mais d'une étendue considérable. Après avoir bien examiné les environs de la montagne, ce fut par cette pente que nous résolûmes de l'attaquer. Le 14 décembre 1831, nous allâmes prendre gîte dans la métairie du Chimborazo, où nous trouvâmes de la paille sèche pour coucher et quelques peaux de moutons pour nous garantir du froid. La métairie se trouve à 3,800 mètres de hauteur; les nuits y sont fraîches, et son séjour est d'autant plus désagréable, que le bois y est fort rare.

nous étions déjà dans cette région des graminées que l'on traverse avant d'arriver à la limite des neiges perpétuelles ; c'est là que finit la végétation ligneuse.

Le 15, à sept heures du matin, nous nous mîmes en route guidés par un Indien de la métairie. Nous suivîmes, en le remontant, un ruisseau encaissé entre deux murs de trachyte dont les eaux descendaient du glacier ; bientôt nous quittâmes cette crevasse pour nous diriger vers Mocha, en longeant la base du Chimborazo. Nous nous élevions insensiblement ; nos mulets marchaient avec peine et difficulté au milieu des débris de roches qui sont accumulés au pied de la montagne. La pente devenait très-rapide, le sol était meuble et les mulets s'arrêtaient presque à chaque pas pour faire une longue pause ; ils n'obéissaient plus à l'éperon. La respiration de ces animaux était précipitée, haletante. Nous étions alors précisément à la hauteur du mont Blanc, car le baromètre indiqua une élévation de 4,808 mètres au-dessus du niveau de la mer.

Après nous être couvert le visage avec des masques de taffetas léger, afin de nous préserver des accidents que nous avions ressentis sur l'Antisana, nous commençâmes à gravir une arête qui aboutit à un point déjà très-élevé du glacier. Il était midi. Nous montions lentement, et, à mesure que nous nous engagions sur la neige, la difficulté de respirer en marchant se faisait de plus en plus sentir ; nous rétablissions aisément nos forces en nous arrêtant, sans toutefois nous asseoir, tous les huit ou dix pas. En continuant à nous élever, nous éprouvâmes beaucoup de fatigue par le peu de consistance d'un sol neigeux qui s'affaissait sans cesse sous nos pas et dans lequel nous enfoncions quelquefois jusqu'à la ceinture. Malgré tous nos efforts, nous fûmes bientôt convaincus de l'impossibilité d'avancer ; en effet, un peu au delà la neige meuble avait plus de 4 pieds de profondeur. Nous allâmes nous

Le Chimborazo.

reposer sur un bloc de trachyte qui ressemblait à une île au milieu d'une mer de neige. La hauteur observée était de 5,115 mètres, de sorte qu'après beaucoup de fatigues nous nous étions seulement élevés de 307 mètres au-dessus du point où nous avions mis pied à terre.

A six heures, nous étions de retour à la métairie. Le temps avait été magnifique ; jamais le Chimborazo ne nous parut aussi majestueux, mais après notre course infructueuse, nous ne pouvions le regarder sans un sentiment de dépit. Nous résolûmes de tenter l'ascension par le côté abrupt, c'est-à-dire par la pente qui regardait l'Arenal. Nous savions que c'était par ce côté que M. de Humboldt s'était élevé sur cette montagne; on nous avait bien montré à Riobamba le point où il était parvenu, mais il nous fut impossible d'obtenir des renseignements exacts sur la route qu'il avait suivie pour y arriver. Les Indiens qui avaient accompagné cet intrépide voyageur n'existaient plus.

A sept heures, le lendemain, nous prenions la route de l'Arenal. Le ciel était d'une pureté remarquable. A l'est, nous apercevions le fameux volcan de Sangay, placé dans la province de Macas, et que près d'un siècle auparavant, la Condamine avait vu dans un état d'incandescence permanent. A mesure que nous avancions, le terrain s'élevait d'une manière sensible. En général, les plateaux trachytiques qui supportent les pics isolés dont les Andes sont comme hérissées se relèvent peu à peu vers la base de ces mêmes pics. Les crevasses nombreuses et profondes qui sillonnent ces plateaux semblent toutes partir d'un centre commun; elles se rétrécissent en même temps qu'elles s'éloignent de ce centre. On ne saurait mieux les comparer qu'aux fentes que l'on remarque à la surface d'un verre étoilé.

Nous étions à 4,945 mètres de hauteur quand nous mîmes pied à terre. Le terrain était devenu tout à fait impraticable aux mulets; ces animaux cherchaient d'ailleurs à nous faire comprendre avec leur instinct vraiment extraordinaire la lassitude qu'ils éprouvaient; leurs oreilles, ordinairement si droites et si attentives, étaient entièrement abattues, et pendant les haltes fréquentes qu'ils faisaient pour respirer, ils ne cessaient de regarder vers la plaine. Peu d'écuyers ont probablement conduit leur monture à une semblable élévation, et pour arriver à dos de mulets, sur un sol mouvant, au delà de la limite des neiges, il fallait peut-être avoir fait plusieurs années d'équitation dans les Andes.

Après avoir examiné la localité dans laquelle nous étions placés, nous reconnûmes que pour gagner une arête qui montait vers le sommet du Chimborazo, nous devions d'abord gravir une pente excessivement rapide qui se présentait devant nous. Elle était formée en grande partie de blocs de roche de toutes grandeurs disposés en talus; çà et là ces fragments trachytiques étaient recouverts par des nappes de glace plus ou moins étendues, et sur plusieurs points on pouvait clairement apercevoir que ces débris de roche reposaient sur de la neige durcie; ils provenaient par conséquent des éboulements récents qui avaient lieu dans la partie supérieure de la montagne. Ces éboulements sont fréquents, et au milieu des glaciers des Cordillères, ce qu'on a le plus à redouter, ce sont des avalanches dans lesquelles il entre réellement plus de pierres que de neige.

A onze heures, nous achevions de traverser une nappe de glace assez étendue sur laquelle il nous avait fallu faire des entailles pour assurer nos pas. Ce passage ne s'était pas fait sans danger; une glissade nous eût coûté la vie. Nous entrâmes de nouveau sur des débris de trachyte; c'était pour nous la terre ferme, et dès lors il nous fut permis de nous élever un peu plus rapidement. Nous marchions en file, moi d'abord, puis le colonel Hall, mon nègre venait ensuite; il suivait exactement mes pas, afin de ne pas compromettre la sûreté des instruments qui lui étaient confiés. Nous gardions un silence absolu pendant la marche, l'expérience m'ayant enseigné que rien n'exténuait autant qu'une conversation soutenue à cette hauteur, et pendant nos haltes, si nous échangions quelques paroles, c'était presque à voix basse. C'est en grande partie à cette précaution que j'attribue l'état de santé dont j'ai constamment joui pendant mes ascensions sur les volcans. Cette précaution salutaire, je l'imposais, pour ainsi dire, d'une manière despotique à ceux qui m'accompagnaient, et sur l'Antisana, un Indien, pour l'avoir négligée en appelant de toute la force de ses poumons le colonel Hall qui s'était égaré pendant que nous traversions un nuage, fut atteint de vertige et eut un commencement d'hémorrhagie.

Bientôt nous eûmes atteint l'arête que nous devions suivre. Cette arête n'était pas telle que nous l'avions jugée dans le lointain ; elle ne portait à la vérité que très-peu de neige, mais elle présentait des escarpements difficiles à escalader. Il fallut faire des efforts inouïs ; et la gymnastique est pénible dans ces régions aériennes. Enfin nous arrivâmes au pied d'un mur de trachyte coupé à pic, qui avait plusieurs centaines de mètres de hauteur. Il y eut un moment visible de découragement dans l'expédition, quand le baromètre nous eut appris que nous étions seulement à 5,680 mètres d'élévation. C'était peu pour nous, car ce n'était pas même la hauteur à laquelle nous nous étions placés sur le Cotopaxi. D'ailleurs M. de Humboldt avait gravi plus haut sur le Chimborazo, et nous voulions au moins atteindre la station à laquelle s'était arrêté ce savant voyageur. Les explorateurs de montagne, lorsqu'ils sont découragés, sont toujours fort disposés à s'asseoir ; c'est ce que nous fîmes à la station de la Pena-Colorada (Roche-Rouge). C'était le premier repos assis que nous

nous permettions; nous avions tous une soif excessive, aussi notre première occupation fut de sucer des glaçons pour nous désaltérer.

Il était midi trois quarts, et cependant nous ressentions un froid assez vif; le thermomètre était descendu à 0°,4. Nous nous trouvâmes alors enveloppés d'un nuage. Lorsqu'il fut dissipé, nous examinâmes notre situation: en regardant la Roche-Rouge, nous avions à droite un abîme épouvantable; à gauche, vers l'Arenal, on distinguait un rocher avancé qui ressemblait à un belvédère; il était important d'y parvenir, afin de reconnaître s'il était possible de tourner la Roche-Rouge, et de voir en même temps s'il était permis de monter encore. L'accès de ce belvédère était scabreux, j'y parvins cependant avec l'aide de nos deux compagnons. Je reconnus alors que si nous parvenions à gravir une surface de neige très-inclinée, qui s'appuyait sur une face de la Roche-Rouge opposée au côté par lequel nous l'avions abordée, nous pourrions atteindre une élévation plus considérable. Pour se faire une idée assez nette de la topographie du Chimborazo, qu'on se figure un immense rocher soutenu de tous côtés par des arcs-boutants. Les arêtes sont les arcs-boutants qui, de la plaine, semblent s'appuyer sur cet énorme bloc pour l'étayer.

Avant d'entreprendre ce passage dangereux, j'ordonnai à mon nègre d'aller essayer la neige; elle était d'une consistance convenable. Hall et le nègre réussirent à tourner le pied de la position que j'occupais; je me joignis à eux lorsqu'ils furent assez solidement établis pour me recevoir, car pour les rejoindre il fallut descendre en glissant environ 25 pieds de glace. Au moment de nous remettre en route, une pierre se détacha du haut de la montagne et vint tomber tout près du colonel Hall. Il chancela et fut renversé; je le crus blessé, et je ne fus rassuré que lorsque je le vis se relever et examiner avec sa loupe l'échantillon de rocher qui s'était si brutalement soumis à notre investigation ; ce malencontreux trachyte était identique à celui sur lequel nous marchions.

Nous avancions avec précaution ; à droite nous pouvions nous appuyer sur le rocher : à gauche, la pente était effrayante, et avant de nous engager en avant, nous commençâmes par bien nous familiariser avec le précipice ; c'est une précaution qu'on ne doit jamais négliger dans les montagnes, toutes les fois que l'on doit passer un endroit dangereux. Saussure l'a dit depuis longtemps, mais on ne saurait trop le répéter, et dans mes courses aventureuses sur le sommet des Andes, je n'ai jamais perdu de vue ce sage précepte.

Nous commencions déjà à ressentir plus que nous ne l'avions jamais éprouvé l'effet de la raréfaction de l'air ; nous étions forcés de nous arrêter tous les deux ou trois pas, et souvent même de nous coucher pendant quelques secondes. Une fois assis, nous nous remettions à l'instant même ; notre souffrance n'avait lieu que pendant le mouvement. La neige présenta bientôt une circonstance qui rendit notre marche aussi lente que dangereuse : il n'y avait guère que 3 ou 4 pouces de neige molle ; au-dessous se trouvait une glace très-dure et glissante ; nous fûmes obligés de faire des entailles dans cette glace. Le nègre allait en avant pour pratiquer les échelons ; ce travail l'épuisait en un moment ; en voulant passer en avant pour le relever, je glissai, quand heureusement pour moi je fus retenu avec force par Hall et mon nègre ; pendant un instant nous courûmes tous trois un danger imminent. Cet incident nous fit hésiter un moment : mais prenant un nouveau courage, nous résolûmes d'aller en avant ; la neige devint plus favorable, nous fîmes un dernier effort, et à une heure trois quarts nous étions sur l'arête si désirée. Là, nous fûmes convaincus qu'il était impossible de faire plus ; nous nous trouvions au pied d'un prisme de trachyte dont la base supérieure, recouverte d'une coupole de neige, forme le sommet du Chimborazo.

L'arête sur laquelle nous étions parvenus avait seulement quelques pieds de largeur. De toutes parts nous étions environnés de précipices, nos alentours offraient les accidents les plus bizarres. La couleur foncée de la roche contrastait de la manière la plus tranchée avec la blancheur éblouissante de la neige. De longues stalagmites de glace paraissaient suspendues sur nos têtes : on eût dit une magnifique cascade qui venait de se geler : le temps était admirable ; on apercevait seulement quelques petits nuages à l'ouest ; l'air était d'un calme parfait, notre vue embrassait une étendue immense ; la situation était nouvelle et nous éprouvions une satisfaction des plus vives.

Nous étions à 6,004 mètres de hauteur absolue ; c'est, je crois, la plus grande hauteur à laquelle les hommes se soient encore élevés sur les montagnes.

Après quelques instants de repos, nous nous trouvâmes entièrement remis de nos fatigues ; aucun de nous n'éprouva les accidents qu'ont ressentis la plupart des personnes qui se sont élevées sur les hautes montagnes. Trois quarts d'heure après notre arrivée, mon pouls, comme celui du colonel Hall, battait 106 pulsations dans une minute ; nous avions soif, nous étions évidemment sous une légère influence fébrile, mais cet état n'était nullement pénible. La gaieté de mon ami était expansive, il ne cessait de dire les choses les plus piquantes, tout occupé qu'il était à dessiner ce qu'il appelait « l'enfer de glace » qui nous environnait. L'intensité du son me parut atténuée d'une manière remarquable ; la voix de mes compagnons était tellement modifiée, que dans toute autre circonstance il m'eût été impossible de la reconnaître. Le peu de bruit que produisaient les coups de marteau que je donnais sur la roche nous causait aussi beaucoup d'étonnement. La raréfaction de l'air produit généralement chez les personnes qui gravissent les hautes montagnes des effets très-marqués. Sur la cime du mont Blanc, Saussure sentit un malaise, une disposition au mal de cœur; ses guides, qui cependant étaient tous habitants de Chamounix, éprouvèrent la même sensation. Cet état de malaise augmentait encore lorsqu'il prenait un peu de mouvement, ou qu'il fixait son attention en observant ses instruments. Les premiers Espagnols qui s'élevèrent sur les hautes montagnes de l'Amérique, furent atteints, au rapport d'Acosta, de nausées et de maux d'entrailles. Bouguer eut plusieurs hémorrhagies dans les Cordillères de Quito; le même accident arriva sur le mont Rose à M. Zumstein; enfin, sur le Chimborazo, MM. de Humboldt et Bonpland, lors de leur ascension du 23 juin 1802, ressentirent des envies de vomir, et le sang sortit de leurs lèvres et de leurs gencives. Quant à nous, nous avions, à la vérité, éprouvé de la difficulté à respirer, une lassitude extrême pendant que nous nous élevions, mais ces inconvénients cessèrent avec le mouvement. Une fois en repos, nous croyions être dans notre état normal; peut-être faut-il attribuer la cause de notre insensibilité aux effets de l'air raréfié, à notre séjour prolongé dans les villes élevées des Andes. Quand on a vu le mouvement qui a lieu dans les villes comme Bogota, Micuipanpa, Potosi, etc., qui atteignent 2,600 à 4,000 mètres de hauteur; quand on a été témoin de la force et de la prodigieuse agilité des toréadors dans un combat de taureaux de Quito, élevé de 3,000 mètres; quand on a vu, enfin, des femmes jeunes et délicates se livrer à la danse pendant des nuits entières dans des localités presque aussi élevées que le mont Blanc, là où le célèbre Saussure trouvait à peine assez de force pour consulter ses instruments, et où ses vigoureux montagnards tombaient en défaillance en creusant un trou dans la neige; si j'ajoute encore qu'un combat célèbre, celui de Pichincha, s'est donné à une hauteur peu différente de celle du mont Blanc, on m'accordera, je pense, que l'homme peut s'accoutumer à respirer l'air raréfié des plus hautes montagnes.

Pendant que nous étions occupés à faire nos observations sur le Chimborazo, le temps s'était maintenu de toute beauté; le soleil était assez chaud pour nous incommoder légèrement. Vers trois heures, nous aperçûmes quelques nuages qui se formaient en bas, dans la plaine; le tonnerre gronda bientôt en dessous de notre station; le bruit était peu intense, mais il était prolongé; nous pensâmes d'abord que c'était un bramido ou rugissement souterrain. Des nuages obscurs ne tardèrent pas à entourer la base de la montagne; ils s'élevaient vers nous avec lenteur: nous n'avions pas de temps à perdre, car il fallait passer les mauvais pas avant d'être envahis, autrement nous eussions couru les plus grands dangers. Une chute abondante de neige, ou une gelée qui eût rendu le chemin glissant, suffisaient pour empêcher notre retour, et nous n'avions aucune provision pour séjourner sur le glacier.

La descente fut pénible. Après nous être abaissés de 300 à 400 mètres, nous pénétrâmes dans les nuages en y entrant par la partie supérieure; un peu plus bas, il commença à tomber du grésil qui refroidit considérablement l'air, et au moment où nous retrouvâmes l'Indien qui gardait nos mulets, le nuage lança sur nous une grêle assez grosse pour nous faire éprouver une sensation douloureuse, lorsqu'elle nous atteignait sur les mains ou dans la figure.

A mesure que nous descendions, une pluie glaciale se mêlait à la grêle. La nuit nous surprit en chemin; il était huit heures quand nous rentrâmes dans la métairie.

Les observations que j'ai pu recueillir pendant cette excursion tendent toutes à confirmer mes idées sur la nature des montagnes trachytiques qui forment la crête des Cordillères; car j'ai vu se répéter sur le Chimborazo tous les faits que j'ai déjà signalés en traitant des volcans de l'Équateur. Il est évidemment lui-même un volcan éteint. Comme le Cotopaxi, l'Antisana, le Tunguragua, et, en général, les montagnes qui hérissent les plateaux des Andes, la masse du Chimborazo est formée par l'accumulation de débris trachytiques, amoncelés sans aucun ordre. Ces fragments, d'un volume souvent énorme, ont été soulevés à l'état solide; leurs angles sont toujours tranchants; rien n'indique qu'il y ait eu fusion, ou même un simple état de mollesse. Nulle part, dans aucun des volcans de l'Équateur, on n'observe rien qui puisse faire présumer une coulée de lave; il n'est jamais sorti de ces cratères que des déjections boueuses, des fluides élastiques, ou des blocs incandescents de trachyte plus ou moins solide, et qui souvent ont été lancés à des distances considérables.

Le 23 décembre, dans l'après-midi, je quittai Riobamba, en me dirigeant sur Guayaquil, où je devais m'embarquer pour visiter la côte du Pérou. Ce fut en vue du Chimborazo que je me séparai du colonel Hall. Pendant mon séjour dans la province de Quito, j'avais joui de sa confiance et de son amitié; sa connaissance parfaite des localités m'avait été de la plus grande utilité, et j'avais trouvé en lui un excellent et infatigable compagnon de voyage; tous deux enfin, nous avions servi pendant longtemps la cause de l'indépendance. Nos adieux furent touchants : quelque chose semblait nous dire que nous devions plus nous revoir. Ce funeste pressentiment n'était que trop fondé. Quelques mois après, mon malheureux ami fut assassiné dans une rue de Quito.

(Boussingault, *Voyages aux volcans de l'Équateur*.)

IV

DÉCOUVERTE D'UN ANCIEN VOLCAN

H. DE SAUSSURE.

Végétation tropicale. — Sol volcanique. — Soufrière. — Curieux phénomène. — Geyser. — La marmite de Rubezahl.

..... Vous avez bien voulu me demander la communication de quelques détails touchant mon voyage au Mexique, mais jusqu'à ce jour il ne m'a pas encore été possible de commencer la rédaction de mes observations sur la géographie de cet intéressant pays. Je me bornerai donc aujourd'hui à vous parler de la découverte d'un ancien volcan éteint qui renferme de remarquables curiosités, dignes d'attirer l'attention du géographe autant que celle du géologue. En vous parlant de la découverte de cette grande montagne, je ne prétends pas qu'elle n'ait encore été visitée par personne, car les habitants du district environnant la connaissent fort bien, mais aucun voyageur n'a jamais soupçonné son existence, et les habitants mêmes des villes du Mexique sont à son sujet dans l'ignorance la plus complète.

Au sud-ouest de la vallée du Mexico, s'étend la verte province de Michoucan, qui passe avec raison pour le jardin du Mexique, et qui réunit les avantages d'un sol accidenté, sillonné par un grand nombre de cours d'eau, et d'un climat tempéré. Lorsque le voyageur débouche dans ces vertes prairies, après avoir longtemps parcouru les plaines sablonneuses de l'Anahuac et les marais du bassin de Mexico, il éprouve un ravissement particulier à la vue de ces collines boisées entre lesquelles s'étendent de verdoyantes prairies, des rivières à l'onde pure et fraîche, et des lacs enchanteurs du sein desquels s'élèvent des îles couvertes d'une riche végétation. Dans d'autres districts de ce fertile pays, des montagnes d'un aspect rude et sauvage recèlent dans leurs entrailles ces veines de métaux précieux qui, de nos jours, sont restées la seule richesse des républiques espagnoles. Le plus florissant de ces districts est celui d'Angangeo, situé sur les confins de l'État de Mexico. Je quittai cette localité le 6 août 1855 et me dirigeai à l'ouest vers le village de Taximaroa. J'avais reçu quelques vagues indications sur l'existence dans cette région d'une grande montagne portant le nom de *San Andres*, mais j'eus quelque peine à trouver un guide pour m'y conduire.

Tous les volcans du Mexique sont d'un accès facile. La pente de leurs flancs est tellement douce, qu'on les gravit à cheval jusqu'à une hauteur considérable; mais toujours ils sont envahis par d'immenses forêts qui masquent l'horizon et le sommet de la montagne. Partout le rayon visuel est arrêté par les troncs des arbres séculaires qui semblent se disputer le sol, ou qui gisent et s'entassent en immenses monceaux de pourriture, où toute une nature vivante se meut à l'abri des regards du passant. Cette végétation vigoureuse et gigantesque, fruit d'une nature tropicale éminemment fertile, excite pendant longtemps l'imagination du voyageur, puis elle finit par fatiguer, et sa monotonie remplit l'âme d'ennui et de tristesse. Ici cependant l'uniformité est rompue par de grandes clairières, dont le sol horizontal me paraît avoir appartenu à une série de petits lacs desséchés. La montagne de San Andres a en effet un développement très-considérable. Ses pans ne sont pas uniformément inclinés, mais ils sont coupés de plaines, de mamelons et de collines placés sur la montagne elle-même. Ce vaste ensemble offre un massif de dômes et de croupes, séparés par des plaines et des vallons, et s'élève graduellement par étages jusqu'au dernier plateau, du niveau duquel surgit le rocher arrondi qui forme la cime la plus élevée.

L'étroit sentier qui conduit du village de Jaripea au lieu d'exploitation du soufre, serpente à travers ces forêts impénétrables, tantôt traversant les marécages des plateaux, tantôt s'enfonçant dans des ravins où les pas les plus difficiles créaient à nos montures un danger de tous les moments. Le sol de la montagne est tout entier composé d'un trachyte bleuâtre, traversé lui-même par une infinité de filons d'obsidienne d'une grande largeur, à tel point qu'en bien des endroits, hommes et chevaux marchent littéralement sur du verre. Toutes les plaines avoisinantes offrent aussi le même caractère, et sont en outre inondées de débordements basaltiques qui ont fait éruption par une multitude de fentes dont le sol a été criblé durant les nombreux cataclysmes qu'ont amenés d'incessantes secousses volcaniques.

Après plusieurs heures de marche, nous débouchâmes subitement dans un amphithéâtre rocailleux où le plus curieux spectacle s'offrit à nos yeux. Au fond de cette espèce d'entonnoir, l'on voit un étang circulaire de plus de 100 mètres de largeur, rempli d'une eau trouble et bouillante, d'où s'échappe un nuage de vapeur chargé de gaz méphitiques. Toutes les parois de l'amphithéâtre sont des rochers dépourvus de terre végétale, ramollis et blanchis par les vapeurs sulfureuses dont l'atmosphère de ce gouffre est chargée. Sur ces rochers se dessinent des auréoles jaunes et rouges qui témoignent de l'action inces-

Jet de vapeur sur le San Andres (Mexique).

sante du soufre, et une végétation languissante surplombe de tous côtés leurs bords taillés à pic. Cette lutte entre une végétation envahissante et les émanations pernicieuses qui la refoulent, a quelque chose de triste qui rend plus sauvage encore l'aspect de ces lieux désolés. La mare d'eau chaude qui en occupe le fond, à en juger par l'inclinaison de ses bords, paraît être d'une assez grande profondeur. C'est de son sein que l'on retire continuellement le soufre mêlé de boue dont on se sert pour la fabrication des poudres, après l'avoir purifié par la fusion. Quelques huttes de terre et un petit bâtiment d'exploitation ont été construits pour servir à ces travaux, et s'élèvent à une distance de la lagune où l'on se ressent moins des mofettes ; mais telle est encore l'influence des vapeurs sulfureuses à cette distance, qu'elle transforme la terre argileuse dont les maisons sont bâties en sulfates divers, principalement en alun, au point de les faire écrouler périodiquement. Ce phénomène est l'un des plus curieux qu'il soit possible d'observer.

Nous consacrâmes le reste de la journée à explorer diverses parties de la montagne, et guidés par deux Indiens, nous pénétrâmes dans une vallée élevée, en nous frayant une route à coups de hache à travers l'épaisseur de la forêt dont la végétation extraordinaire dépasse ici en majesté et en vigueur tout ce que j'ai vu sur les montagnes du Mexique. Le sol est jonché de troncs gigantesques qui s'entassent pêle-mêle sous l'épais feuillage des arbres vivants, et lorsqu'on cherche à les franchir en s'appuyant sur leur écorce, ils s'affaissent aussitôt et tombent en poussière, en vous entraînant dans leur chute au fond d'un fourré de fougères et de plantes diverses, où vous restez comme enseveli entre des montagnes de bois vermoulu.

Depuis une demi-heure environ, notre attention était attirée par un bruit étrange, assez semblable à celui d'une cataracte lointaine, lorsque nous aperçûmes une grande colonne de vapeur blanche, projetant avec violence ses flocons moutonnés par-dessus la cime des sapins qui couvrent les flancs de la vallée.

En atteignant le lieu d'où partait ce bruit, nous fûmes saisis de la grandeur du spectacle qu'il nous présenta. Devant nous s'élevait une pente blanchie qui semblait couverte de porcelaine. Au sommet se trouve un puits de 2 mètres d'ouverture, d'où s'échappe avec un sifflement horrible un immense jet de vapeur qui s'élève dans les airs à une hauteur considérable.

En même temps un flot d'eau bouillante déborde de l'ouverture et s'écoule en plusieurs ruisseaux vers le fond de la vallée. Ce grand phénomène ne saurait être comparé qu'à celui des geysers d'Islande, et ici comme là-bas, ses résultats sont les mêmes. Les eaux en s'écoulant déposent une grande quantité de silice et forment aux environs ces rochers blancs dont je compare la substance à celle de la porcelaine. Toutes les pierres que ces eaux humectent sont en voie d'accroissement. Leur surface est molle comme une espèce de pâte, et se solidifie ensuite pour former une sorte d'opale compacte.

Le San Andres renferme encore d'autres curiosités. Non loin du jet de vapeur, et dans la même vallée, l'on voit jaillir une autre source chaude, au milieu de divers petits bassins qui semblent taillés de main d'homme. Mais celle-ci n'offre guère d'autre intérêt que celui d'une simple source thermale, si ce n'est la haute température de ses eaux, qui atteint près de 100°.

Nous continuâmes à cheminer à travers les bois, toujours guidés par nos Indiens, en nous élevant graduellement sur les flancs de la vallée, mais sans sortir du rayon d'une demi-lieue. Subitement nous vîmes s'ouvrir devant nous un gouffre dont les bords argileux coupés à pic menacèrent de s'ébouler sous nos pas. Dans la profondeur de ce trou, nous vîmes une mare d'eau bourbeuse, agitée par une violente ébullition. Son niveau s'abaissait, puis s'élevait en immenses boursouflures qui éclataient en jetant de tous côtés des flots d'écume. Des sapins que l'éboulement des bords avait entraînés s'étaient abattus dans cet entonnoir, et agités par les flots brûlants d'une vase grise, ils subissaient une véritable coction, allant et venant comme un légume dans une marmite d'eau bouillante. La soudaineté de ce spectacle le rend encore plus effrayant; nous reculâmes saisis de terreur à la pensée que la terre pourrait manquer sous nos pas et que la moindre imprudence nous précipiterait dans ce gouffre, où une mort affreuse deviendrait inévitable.

Nous ne pûmes nous empêcher de comparer cette merveille pittoresque à certaines scènes féeriques que l'imagination du moyen âge a enfantées. Si au lieu d'être placée au sein des déserts de l'Amérique, la montagne que nous décrivions s'élevait sur les bords dn Rhin, elle eût ajouté plus d'une légende aux traditions gothiques de l'Allemagne. La marmite de Rubezahl n'est-elle pas réalisée dans cette chaudière de la montagne où cuisent les arbres de forêt, et cet enfer-là, animé par les sorcières de Macbeth, ne formerait-il pas un tableau parfait?

Il est probable que le San Andres recèle encore d'autres objets dignes d'attention, mais les forêts impénétrables qui le couvrent en entier empêchent le voyageur de l'explorer à son aise. Dans une autre excursion que je fis plus tard au delà de la fabrique de soufre, je vis une vaste clairière dont le sol est occupé par un lac d'eau amère, alimenté sans doute par des sources souterraines. Rien n'est plus triste que ces lieux isolés, cette nappe d'eau saumâtre, bordée tout alentour par les arbres séculaires de la forêt silencieuse et monotone, que les cerfs, les aras et les perroquets ne parviennent pas à animer. C'est là que, saisi d'un violent accès de fièvre je devins incapable de pousser plus loin l'exploration du San Andres. Je déplorai d'autant plus ce contre-temps, qu'il me mit dans l'impossibilité de visiter le piton de la montagne que les habitants du pays désignent sous le nom de Cerro Grande, et dont l'altitude dépasse sensiblement la limite de la végétation arborescente. On prétend même qu'il n'est pas dépourvu de neiges persistantes : mais les renseignements que le voyageur peut obtenir des naturels sont trop vagues pour qu'il puisse leur accorder une grande confiance.

(Lettre de M. H. de Saussure à M. de la Roquette. — *Bulletin de la Société de géographie.*)

Pont dans les Cordillères.

IV

L'HIMALAYA — L'ARCHIPEL INDIEN
LE TAURUS ET LE LIBAN

Quiconque n'a point pratiqué les montagnes de premier ordre se formera difficilement une juste idée de ce qui dédommage des fatigues que l'on y éprouve et des dangers que l'on y court. Il se figurera encore moins que ces fatigues mêmes n'y sont pas sans plaisirs, et que ces dangers ont des charmes; et il ne pourra s'expliquer l'attrait qui y ramène sans cesse celui qui les connaît, s'il ne se rappelle que l'homme, par sa nature, aime à vaincre des obstacles ; que son caractère le porte à chercher des périls, et surtout des aventures; que c'est une propriété des montagnes de contenir dans le moindre espace et de présenter dans le moindre temps les aspects de régions diverses, les phénomènes de climats différents; de rapprocher des événements que sépareraient de longs intervalles; d'alimenter avec profusion cette avidité de sentir et de connaître, passion primitive et inextinguible de l'homme, qui naît de sa perfectibilité et la développe.

RAMOND.

Sur l'Himalaya.

I

LES SOURCES DU GANGE

J.-A. HODGSON.

Gangotri. — Tremblement de terre. — Campagne de neige. — Avalanches. — Éboulements. — Pics majestueux. — Paysage extraordinaire. — Source du Gange.

Étant parvenu à observer le cours du Gange dans les montagnes de l'Himalaya, jusqu'à un éloignement considérable au delà de Gangotri, c'est-à-dire jusqu'à l'endroit où sa source est cachée par des masses éternelles de neige, j'espère que le journal de ce voyage méritera l'approbation de la Société asiatique.

. . . .

. . . .

Nous avions fait le tour de l'éperon de la montagne, lorsque nous eûmes le bel aspect du pic Mianri. Dans l'éloignement, les masses de la montagne de Rudr-Himalaya s'élevaient les unes au-dessus des autres, et étaient surmontées du pic Dudgi qui est très-élevé, et dont la neige pure réfléchissait un éclat éblouissant à la lumière du soleil. Ici le sentier est un peu meilleur. Tout au bas, et à une grande profondeur, le fleuve roule son écume dans un lit de rochers très-étroit. Au delà de Gangotri, on voit un gros pic d'une forme singulière. Une cascade se précipite au milieu d'une grande étendue de neige, qui descend presque depuis le sommet jusqu'au lit du fleuve. Nous montâmes au-dessus d'un torrent qui roulait du haut d'un rocher de granit. Les rochers entre lesquels coule le fleuve avec rapidité sont d'un granit clair. Ici les cèdres sont petits et trapus. Sur le bord du Gange, à droite on voit Gangotri, petit temple consacré à *Ganga-Maï* et à *Bhagirat'hi*.

Aujourd'hui ce sentier est tout à fait mauvais, quoiqu'il n'aille jamais longtemps en montant. La vue qui s'étend sur les pics que l'on voit de tous côtés a quelque chose de sublime et de sauvage en même temps. Les rochers sont d'un granit plus clair qu'à l'ordinaire, et parsemés de taches noires et brillantes de la nature du spath. Près de Gangotri, le fleuve s'élargit. Le temple est construit en pierres et renferme des idoles de Bhagirat'hi, de Ganga, etc. Il est situé sur un quartier de rocher élevé sur la rive droite d'environ 20 pieds au-dessus de l'eau, et que l'on nomme *Bhagirat'hi-Sita*. Dans le voisinage on trouve aussi un bâtiment grossier en bois, destiné à recevoir les étrangers. Plus loin, en suivant le fleuve, on voit quelques plai-

Gangotri (Himalaya).

nes couvertes de terre où il croît des cèdres; mais, en général, on ne voit partout que des blocs de rochers qui se sont détachés des montagnes environnantes.

Fatigués de la pénible marche de la journée, nous étions livrés au sommeil, lorsque, entre dix et onze heures du soir, nous fûmes réveillés par des secousses de tremblement de terre. Nous sortîmes avec précipitation de notre tente et fûmes témoins des effets du tremblement, pendant lequel nous sentîmes toute l'horreur de notre situation. Notre tente se trouvait entre des masses énormes de rochers dont quelques-uns avaient plus de 100 pieds de diamètre, et qui probablement avaient été jetés là par des tremblements de terre précédents. La scène qui nous environnait, éclairée par la triste lueur de la lune, était réellement effroyable. A la seconde secousse, les rochers roulèrent de tous côtés du haut du pic dans le lit du fleuve. Le bruit affreux causé par ce roulement est au-dessus de toute description, et ne s'effacera jamais de ma mémoire. Lorsque le bruit des blocs qui se précipitaient dans le voisinage eut cessé, nous entendions encore au loin des bruits semblables. Nous regardions avec frayeur les rochers qui étaient au-dessus de nos têtes, dans la crainte que le premier coup qui viendrait en détachât quelques fragments sous lesquels nous serions infailliblement écrasés; mais la Providence voulut qu'il n'y eût plus de secousses pendant cette nuit. Ce tremblement de terre s'était fait ressentir avec violence dans toute la contrée des montagnes et dans les provinces du nord-ouest de l'Indostan.

Le 27, et le lendemain, nous éprouvâmes encore de légères secousses. Malgré notre désir de quitter le plus tôt possible ces dangereuses contrées, nous résolûmes, puisque nous étions venus jusqu'ici, de suivre le cours du fleuve aussi loin que nous pourrions. En conséquence, nous partîmes, le 29 mai, dans l'espérance d'arriver le jour même à la source. Les deux brahmes de Gangotri ne pouvaient nous donner aucun renseignement sur son éloignement, car ils n'avaient jamais été au delà de cet endroit, et ils nous assurèrent que personne n'avait fait cette tentative, à l'exception de Munschi, qui, à ce qu'il paraît par les *Recherches asiatiques*, s'était avancé quelques lieues plus loin. M. James Frazer est le premier Européen qui soit allé à Gangotri en 1815.

Après nous être traînés entre des débris de rochers et des avalanches nouvellement tombées, nous montâmes le long d'une campagne de neige qui couvre le fleuve, et qui a environ 30 pieds d'épaisseur. Au delà, où le lit redevient visible, il est encombré d'énormes rochers qui y ont été précipités. Des deux côtés du chemin s'élèvent, sans discontinuation, de hauts rochers en forme de murailles. Nous arrivâmes encore au milieu d'énormes débris des avalanches récentes. Une de ces avalanches, épaisse de 500 pieds, était en travers sur le fleuve et profondément gelée. Près de là on voit les éclats d'une grande chute de montagne. Le fleuve est rétréci par les rochers et forme une suite de cataractes; le chemin devient très-difficile. Vers le haut sont des pics élevés en forme de tours. Bientôt après nous arrivâmes à un endroit où les eaux du fleuve, changées en écume, se précipitent en forme de cascade d'une plaine de neige. Nous passâmes au-dessus, et arrivâmes ensuite à un torrent qui sort d'une caverne située à gauche. Ici le Gange serpente à droite autour d'un grand pic de neige; à gauche sont des rochers escarpés. En cet endroit nous jugeâmes que la source du fleuve devait être plus éloignée que nous ne l'avions cru, et nous fîmes venir une petite tente de Gangotri.

A gauche nous étions toujours accompagnés d'un rideau de rochers; à droite, nous avions des pics de neige dont nous jugeâmes que les sommets étaient à 6,000 pieds au-dessus de nos têtes. Nous passâmes de nouveau le fleuve, auprès de quelques chutes de montagnes, en sautant de rochers en rochers. La ligne générale de neige n'était pas élevée de plus de 200 pieds au-dessus de nous. A droite, le côté de la montagne s'était écroulé.

Au delà de la rive gauche du fleuve et au bord, on voit quelques bouleaux et de petits pins avec de longues pointes; les cèdres ont disparu. Comme cet endroit était pour nous le plus convenable et le plus sûr que nous pussions trouver, nous y fîmes halte. La masse des eaux du fleuve ayant beaucoup diminué, nous espérions arriver le lendemain à sa source. La marche était très-pénible, à cause des débris de rochers qui tombent journellement dans cette saison, par la fonte des neiges. Les voyageurs doivent avoir l'attention de se rendre vers midi dans un lieu sûr s'ils ne veulent pas s'exposer au danger d'être écrasés. Il faisait en cet endroit un très-grand froid, et il gela toute la nuit; mais nous ne manquions pas de bois de bouleau pour faire du feu. La terre était spongieuse et couverte de pierres. Souvent le silence de la nuit était interrompu par la chute des avalanches.

Le 30 mai, au lever du soleil, nous nous mîmes en marche à travers une campagne de neige. Un large torrent, sur les bords duquel pendaient des glaçons, s'avance avec rapidité vers le Gange. Nous montâmes une avalanche gelée, qui cachait le fleuve, dont le lit devient plus large. Entre les rochers, on voit de gros morceaux de glace suspendus. Nous passâmes une petite rivière qui coule à gauche. Le chemin était rude et rocailleux. A gauche s'élèvent des roches de granit, et, à droite, des pics de neige de 7,000 à 8,000 pieds. Ici le lit du fleuve est large de plus de 400 brasses. Nous nous trouvions alors au delà de la ligne où les arbres peuvent croître, et nous avions derrière nous les derniers pins. A la vérité, nous rencontrâmes encore des bouleaux, mais ils ne formaient que de gros buissons. Devant nous brillait la majestueuse montagne de neige à trois sommets, objet le plus beau que puisse voir l'œil de l'homme. Comme ces pics avaient été inconnus jusqu'alors, et que par conséquent on ne leur avait point donné de noms, nous fîmes usage du privilége des navigateurs, et les appelâmes Saint-George, Saint-Patrice et Saint-André. En avançant encore plus loin, nous découvrîmes, entre Saint-George et Saint-Patrice, un autre pic moins élevé, que nous nommâmes Saint-David. Nous donnâmes à toutes les cimes ensemble le nom de Quatre-Saints. Le fleuve reçoit une cataracte de 12 pieds de haut, et plusieurs autres plus petites. La pente de son lit est très-considérable, et il est parsemé de blocs de granit blancs, jaunes et rouges. Le chemin devient extrêmement difficile. A gauche on voit des débris de montagnes.

Un sentier très-abrupt conduit à des masses de rochers écroulés. Comme le côté gauche de la montagne est tombé en partie très-récemment, l'endroit est fort dangereux. Les sommets, qui sont déchirés, ont au moins 4,000 pieds de haut; des blocs de rochers menacent encore et tombent en effet souvent. Jamais je n'ai vu une ruine si dangereuse. Elle a plus d'un demi-mille de largeur. Chacun s'empresse de s'éloigner de cet endroit effrayant. Les ruptures des rochers étaient si fraîches, que je pensai qu'elles avaient été occasionnées par le dernier tremblement de terre, car nous avions entendu un grand fracas de ce côté.

La place où nous nous arrêtâmes était si sûre qu'aucun débris ne pouvait nous y atteindre. L'aspect du pic, dont nous étions alors très-près, est au-dessus de toute description. Les Quatre-Saints sont sur le dernier plan de la vallée de neige, sur la droite de laquelle s'élève d'une manière gigantesque un pic magnifique couvert de neige et de glaces brillantes. Nous lui donnâmes le nom de *Moira.*

La vallée de neige, sous laquelle le fleuve est caché, paraît très-étendue, et nous attendîmes le jour pour la mieux connaître.

Nous nous trouvâmes à 150 pieds environ au delà du lit du fleuve. Pendant le jour le soleil a beaucoup de force, parce que les pics réfléchissent ses rayons; mais lorsqu'il se cache derrière les montagnes, il fait froid et il gèle pendant toute la nuit. — Partout où l'on voit des plateaux dans le voisinage des grands pics de neige, ils paraissent dans une position presque horizontale comme je l'avais remarqué l'année dernière sur le sommet du pic qui est au delà du Setlej. La couleur des rochers sur les Quatre-Saints paraît être un jaune clair mêlé de brun et de noir. Le pic Saint-George, d'après mes mesures, est élevé au-dessus de la mer de 22,240 pieds, et celui de Saint-Patrice de 22,385 pieds.

Depuis Gangotri, nous n'avions pris qu'un petit nombre d'hommes pour nous accompagner, mais ici nous renvoyâmes tous ceux dont nous pouvions absolument nous passer, afin d'avoir une provision de blé suffisante pendant quelques jours, si nous réussissions à passer ces masses de neige qui étaient devant nous. Après avoir pris toutes nos mesures, nous eûmes le temps d'examiner avec étonnement la scène extraordinaire qui nous environnait.

L'éclat éblouissant de la neige était relevé par son contraste avec le bleu foncé du ciel, qu'il faut attribuer à la raréfaction de l'air. Pendant la nuit les étoiles brillaient d'un éclat que l'on ne remarque point dans une atmosphère épaisse. Elles s'élevaient au-dessus des sommets de neige, et leur lumière apparaissait avec la rapidité d'un éclair. Tout autour de nous s'élevaient des pics gigantesques. Il régnait un silence effrayant qui n'était interrompu que par le bruit de la chute des avalanches. Nulle part nos yeux ne rencontrèrent les objets que l'on voit ordinairement dans les contrées habitées par les hommes. Au clair de la lune, tout paraissait morne, sauvage, effrayant ; un païen pourrait croire que c'est ici le séjour des démons.

Pour se faire une idée de la vue imposante d'un de ces pics de neige, il faut penser que son sommet nous apparaissait, dans un éloignement de 3 milles, sous un angle très-ouvert qui portait son élévation à plus de 8,000 pieds au-dessus de l'endroit où nous étions, et que le même pic, vu des contrées les plus éloignées de l'Indostan, sous un angle très-faible, cause déjà un grand étonnement. Qu'on juge combien il doit augmenter encore lorsqu'on voit, d'un seul regard, depuis le pied jusqu'au sommet, cette masse énorme couverte de neige ! Peu d'hommes peuvent supporter cette vue.

Le 31 mai, le long du fleuve, au delà de ses bords, à droite, nous vîmes des montagnes, tantôt de rochers, tantôt de neige. Le chemin nous conduisait vers le bas du lit. Un spectacle très-étonnant se présenta devant nous. Le Gange sortait sous une voûte très-basse au pied du grand lit de neige. A gauche et à droite, le fleuve est borné par des rochers ; mais au-devant, au delà de la voûte, s'élève une masse de neige gelée de 380 pieds d'épaisseur, formée depuis plusieurs siècles, et tout à fait perpendiculaire. Ses morceaux isolés sont épais de plusieurs pieds, et chacun d'eux appartient à une avalanche particulière. Du bord supérieur de ce singulier mur de neige, et immédiatement au-dessus de l'ouverture d'où sort le fleuve, pendent de gros morceaux de glaces grises, formés par les gouttes d'eau qui tombent lorsque la neige se fond, car vers midi les rayons du soleil ont beaucoup de force. Le brahme de Gangotri qui nous accompagnait n'avait jamais entendu dire qu'il existât un endroit tel que celui-ci, et il ignorait que personne y eût jamais pénétré. Cependant il paraît que ceci ne doit s'entendre que des temps modernes, du moins je ne connais aucun endroit auquel le nom de *Mufle de vache* convienne mieux qu'à cette source merveilleuse, et ce nom suppose que successivement la curiosité des Indous avait pénétré jusque-là. Autour de nous des blocs de neige se précipitaient, de sorte que nous eûmes à peine le temps d'achever nos observations. Nous saluâmes avec nos cors de chasse la source du Gange, et nous montâmes à gauche le lit de neige qui s'y trouvait.

Cette grande campagne de neige s'étend dans une largeur de 2 milles 1/2, et remplit tout l'espace entre le pied du sommet à droite et à gauche. La vue s'étendait devant nous jusqu'à 6 mètres de distance. Là, elle est bornée à gauche par le pied des Quatre-Saints, et à droite par la vallée qui est derrière Moira. Le pied de la dernière paraît être situé encore plus haut que celui des Quatre-Saints, et la campagne de neige monte jusqu'à un endroit où elle paraît finir en forme de crête.

(J.-A. Hodgson, *Journal des voyages*. — Extrait des *Asiatic Researches*.)

II

ASCENSION AU GUNUNG-TALANG (SUMATRA)

Vue du cratère. — Lac de soufre. — Nuit d'orage. — Magnifique spectacle.

On désigne à Sumatra sous le nom de Sœlassie le volcan actif dont le sommet est à 3,000 mètres au-dessus de la mer et qui était en éruption au mois d'octobre 1845. Plusieurs Hollandais ne craignirent pas d'y faire une ascension pendant cette période; nous extrayons les passages suivants du récit fait par l'un d'eux.

En allant de Solok à Mocara Pamy, nous avions aperçu de temps en temps, du haut des collines, des colonnes de fumée qui s'élevaient du Sœlassie. Plus d'une fois cette vue avait fait naître en nous le désir de visiter cette montagne. M. le contrôleur van der Ven nous ayant parfaitement accueillis, nous lui exprimâmes notre intention, qui fut aussitôt approuvée. Il s'occupa lui-même des préparatifs, et dès le lendemain, 21 octobre, nous étions à cheval à cinq heures du matin.

A peine en route depuis un quart d'heure, nous rencontrâmes un profond ravin couvert de cailloux roulés qui rendirent le chemin si dangereux, qu'il nous fallut descendre et conduire nos chevaux à la main. Nous traversâmes un petit pont en bambou sans parapet, et, après avoir gravi une pente assez roide, nous fûmes récompensés de nos peines par une vue magnifique. On apercevait dans le lointain le Sœlassie qui continuait à lancer ses colonnes de fumée.

Près de Batol-Bandjak, où nous nous arrêtâmes, on voyait en abondance des cailloux trachytiques. Les habitants nous firent visiter plusieurs sources thermales dans les environs. Leur eau était amère et sulfureuse.

Le soir nous atteignîmes Batol-Bedjandjang au pied même du volcan. Nous nous remîmes en marche à cinq heures du matin par une brume et une pluie fine fort désagréables. Le thermomètre marquait 20°. Il nous fallut gravir successivement trois arêtes assez rapides, longues de 200 mètres chacune. Au haut du dernier contre-fort, la vue s'étendait sur un plateau couvert d'une riche végétation d'arbres et d'arbustes, à l'extrémité duquel nous attendait une nouvelle ascension de 400 mètres environ. Le sol, composé d'un mélange de terre sulfureuse et de parties calcaires, était devenu chaud : çà et là s'élevaient de petits nuages de fumée du fond des crevasses.

Il était onze heures quand nous prîmes un moment de repos au bas du sommet le plus élevé, qui nous dominait encore d'à peu près 100 mètres. Quoique déjà une forte odeur de soufre nous eût annoncé le voisinage du cratère et la fin de notre voyage, l'activité du volcan devenait ici beaucoup plus évidente. Au milieu des blocs de lave ancienne qui nous environnaient, la végétation avait diminué, les broussailles étaient desséchées et les troncs d'arbres noircis et brûlés. Nous franchîmes rapidement la distance qui nous restait à gravir, et nous arrivâmes à une crevasse située entre les deux sommets, sur l'un desquels le cratère s'offrait à nos yeux dans toute sa grandeur imposante.

Quel majestueux spectacle! Devant nous s'ouvrait le cratère où l'activité volcanique se développait depuis des siècles et plus loin celui qui se trouvait en éruption. Il apparaissait comme un lac de formation récente environné de flammes et de nuages de fumée. Le morne silence qui régnait autour de nous n'était interrompu que par le bruit souterrain des décharges volcaniques.

Au sud-ouest, à environ 120 mètres du sommet, se trouve le foyer en activité. Le bord occidental est formé par une muraille verticale à travers laquelle s'échappe une partie de la lave. Du côté du sud, une crête inclinée se perd dans des profondeurs que l'œil ne peut pénétrer. Aussi loin que s'étend le regard, on aperçoit des crevasses d'où s'échappent quelques nuages de fumée.

Pour contempler le lac de plus près, nous descendons le long des pentes en nous aidant autant des mains que des pieds, en ne quittant un bloc de rochers qu'après nous être affermi sur un autre. Nous sommes témoins de l'activité intérieure et nous entendons un bruit continu qui ressemble assez à celui des roues d'un grand nombre de bateaux à vapeur en mouvement.

M. van der Ven courut ici le plus grand danger, car s'étant avancé tout près d'une ouverture, la lave chaude encore céda sous ses pieds; heureusement elle reposait sur une masse déjà durcie, ce qui lui donna le temps de se rejeter en arrière. La chaleur ne nous permit pas de rester longtemps dans le cratère; nous dûmes l'abandonner en hâte pour visiter le petit lac de soufre qui se trouve au-dessus de l'arête sur laquelle nous étions montés. Ce lac, de forme arrondie, a environ 50 mètres de diamètre.

Trois d'entre nous descendirent le long d'une paroi presque verticale, d'environ 7 mètres de hauteur, jusqu'à un amas d'eau bouillante. En s'appuyant d'une main aux crevasses, ils purent de l'autre en puiser quelques cuille-

Ile de Sumatra. — Le Sœlassie.

rées; mais la forte odeur de soufre qu'elle dégageait les força à remonter promptement.

Nous traversâmes de nouveau le plateau pour revenir au point où nous avions commencé notre examen et nous dûmes nous occuper à préparer un gîte convenable pour la nuit. Vers dix heures du soir, nous étions enveloppés de nos manteaux et nous cherchions à nous livrer au sommeil sur nos lits de pierre, quand la pluie recommença avec une extrême violence. Les nuages qui couvraient le le ciel de leurs éclairs se succédaient sans relâche. Trois fois notre tente faillit être enlevée. L'eau ruisselait sur nous et nous grelottions de froid. Le vent avait éteint nos lumières. A la lueur des éclairs nous parvînmes cependant après beaucoup d'efforts à consolider notre tente, et nous pûmes sous son faible abri attendre le jour.

Nous venions de lutter pendant des heures entières contre les éléments déchaînés et leur fureur pouvait se prolonger; ce fut donc pour nous un grand plaisir de voir au matin un ciel pur et sans nuages, avant de nous mettre en route pour le retour. Nous descendîmes par le versant oriental, dont les pentes étaient moins dangereuses, jusqu'au fond du cratère éteint, pour remonter par le côté opposé jusqu'au second sommet, d'où nous pûmes jouir d'un spectacle magnifique sur les collines et les vallées, les lacs, les rivières et les îles qui s'étalaient sous nos yeux.

(*Nouvelles Annales des voyages.*)

II

ASCENSION AU PETER-BOTTE (ILE MAURICE)

Tradition. — Audace et sang-froid. — Curieux préparatifs. — Conquête du piton.

Pendant longtemps le mont Peter-Botte a défié les enthousiastes, et sa tête ronde et chauve, fréquemment cachée dans les brouillards, est demeurée inaccessible à l'audace des voyageurs. La tradition raconte cependant qu'un homme, celui dont elle porte le nom, l'avait gravie sans aucun secours. Parvenu, dit-on, à l'étranglement supérieur du piton, qu'on appelle le *col*, il avait accroché, au moyen d'une flèche armée d'une longue ficelle, un cordage assez fort pour pouvoir s'y soutenir; mais ce malheureux, au retour de son expédition, fut précipité dans les ravins qui bordent la montagne, et son cadavre ne put être retrouvé.

Malgré tous les essais qui ont été tentés, il ne paraît point que personne ait jamais exécuté complétement l'ascension périlleuse du Peter-Botte jusqu'au mois de septembre 1832.

La montagne du Peter-Botte est le point le plus élevé de l'une des chaînes de l'île Maurice. De son sommet, situé à 827 mètres au-dessus du niveau de la mer et qui se distingue d'une grande distance, partent différentes arêtes interrompues par des brisures. Déjà, en 1831, l'ingénieur Lloyd était parvenu jusqu'auprès du col, où il avait dressé une échelle contre la face perpendiculaire du rocher. Bien qu'elle ne s'élevât pas à la moitié de la hauteur de l'escarpement, il jugea cependant possible de surmonter ce premier obstacle, et en conséquence l'année suivante il recommença son expédition, accompagné de plusieurs officiers, entre autres du lieutenant Taylor, qui en a inséré le récit dans le journal de la Société de géographie de Londres.

Les hardis explorateurs se mirent en route le 7 septembre. Après avoir traversé un ravin qui se trouve à la partie inférieure du piton, ils ne tardèrent pas à arriver au point où M. Lloyd avait laissé l'échelle l'année précédente. Ils se trouvaient alors sur une arête large tout au plus de 2 mètres, qui d'un côté dominait une gorge couverte de bois, et de l'autre se terminait à pic par un escarpement élevé d'environ 500 mètres au-dessus de la plaine. Une des extrémités de cette arête se terminait aussi par un précipice d'une égale profondeur; l'autre s'adossait contre la montagne, et là se relevait en serpentant, semblable à une lame de couteau brisée çà et là par diverses anfractuosités. Arrivée à l'étranglement supérieur, elle se raccordait avec un rebord étroit qui ceignait le col de la montagne, et sur lequel paraissait posée, dans tout son orgueil, la tête dédaigneuse du Peter-Botte.

Les voyageurs se mirent à l'œuvre; ils redressèrent l'échelle de l'année précédente, dont ils piquèrent le pied dans une saillie. Alors un nègre de M. Lloyd monta jusqu'au sommet, et là, se fiant avec audace à son adresse et à son sang-froid, il grimpa le long du rocher perpendiculaire, s'accrochant à la manière des singes, avec ses mains et ses pieds, à la moindre aspérité qui, si elle eût cédé sous l'effort de son poids, le précipitait dans l'abîme. Bientôt il fut au sommet, et poussant un *hurrah!* s'écria : « Tout va bien! » Il amarra solidement un cordage qu'il avait apporté, et sur lequel se hissèrent les quatre autres personnes. Celles-ci gagnèrent ainsi l'étranglement supérieur, tantôt sur leurs genoux et tantôt à cheval sur le sommet de l'arête, pouvant, comme le dit le lieutenant Taylor, précipiter à la fois leur soulier gauche dans le ravin boisé, et leur soulier droit dans la plaine qui baigne l'autre flanc de la montagne.

La tête du piton est, comme nous l'avons dit, formée par un énorme rocher d'environ 2 mètres de haut, qui déborde par sa renflure au-dessus de sa base; le rebord qui ceint l'étranglement est large d'environ 2 mètres, d'une pente assez douce, et terminé partout par le précipice, excepté à l'endroit par lequel les voyageurs avaient monté.

Comment franchir cette tête et son renflement? — Heureusement une de ces faces, bien que débordant sa base, s'élève perpendiculairement sur le prolongement du précipice inférieur, au lieu de le dépasser comme les autres; et pour comble de bonheur, elle correspond précisément au point par où les voyageurs étaient arrivés. Cela étant reconnu, ceux-ci établirent avec la partie inférieure de la montagne une communication à l'aide d'un cordage mis en double, et hissèrent ainsi le matériel de leur expédition : une échelle portative, des cordages supplémentaires, un levier, etc.

On avait préparé des flèches de fer, attachées à l'extrémité d'une corde; la difficulté consistait à les lancer par-dessus la tête du Peter-Botte, puisque celle-ci débordait la base sur laquelle se trouvaient les voyageurs. M. Lloyd s'étant fait attacher autour du corps une forte corde, dont l'extrémité demeurait entre les mains de ses compagnons, passa de l'autre côté de la montagne; et là, armé du fusil où était la flèche, s'inclinant sur l'abîme, soutenu par la corde

Le Peter-Botte. (Ile Maurice.)

qui lui ceignait les reins, ses pieds formant arc-boutant contre le tranchant du précipice, il fit feu. La flèche manqua deux fois ; il eut recours alors à une pierre attachée à une corde et la balançant diagonalement, comme une fronde, il essaya de la faire passer par-dessus le rocher. Vain espoir ! Le désappointement s'emparait des voyageurs, quand, à un dernier essai, une folle brise s'étant levée pendant une minute, repoussa la pierre sur le roc, et la fit retomber à l'autre bord. Des échelles sont aussitôt disposées et assujetties, un bon câble sert de rampe, et l'ingénieur Lloyd se hisse le premier au haut du roc, en poussant des cris de joie et des hurrahs. Tous les autres le suivent, et le pavillon anglais, se déployant avec grâce sur la tête du Peter-Botte vaincu, est aussitôt salué par la frégate mouillée dans la rade, et par le feu de la batterie de terre. « Nous nous saisîmes alors d'une bouteille de bon vin, dit le lieutenant Taylor, et, debout sur le haut du rocher, nous baptisâmes le pic du nom du roi Guillaume, en buvant à la santé de Sa Majesté, et saluant le pavillon par de vives acclamations. ».

(*Magasin pittoresque.*)

IV

LE TAURUS CILICIEN (BULGHAR-DAGH)

ÉLISÉE RECLUS.

Beauté du printemps. — Chaîne du Bulghar-Dagh. — Forêts de cèdres. — L'Appe des bergers. — Le Metdesis. — La fleur de lumière.

L'aspect du Bulghar-Dagh diffère singulièrement suivant les saisons. En automne, époque malheureusement choisie par le plus grand nombre des voyageurs, la nature a déjà vécu sa vie rapide et fugitive, et, brûlée par les chaleurs, elle se prépare au long sommeil de l'hiver. Les champs qui bordent le rivage sont jaunis comme la paille, on ne voit plus que de minces bandes de verdure le long des rivières et des marigots; même les collines qui s'élèvent au-dessus de l'étroite plaine semblent cacher leurs arbustes sous un immense voile gris. Au delà s'étend, il est vrai, sur les flancs des montagnes la zone vert sombre des conifères; mais les grandes cimes sont recouvertes de pâtis desséchés; toute la végétation est flétrie, jusqu'aux herbes arrosées par l'eau des neiges. On dirait qu'un incendie a passé sur cette chaine de montagnes, belle seulement par la hardiesse et la sévérité de ses contours. Mais le voyageur qui contemple le Bulghar-Dagh dans la saison joyeuse du printemps ou bien au commencement de l'été n'a pas sous les yeux une Arabie Pétrée, il voit un paradis merveilleux de fraîcheur et de beauté exposé dans toute sa splendeur au soleil du midi. Une plaine très-étroite du côté de l'ouest, assez large dans la direction de Tarse, étend à la base des hauteurs sa végétation luxuriante interrompue çà là par un damier de champs cultivés ; au delà s'élèvent les premières collines qui tranchent avec la verdure de la plaine par leurs escarpements crayeux, mais dont les cimes sont ombragées de quelques bouquets d'arbres. Plus haut les contre-forts des montagnes dressent leurs promontoires hérissés de dents d'un rouge d'ocre, et ravinés par des fissures profondes. Les pentes qui flanquent ces contre-forts sont revêtues de vastes forêts de cèdres, de sapins et de genévriers. Une lisière, souvent indistincte à l'œil nu, mais que le télescope révèle dans toute sa netteté, sépare cette zone de forêts des pâturages couleur d'émeraude qui étalent dans tous les vallons leur fraîche écharpe de verdure tachetée de neiges éblouissantes. Plus haut encore s'élèvent en tours les pics du Bulghar-Dagh, semblables à de gigantesques cristaux noirâtres séparés les uns des autres par des lamelles d'argent. La chaîne entière forme comme un immense cône dont la base est baignée par la mer d'azur, et dont la cime va se perdre dans l'atmosphère non moins azurée que les flots.

M. Kotschy, qui avait déjà gravi en 1836 la plus haute cime du Bulghar-Dagh en compagnie de Russegger, voulut la gravir une seconde fois en 1856. Plein d'amiration pour cette fière montagne, Russegger lui avait donné le nom d'Allah-Tepessi, ou montagne de Dieu ; mais le véritable nom sous lequel on la connaît dans le pays est Metdesis. On peut l'atteindre de Gullek par la vallée qui se prolonge à l'ouest du village. Dans aucune partie de la Syrie ou de l'Anatolie, même sur les pentes du Liban, on ne trouve de forêts de cèdres aussi belles que celles qui recouvrent les versants de cette vallée, jusqu'à plus de 2,000 mètres d'altitude. Plusieurs milliers de cèdres admirables croissent en groupes d'une incomparable beauté au-dessus de la mer ondulée des pins, des sapins et des genévriers. Malheureusement, en dépit des sévères défenses du pacha, les pâtres ont pris l'habitude d'allumer les broussailles des hautes montagnes, et souvent ces incendies se propagent jusque dans les forêts. Pendant la nuit, ces conflagrations ressemblent à un fleuve de flammes roulant ses vagues le long des pentes ; le jour elles voilent les monts de leur sombre fumée, et bientôt on ne voit plus que des troncs noircis, là où s'élevaient naguère des arbres au splendide ombrage.

Au-dessus de la zone des cèdres, on entre dans celle des broussailles, zone qui remplace celle de nos pâturages d'Europe. Dans le Taurus cilicien, excepté sur le bord des sources, on ne trouve que rarement des pentes gazonnées ; jusqu'au pied des rochers arides et des flaques de neige croissent des plantes ligneuses et des arbrisseaux au feuillage d'un beau vert. A une hauteur où sur nos montagnes s'étend la surface uniformément grise des pâtis, des touffes de fleurs aux vives couleurs émaillent le sol, introduisant ainsi dans ces régions une variété et un éclat dont nos Alpes ne peuvent nous donner une idée.

L'ascension du Metdesis ressemble à celle de la plupart des grandes montagnes neigeuses ; il faut longer le bord des précipices, s'engager dans des couloirs effrayants en apparence, s'aider des mains pour escalader les escarpements les plus abrupts, sonder la neige avant d'y poser le pied. Lorsqu'on gravit directement, comme le fit Russegger en 1836, on trouve l'ascension très-pénible ; mais on évite beaucoup de fatigues en faisant un détour par l'est et en gravissant d'abord la cime du Tchubanhuju, ou l'appel des bergers, montagne ainsi nommée parce que

Les gorges du Taurus.

les jeunes pâtres, arrivés au sommet, ne manquent jamais de pousser des cris pour annoncer leur triomphe à leurs camarades laissés en bas à la garde des troupeaux. Sur le versant septentrional du Tchubanhuju, on remarque au milieu d'un champ de neige une vaste étendue de glace qui pourrait faire croire à l'existence d'un glacier analogue à ceux des Alpes, mais ces masses transparentes et bleuâtres sont dues à l'action d'une source considérable, qui pendant les froides nuits fond les neiges sur tout son parcours ; ces neiges fondues se transforment en glace.

Le sommet du Metdesis, haut de 3,500 mètres, domine un horizon très-étendu, « un panorama d'une beauté divine, » dit Russegger. On voit d'abord tous les grands pics de la chaîne dont on occupe le point culminant : à l'ouest, le Dchoisin et le Balmak ; à l'est, le Tchubanhuju, le Harpalik, le Kochau, toutes cimes de 3,200 mètres, couvertes de neige sur le versant exposé au vent du nord, et montrant leurs rochers de couleur sombre sur les pentes tournées vers le midi. Du côté du nord, le penchant du Metdesis est brusquement interrompu par un effroyable précipice dont la vue donne le vertige ; un champ de neiges éternelles semé de pierres énormes remplit une haute vallée, bornée au nord par une crête parallèle à la grande chaîne, et se redressant pour former l'Okuskedyk, pic de 3,000 mètres. Par une échancrure de cette crête et pardessus la crête elle-même, le regard s'étend librement sur les vastes plaines de la Caramanie, sur les collines boisées et les plateaux dénudés des environs d'Erenli. Les taches de couleur sombre éparses comme des îles indiquent les vergers et les jardins ; très-rapprochées les unes des autres dans la direction du nord, elles forment une espèce d'archipel. C'est là qu'habite la population industrieuse d'Orte-Boor. Au delà, tout à fait à l'horizon, miroitent vaguement les eaux de deux grands lacs et brillent comme une étincelle les neiges de l'Erdchich, la plus haute cime de l'Asie mineure. Plus distinctement apparaissent les deux chaînes escarpées de Hassan-Dagh et de Karadji-Dagh. Vers le nord-est, on voit d'abord un chaos de montagnes de toutes les formes et de toutes les couleurs, les unes plates, les autres pyramidales ou en aiguilles, jaunes d'ocre, noires, blanchâtres ou rouges de brique ; ce sont les contre-forts du Bulghar-Dagh, où l'on exploite les riches mines argentifères de Bulghar-Maaden. Au delà de cette région se dressent d'autres montagnes, nombreuses comme les vagues de la mer : l'Apich-Dagh, aussi élevé que le Metdesis, les sommets de l'Allah-Dagh, et d'autres chaînes encore, se montrent l'une derrière l'autre. Vers le sud, la vue ressemble à celle de Gullek-Gala, mais elle est infiniment plus grandiose ; on ne voit pas seulement les chaînes inférieures, la plaine de Tarse et la bleue Méditerranée, mais on domine tous les pics secondaires, l'Utusch-Deppe aux trois pointes, le Ketsiebele à la verte plate-forme, le Kargoli et ses lacs environnés de neige. On plonge du regard dans toutes les vallées, revêtues de leurs forêts de cèdres, et de tous les côtés on peut suivre dans leur développement les derniers remparts du Bulghar-Dagh s'allongeant sur le sol de la plaine comme les racines d'un gigantesque chêne. Les rivages de la mer, le golfe d'Alexandrette, la côte de Syrie jusqu'à Latakieh, se dessinent aussi distinctement que les côtes de la Sicile vues du sommet de l'Etna ; sur le lointain miroir des eaux, des contours entrevus à travers la brume indiquent les montagnes de l'île de Chypre.

De cet immense observatoire du Metdesis, le voyageur qui veut séjourner quelques semaines dans les vallées du Bulghar-Dagh peut d'un coup d'œil choisir ses buts de promenades et d'excursions : à l'est, c'est la vallée de Gusguta, avec ses noires forêts, ses prairies couvertes de fleurs et ses abondantes sources d'eau limpide ; à quelques lieues plus loin, c'est la vallée de Seihoun, le Sarus des anciens, avec ses vieux châteaux, ses cascades, ses bosquets d'orangers ; au sud-est, non loin de Mersina, c'est la vallée d'Ellisoluk, ou d'Ichmé, avec ses eaux thermales qui jaillissent au milieu d'un bosquet de lauriers-roses. Si l'on veut traverser la chaîne de montagnes par l'un des deux cols qui donnent accès sur le versant septentrional, Gejek-Deppe et le col de Kochan, on peut atteindre, en suivant un chemin hardiment tracé sur le flanc des précipices, les mines de plomb argentifère de Bulghar-Maaden, exploitées depuis 1842 par une centaine de Grecs industrieux. De ce charmant village moderne, on descend dans la vallée paradisiaque d'Al-Chodcha aux innombrables vergers. C'est dans cette vallée, disent les indigènes, que croît la plante merveilleuse dont la fleur brille comme une étincelle pendant la nuit. Les brebis et les bestiaux qui broutent cette plante-fée mâchent de l'or, et bientôt leurs dents se recouvrent de feuilles légères du précieux métal. Les voyageurs assez heureux pour rencontrer la fleur de lumière la cueillent avec soin, et presque aussitôt après ils voient à leurs pieds une autre plante, dont les racines sont attachées à des lingots d'or. « Puissiez-vous trouver la fleur de lumière! » disent les Persans aux voyageurs. M. Kotschy, cependant, grand botaniste s'il en fut, n'a pu, malgré toutes ses recherches, découvrir dans le Bulghar-Dagh cette plante aux fleurs lumineuses.

(Élisée Reclus, *Paysages du Taurus cilicien. — Revue germanique.*)

V

LE MONT LIBAN

Cime du Sannine. — Scènes pittoresques. — Éboulements. — Influence de la liberté. — Les cèdres. — Village d'Éden.

Le Liban, dont le nom doit s'étendre à la chaîne du *Kesraouan* et du pays des Druzes, présente tout le spectacle des grandes montagnes. On y trouve à chaque pas ces scènes où la nature déploie, tantôt de l'agrément ou de la grandeur, tantôt de la bizarrerie, toujours de la variété. Arrive-t-on par la mer, et descend-on sur le rivage, la hauteur et la rapidité de ce rempart, qui semble fermer la terre, le gigantesque des masses qui s'élancent dans les nues, inspirent l'étonnement et le respect. Si l'observateur curieux se transporte ensuite jusqu'à ces sommets qui bornaient sa vue, l'immensité de l'espace qu'il découvre devient un autre sujet de son admiration : mais pour jouir entièrement de la majesté de ce spectacle, il faut se placer sur la cime même du Liban ou du *Sannîne*. Là, de toutes parts, s'étend un horizon sans bornes ; là, par un temps clair, la vue s'égare et sur le désert qui confine au golfe Persique, et sur la mer qui baigne l'Europe : l'âme croit embrasser le monde. Tantôt les regards, errants sur la chaîne successive des montagnes, portent l'esprit, en un clin d'œil, d'Antioche à Jérusalem ; tantôt, se rapprochant de ce qui les environne, ils sondent la lointaine profondeur du rivage. Enfin, l'attention, fixée par des objets distincts, examine avec détail les rochers, les bois, les torrents, les coteaux, les villages et les villes. On prend un plaisir secret à trouver petits ces objets qu'on a vus si grands. On regarde avec complaisance la vallée couverte de nuées orageuses, et l'on sourit d'entendre sous ses pas ce tonnerre qui gronda si longtemps sur sa tête ; on aime à voir à ses pieds ces sommets, jadis menaçants, devenus dans leur abaissement semblables aux sillons d'un champ, ou au gradins d'un amphithéâtre ; on est flatté d'être devenu le point le plus élevé de tant de choses, et un sentiment d'orgueil les fait regarder avec plus de complaisance.

Lorsque le voyageur parcourt l'intérieur de ces montagnes, l'aspérité des chemins, la rapidité des pentes, la profondeur des précipices commencent par l'effrayer. Bientôt l'adresse des mulets qui le portent le rassure, et il chemine à son aise à travers les incidents pittoresques qui se succèdent pour le distraire. Là, comme dans les Alpes, il marche des journées entières pour arriver dans un lieu qui, dès le départ, est en vue ; il tourne, il descend ; il cotoie, il grimpe ; et dans ce changement perpétuel de sites, on dirait qu'un pouvoir magique varie à chaque pas les décorations de la scène. Tantôt ce sont des villages près de glisser sur des pentes rapides, et tellement disposés que les terrasses d'un rang de maisons servent de rue au rang qui les domine. Tantôt c'est un couvent placé sur un cône isolé, comme *Marchâiâ* dans la vallée du Tigre. Ici, un rocher percé par un torrent est devenu une arcade naturelle, comme à *Nahr-el-Leben*. Cette arcade a plus de 160 pieds de long sur 85 de large, et près de 200 pieds d'élévation au-dessus du torrent. Là, un autre rocher taillé à pic ressemble à une haute muraille; souvent, sur les coteaux, les bancs de pierres, dépouillés et isolés par les eaux, ressemblent à des ruines que l'art aurait disposées. En plusieurs lieux, les eaux, trouvant des couches inclinées, ont miné la terre intermédiaire, et formé des cavernes, comme à *Nahr-el-Kelb*, près d'Antoura : ailleurs elles se sont pratiqué des cours souterrains, où coulent des ruisseaux pendant une partie de l'année, comme à *Mar-Eliâs-el-Roum*, et à *Mar-Hanna;* quelquefois ces incidents pittoresques sont devenus tragiques. On a vu, par des dégels et des tremblements de terre, des rochers perdre leur équilibre, se renverser sur les maisons voisines, et en écraser les habitants; il y a environ vingt ans qu'un accident semblable ensevelit, près de *Mardjordjôs*, un village qui n'a laissé aucune trace. Plus récemment et près du même lieu, le terrain d'un coteau chargé de mûriers et de vignes s'est détaché par un dégel subit, et glissant sur le talus du roc qui le portait, est venu, semblable à un vaisseau qu'on lance du chantier, s'établir tout d'une pièce dans la vallée inférieure. Il semblerait que ces accidents dussent jeter du dégoût sur l'habitation de ces montagnes : mais, outre qu'ils sont rares, ils sont compensés par un avantage qui rend leur séjour préférable à celui des plus riches plaines; je veux dire par la sécurité contre les vexations des Turcs. Cette sécurité a paru un bien si précieux aux habitants, qu'ils ont déployé dans ces rochers une industrie que l'on chercherait vainement ailleurs : à force d'art et de travail, ils ont contraint un sol rocailleux à devenir fertile. Tantôt, pour profiter des eaux, il les conduisent par mille détours sur les pentes, ou ils les arrêtent dans les vallons par des chaussées; tantôt ils soutiennent les terres prêtes à s'écrouler, par des terrasses et des murailles. Presque toutes les montagnes ainsi travaillées présentent l'aspect d'un escalier ou d'un amphithéâtre, dont chaque gradin est

Le mont Liban. — Cascade de Nahr-el-Leben.

[illegible] repasse [illegible] comme [illegible]

un rang de vignes ou de mûriers. J'en ai compté sur une même pente jusqu'à cent et cent vingt, depuis le fond du vallon jusqu'au faîte de la colline ; j'oubliais alors que j'étais en Turquie, ou si je me le rappelais, c'était pour sentir plus vivement combien est puissante l'influence même la plus légère de la liberté.

(Volney, *Voyage en Égypte et en Syrie.*)

..... Après le pays des Ansarieh, le mont Liban commence à élever dans les nues ses cimes, qu'ombragent encore quelques cèdres, et qu'ornent mille plantes rares ; l'anthyllis y étale ses grappes de fleurs pourprées ; l'œillet du Liban, l'amaryllis des montagnes, le lis blanc et le lis orangé, mêlant l'éclat de leurs couleurs au vert des pruniers rampants. Les neiges mêmes sont bordées de fleurs. Les profonds ravins de ces montagnes sont sillonnés par un grand nombre d'eaux courantes qui jaillissent de toutes parts avec une extrême abondance. Les neiges en couvrent perpétuellement les vallons les plus élevés. L'eau, la fraîcheur, la bonté du terrain dans les vallées, entretiennent ici une éternelle verdure ; mais que seraient ces dons naturels, si la liberté ne protégeait pas les travaux des habitants? C'est à une industrie plus libre que celle des autres Syriens que les montagnes du Liban doivent ces murs qui, s'élevant en terrasses, soutiennent les terres fertiles, ces vignobles plantés avec art, ces champs de blé soigneusement labourés, ces bosquets de cotonniers, d'oliviers et de mûriers, qui, semés de toutes parts parmi des rochers escarpés, rappellent la puissance de l'homme. La vigne produit ici des grappes énormes, dont chaque raisin a la grosseur d'une prune. Les chèvres et les écureuils, les perdrix et les sauterelles paraissaient les races animales les plus nombreuses ; les uns et les autres tombent souvent sous la serre de l'aigle et sous la griffe de la panthère.

Les cèdres du Liban méritent toujours d'être visités par le voyageur. Pour arriver sur le sommet qu'ils ombragent, on traverse la vaste plaine appelée *El-Sahhel*, couverte de villages maronites et de plantations de mûriers, d'oliviers et de figuiers. En cinq heures on traverse la plaine, puis l'on franchit la montagne pour arriver au village d'*Éden*. Pendant qu'on la traverse, on suit une route au milieu de rochers nus où la végétation se borne à quelques pins ou à quelques sycomores dispersés çà et là. Une source abondante, formée par la fonte des neiges, sort d'une grotte située au pied du mont Liban, et se partage en plusieurs ruisseaux qui arrosent le chemin des cèdres. Après trois heures de marche, on aperçoit plusieurs villages maronites assis sur d'énormes masses de rochers dépourvus de végétation. Les pierres répandues sur le sol en empêchent la culture. Enfin, après neuf heures de marche, depuis l'extrémité de la plaine d'El-Sahhel, on arrive au village d'Éden. Sa situation pittoresque, la vue de la plaine et de la mer, ses vergers remplis d'arbres fruitiers, les sources qui serpentent de tous côtés, l'air embaumé qu'on y respire, justifient le nom qu'il porte : selon l'opinion des Arabes, c'est dans cet endroit délicieux que Dieu plaça le paradis terrestre.

C'est à trois lieues de ce village que se trouve la plantation de cèdres ; on y arrive à travers des sentiers couverts de rochers. Ils occupent une région élevée où le thermomètre de Réaumur descend à 10 degrés au-dessus de zéro, tandis qu'il est à 30 dans la plaine. Le parfum des cèdres se fait sentir à quelque distance : sur une plate-forme on voit une centaine de ces arbres dont quelques-uns ont quinze à vingt pieds de circonférence, mais c'est par l'étendue de leurs branches toujours vertes, plutôt que par leur hauteur et leur grosseur, qu'ils sont surtout remarquables. Cette plantation, la seule qui rappelle les antiques forêts qui ont fourni des matériaux au temple de Salomon, est placée sous la protection du patriarche de la nation maronite : ce prélat vient chaque année, le jour de la Transfiguration, célébrer une messe sur un autel en bois de cèdre placé au pied du plus majestueux de ces arbres, dont la sombre verdure forme un singulier contraste avec l'aridité du sol qui les environne.

(MALTE-BRUN, *Précis de la Géographie universelle.*)

VI

LA VIE ANIMALE DANS LES ZONES ALPESTRES

Les choucas. — Le lagopède. — Insectes des hautes régions. — Le réveil.

Ce sont naturellement les oiseaux qui représentent la population des plus hautes altitudes. Dans les Andes le condor, dans les Alpes l'aigle et le vautour peuvent planer au-dessus des cimes les plus gigantesques. Ces animaux, organisés pour les plus longs voyages, sont les grands voiliers de l'océan atmosphérique, de même que les sternes et les pétrels sont les grands voiliers de l'Atlantique. Le choucas, cette espèce de corbeau d'un noir intense, qui a le bec jaune et les pattes d'un rouge vif, n'atteint pas de si grandes élévations dans l'atmosphère, mais il est par excellence l'oiseau des hautes cimes, celui de la région des neiges et des pitons stériles. On le rencontre au sommet du mont Rose et au col du Géant, à plus de 3,500 mètres. Réunis par bandes dans les anfractuosités des montagnes, voltigeant le long des escarpements les plus abruptes, les choucas font entendre leurs bruyants croassements. Tout ce qui se dresse dans les airs et nous communique le vertige a pour ces oiseaux un attrait particulier, sapins gigantesques, clochers, vieilles tours, créneaux de châteaux forts dominant les vallées, pinacles de cathédrales, pics isolés dont les escarpements plongent au fond d'effrayants précipices, aiguilles nues et dentelées, voilà leurs demeures de prédilection ; c'est à ces hauteurs qu'ils établissent leur nichée. Véritables cénobites de l'air, condamnés comme ceux de la Thébaïde au régime le plus frugal et le plus austère, ils se plaisent dans la solitude et semblent d'autant plus satisfaits qu'un plus grand espace les sépare de l'homme.

Il est des oiseaux plus gracieux qui résident aussi dans la région des frimas et en animent quelque peu l'immobile et triste paysage. Le pinson de neige affectionne tellement cette froide patrie qu'il descend rarement jusqu'à la zone des bois. L'*accenteur* des Alpes le suit à ces grandes élévations ; il préfère la région pierreuse et stérile qui sépare la zone de la végétation de celle des neiges perpétuelles : les uns et les autres s'avancent parfois à la poursuite des insectes jusqu'à 3,400 ou 3,500 mètres de haut.

La terre a ses oiseaux comme l'air. Certaines espèces ne se servent de leurs ailes que quelques instants, et quand la marche leur devient tout à fait impossible ; tels sont les gallinacés. La région des neiges a son espèce propre, comme elle a ses passereaux caractéristiques. Le lagopède ou poule de neige se rencontre en Islande comme en Suisse. Il s'élève bien au-dessus des frimas perpétuels et reste cantonné à ces grandes altitudes. En hiver, son plumage prend l'aspect des frimas au milieu desquels il vit. La neige lui est tellement nécessaire, qu'aux approches de l'été il remonte assez haut pour la trouver ; il y niche, il s'y roule avec délices : il y creuse des trous pour se mettre à l'abri du vent, la seule incommodité qu'il redoute dans sa glaciale demeure. Quelques lichens, des graines apportées par les airs suffisent à sa nourriture; il fait la chasse aux insectes, dont il nourrit ses poussins.

Les insectes sont en effet les seuls animaux qui pullulent encore dans ces régions déshéritées : c'est une nouvelle analogie avec les contrées polaires. Dans la zone tempérée, les coléoptères se présentent en plus grand nombre et avec une plus grande variété que dans les régions voisines de l'Équateur. Dans les contrées subarctiques, les insectes, pendant les courtes semaines de l'été, se montrent en grand nombre. C'est également la classe des coléoptères qui prédomine dans les hautes régions des Alpes; ils atteignent sur le versant méridional 3,000 mètres, et 2,400 sur le versant opposé. On les découvre dans les trous, les petites anfractuosités; ce sont presque constamment des espèces carnassières, car à une si grande altitude la nourriture végétale fait défaut. Leurs ailes sont si courtes qu'ils semblent en être complétement dépourvus; on dirait que la nature a voulu les mettre à l'abri des grands courants d'air qui les entraîneraient infailliblement dans la navigation atmosphérique, si leurs voiles n'eussent été en quelque sorte carguées. En effet, on rencontre quelquefois d'autres insectes, des névroptères et des papillons, que les vents enlèvent jusqu'à ces hauteurs, et qui vont se perdre au milieu des neiges. Les névés, les mers de glace sont couvertes de victimes qui ont ainsi péri. Cependant il est certaines espèces qui bravent la région des frimas et s'élèvent librement jusqu'à des hauteurs de 4,000 ou 5,000 mètres. M. J. D. Hooker a observé des papillons au mont Momay, à une altitude de plus de 5,400 mètres; mais en aperçoit-on plus haut, ce sont des naufragés que le vent pousse malgré eux. Les arachnides, qui se rapprochent à tant d'égards de la classe des insectes, ont aussi le privilége de résister à la froide température des montagnes. Un insecte des Alpes presque microscopique, le *desoria glacialis*, habite exclusivement le voisinage des glaciers. Mais on dirait que la tristesse de leur séjour se réfléchit dans l'aspect de tous ces petits animaux : ils ne présentent plus la variété de teintes qui les caractérise ailleurs ; ils affectent tous une couleur noire ou sombre qui dissimule de prime abord leur présence dans les trous où ils se blottissent. A ces hauteurs, les habitudes des insectes se modifient selon les localités où ils vivent. M. P. Lioy, qui a tracé un aperçu philosophique des lois auxquelles obéit la nature organique et dont elle est la mobile manifestation, remarque que des insectes nocturnes dans les contrées de plaine deviennent diurnes dans les régions montagneuses. C'est qu'en effet les hautes régions reproduisent à certains égards les conditions des lieux bas pendant la nuit ; elles gardent, même après le lever du soleil, la fraîcheur et l'ombre que le soir donne seul dans les plaines.

Tel est le tableau de la vie animale dans ces zones alpestres ou la faune se réduit graduellement pour ne plus laisser place qu'à la solitude et à la désolation. Au delà du dernier étage de la végétation, au delà de l'extrême région qu'atteignent les insectes et les mammifères, tout devient silencieux et inhabité ; toutefois l'air est encore plein d'infusoires, d'animalcules microscopiques, que le vent soulève comme de la poussière, et qui sont répandus dans l'atmosphère jusqu'à une hauteur inconnue. Ce sont des germes nageant dans l'espace, qui attendent pour se fixer et devenir le point de départ d'une faune nouvelle, l'apparition d'un autre soulèvement, d'un nouvel exhaussement du globe.

Ainsi, le règne animal ne disparaît pas sans avoir pour ainsi dire épuisé toutes les organisations encore compatibles avec l'état du sol, de plus en plus refroidi et appauvri, avec celui de l'atmosphère, de plus en plus raréfiée. Les oiseaux occupent comme les avant-postes de la grande armée d'êtres de toute espèce qui défend la montagne contre l'invasion de la mort. Les rapaces forment en quelque sorte les éclaireurs. Les passereaux, les grimpeurs et quelques gallicanés se rapprochent plus du gros de l'armée; ils aiment à se tenir dans la région intermédiaire entre celle des forêts et celle des neiges perpétuelles.

Le Condor.

Les derniers sapins, les derniers buissons sont comme des échauguettes d'où ils observent l'atmosphère, prêts à descendre aux étages inférieurs si le temps menace, profitant de la moindre éclaircie, du plus léger adoucissement de la froidure pour s'élancer plus haut. Dans cette région moyenne, on n'entend pas sans doute les harmomieux accords de la fauvette ou du rossignol, mais le chant des espèces montagnardes respire encore la joie et le plaisir de vivre. M. de Tschudi nous trace en quelques lignes un délicieux tableau de l'existence des oiseaux dans la montagne. Je le traduis ici librement :

« Un peu avant que le ciel ne se colore des premiers feux du matin, avant même qu'un léger souffle de l'air n'annonce l'approche du jour, quand les étoiles scintillent encore au firmament, ce sont les oiseaux qui donnent le signal du réveil de la nature. Un léger bruissement se produit le long des sapins, c'est une sorte de roucoulement dont les notes deviennent de plus en plus accentuées, dont le mouvement s'accélère par degrés, et qui finit par se transformer en un caquetage harmonieux, montant et descendant de branche en branche, comme l'archet du musicien passe des cordes les plus graves aux plus aiguës ; puis un bruit plus éclatant retentit tout à coup : les voix d'abord timides entonnent chacune leurs airs caractéristiques ; chaque espèce fait entendre son cri, son sifflement plus ou moins perçant. Le doux et mélancolique nocturne a cessé ; c'est une aubade que la gent ailée donne au soleil qui vient réchauffer son humide demeure. »

... Nous voudrions vivre un instant de cette existence aérienne dans cette zone intermédiaire, assez verte encore pour qu'on y trouve un abri contre les ardeurs du jour et le froid des nuits, assez éclaircie pour que l'œil puisse découvrir le magnifique panorama des montagnes et plonger avec délices dans le firmament ; mais l'homme a été moins favorisé à cet égard que les oiseaux ; il n'a pas été organisé comme eux pour s'élever dans l'atmosphère en traversant des couches d'une densité différente. Heureusement la difficulté que nous éprouvons à supporter une ascension rapide et continue n'implique pas une incompatibilité absolue des hautes régions avec la vie humaine. On s'acclimate aux grandes hauteurs... La ville de Quito, placée à

2,908 mètres au-dessus du niveau de la mer, renferme une nombreuse population qui ne paraît pas souffrir de cette altitude. Une autre ville des Andes, Potosi, est à 4,166 mètres, et contint jadis plus de cent mille âmes. Après que Saussure fut resté quinze jours au sommet des Alpes, son pouls reprit son mouvement normal, et Boussingault, après un séjour prolongé dans les villes des Andes, put aisément supporter la basse pression de la cime du Chimborazo. Il y a donc des précautions à prendre si l'on veut impunément se transporter dans ces hautes régions, où, une fois établis dans les conditions convenables, il nous devient possible de vivre : il ne s'agit que d'habituer graduellement notre économie aux changements barométriques de l'atmosphère.

(A. MAURY, *le Monde alpestre.* — *Rev. des Deux Mondes.*)

V

PÈLERINAGES — TRADITIONS ET LÉGENDES

Le Brocken.

I

ASCENSION AU BROCKEN

Semblable au vautour qui reposant son aile sur les pesantes nuées du matin épie sa proie, que ma chanson plane dans les airs !...

Que vois-je à l'écart ? Sa trace se perd dans le hallier sombre ; derrière lui les buissons relèvent leurs branches, la solitude l'engloutit.

Ah ! comment guérir les douleurs de celui pour qui le baume est devenu un poison, qui, dans les flots de l'amour, s'est abreuvé de misanthropie? Méprisé des hommes, qu'il méprise à son tour, il dévore secrètement son mépris propre dans un égoïsme insatiable.

S'il est sur ta lyre, ô père de l'amour, des sons accessibles à son oreille, apaise son cœur ! Découvre à son regard les mille sources qui jaillissent dans le désert auprès de l'homme altéré.

A la lueur de ton flambeau, tu l'éclaires, la nuit, dans les rudes sentiers ; avec l'aurore aux mille couleurs, tu souris à son âme ; avec la furieuse tempête, tu l'emportes sur les hauteurs: les torrents de l'hiver se précipitent du rocher et répondent à ses chants; — elle devient pour lui l'autel de la plus tendre reconnaissance, la tête neigeuse du sommet redouté que les peuples crédules ont couronnée de rondes fantastiques.

GOETHE.

L'autel de la Sorcière. — Le spectre du Brocken. — L'hôtellerie. — Le sabbat. — Légende de l'Ilsenstein. — Lever de soleil.

Le Brocken est le nom de la principale montagne de la chaîne pittoresque du Hartz, dans le royaume de Hanovre. De son sommet, élevé d'environ 3,500 pieds au-dessus du niveau de la mer, on découvre une plaine de 70 lieues d'étendue, occupant presque la vingtième partie de l'Europe, et dont la population est de plus de 5 millions d'habitants.

Dès les époques historiques les plus reculées, le Brocken a été le théâtre du merveilleux. On voit encore sur son sommet des blocs de granit désignés sous le nom de *siége* et d'*autel de la Sorcière;* une source d'eau limpide s'appelle la *fontaine magique*, et l'anémone du Brocken est, pour le peuple, la *fleur des fées*. On peut présumer que ces dénominations doivent leur origine au culte de la grande idole que les Saxons adoraient en secret au sommet du Brocken, lorsque le christianisme était déjà dominant dans la plaine. Comme le lieu où se célébrait ce culte doit avoir été très-fréquenté, il n'est pas douteux que le spectre, qui aujourd'hui le hante si fréquemment au lever du soleil[1], ne se soit montré également à ces époques reculées. Aussi, la tradition dit-elle que ce spectre avait sa part des tributs de la superstition.

... Si tous ceux qui voient habituellement le Brocken désirent ne pas quitter ce monde sans être monté au moins

[1] *Les Météores*, p. 44. (Bibliothèque des merveilles.)

Le Brocken. — Plateau des Sorcières.

une fois sur ce colosse, si tous les autres Allemands qui, sans l'avoir à l'horizon, en ont entendu parler, aspirent d'autant plus à jouir du spectacle célèbre que les vastes plaines qu'ils habitent rendent leur imagination moins capable de leur représenter aucune image analogue, vous concevrez quelle affluence il doit y avoir sur la montagne dans la belle saison. Ce n'est guère cependant que depuis les premières années de ce siècle que la mode s'est établie en Allemagne de visiter le Brocken. Il semble qu'il ait fallu toutes les exagérations du dix-huitième siècle en faveur de la nature, pour intéresser convenablement les hommes à ses beautés. Jusqu'alors, outre les bûcherons, on aurait à peine compté quelques rares voyageurs assez zélés pour avoir tenté une difficile ascension. Vers la fin du dernier siècle, le nombre des curieux augmentant, le comte de Vernigerode, dont la principauté repose sur les flancs de la montagne et en embrasse tout le sommet, prenant en pitié ceux qui se trouvaient assaillis par le mauvais temps sur ces hauteurs, et en considération de ceux qui souhaitaient passer la nuit dans cette partie de son petit empire, afin d'assister au magnifique spectacle du lever et du coucher du soleil, y fit construire une hôtellerie. Elle fut inaugurée le 10 septembre 1800. Un des serviteurs de la maison du comte, un excellent homme dont se souviennent assurément tous ceux qui sont montés de son vivant sur le Brocken, fut installé à cette hauteur de 3,500 pieds comme aubergiste, avec la singulière condition d'y demeurer constamment, même l'hiver, sans doute afin qu'il fût dit que la bienfaisante sollicitude du prince ne faisait défaut en ces lieux en aucun temps. Ce brave homme se faisait effectivement enterrer tous les ans, avec sa femme et sa fille, dans la neige qui s'accumulait souvent jusqu'au faîte de son toit, n'ayant pour respirer et voir le ciel qu'une petite tour partant du milieu de la maison. Il a ainsi passé trente-trois années en pleine sérénité. Il était comme habitué à régner du regard sur toute l'Allemagne. Permettez-moi ce souvenir pour une âme simple et honnête. Le contraste entre cette bonhomie patriarcale et la majesté si souvent orageuse de la montagne, a quelque chose de doux et qui repose. Quand je montai au Brocken pour la première fois, tout jeune homme, j'y arrivai à onze heures du soir, à demi perdu, transi par la neige et la bise; les chiens, répondant à mes cris, signalèrent de loin mon approche, et le père Gerlach courut à ma rencontre avec une lanterne et de l'eau-de-vie. Le lendemain, quand je partis, il voulut descendre avec moi jusque dans les forêts, et il avait les yeux pleins de larmes; j'étais sans doute le dernier visiteur qu'il devait voir avant son ensevelissement, déjà menaçant, dans la neige. Cette année je ne l'ai plus retrouvé, et je l'ai regretté. Son nom demeurera attaché à l'histoire de la montagne.

Le Brocken est désormais un besoin pour nos populations de la basse Allemagne. Elles se plaisent à contempler de là cette patrie germanique si morcelée et défigurée pour quiconque ne la regarde pas d'un peu haut. Les étudiants surtout y abondent. Il y a des universités tout autour: Marbourg, Gœttingue, Iéna, Leipzig, Halle, Berlin, et l'ascension au Brocken est comme le complément obligé des exercices scolaires.

Ce n'est pas seulement par le spectacle que l'on découvre de son sommet, mais par le caractère même de la nature dans ses rocs et ses sapins que le Brocken se recommande aux poëtes. C'est là que pendant longtemps, s'il faut en croire la tradition, se donnaient rendez-vous pour le sabbat toutes les sorcières de l'Allemagne. On prétend même que le diable en personne a fait tomber la grêle de rochers qui couvre toute la coupole de la montagne.

Depuis quelques années on a singulièrement facilité

l'ascension de la montagne. Je vous ai dit avec quelles difficultés j'y étais autrefois monté. Pour le comprendre, il faut savoir que le Brocken n'est pas une montagne; c'est, à la lettre, un tas de pierres. Il est probable que, dans l'origine, il se composait de hautes aiguilles de granit, comme on en voit encore quelques-unes dans d'autres parties du Hartz. Ces aiguilles, minées par l'action lente du temps, se sont divisées peu à peu en blocs énormes qui se sont éboulés et accumulés autour des bases; si bien que, finalement, il n'est plus resté de l'édifice primitif que des ruines. C'est au milieu de ces blocs que prennent naissance les sapins; les eaux filtrent et grondent par-dessous, et à chaque instant, dès que l'on quitte les sentiers préparés, on risque de tomber dans quelque fondrière à demi recouverte par la mousse et les grandes herbes. Du reste pas un précipice, je dirais presque pas un ravin. C'est un monstre accroupi, sur le gros dos rond duquel l'homme grimpe tranquillement. Cette fois j'y suis monté, non point à pied, non point à mulet, non point en chaise à porteur; j'y suis monté en chaise de poste. On a pratiqué une excellente route aussi sûre que l'allée sablée d'un parc; sans un danger, sans une difficulté, sans un ressaut, et moyennant un péage fort modéré chacun est libre d'en profiter. Je ne pouvais en croire mes yeux, me voyant ainsi dans ma voiture, mon postillon hanovrien fouettant et donnant du cor sur cette cime où j'avais payé si cher ma première escalade. Ajoutez à cela que j'étais arrivé dans la journée de Dresde à Harzburg, au pied du Brocken, après avoir fait de la sorte une centaine de lieues en chemin de fer.

LE HEXENTANZPLATZ — L'ILSENSTEIN

C'est au milieu d'un site désert et sauvage, parmi l'amas de roches nues et sombres où serpente la Bode, que jadis, chaque année, pendant la nuit du 1er mai, toutes les sorcières du Nord venaient tenir leur sabbat solennel. Le lieu était bien choisi, et peu de personnes devaient avoir l'indiscrétion d'aller troubler leur rendez-vous. Dans notre siècle de lumière, même en plein jour, sous l'azur d'un beau ciel et les joyeux rayons d'un soleil d'été, ces silhouettes de masses informes, inégales, bizarres, arrêtent le sourire sur les lèvres des voyageurs, et lui donnent à penser que, si peu superstitieux que l'on soit, on éprouverait une singulière émotion à se trouver seul, vers minuit, sur quelque aspérité ou dans quelque pli noir de cette convulsion de la nature qui a l'air d'une tempête pétrifiée. Que l'on suppose, pour renforcer l'effet, des nuages épais se traînant sur les cimes, quelques éclairs pâles, de sourds grondements, et il manquera peu de conditions favorables à qui voudra s'assurer qu'il est bien, à toute heure, le maître de son système nerveux.

C'est sur le *Hexentanzplatz* que Gœthe a placé la scène du Sabbat (*la Nuit de Walpürgis*) dans le drame de *Faust:*

« ... Comme étrangement reluit à travers les abîmes une lueur boréale et crépusculaire qui pénètre jusque dans les profondeurs du gouffre! Là monte une vapeur, plus loin filent des exhalaisons malsaines. Ici, à travers un voile de brouillard, flambe une ardente clarté, tantôt se déroulant comme un léger fil, tantôt jaillissant comme une source vive. Ici, elle serpente avec mille veines à travers la vallée; et plus loin, dans une gorge étroite, elle se ramasse tout d'un coup. Près de nous tombe une pluie d'étincelles qui couvrent le sol d'une poussière d'or ; mais regarde là, dans toute sa hauteur, la muraille de rochers s'enflamme.

MÉPHISTOPHÉLÈS.

« Le Seigneur Mammon n'éclaire-t-il pas magnifiquement son palais pour la fête?..... »

On grimpe aujourd'hui assez aisément sur le plateau des Sorcières, grâce à un escalier de onze cents marches. On est là presque vis-à-vis des rochers de granit de la *Rossetrappe* (fer à cheval). D'un côté on domine l'âpre vallée de la Bode, de l'autre une vaste plaine vers l'ouest.

L'Ilsenstein, comme la plupart des montagnes du Harz, est isolé et termine la chaîne de montagnes qui se dirige à l'est, vers les plateaux de la Thuringe. Il est en face du Brocken. C'est un immense bloc de granit qui se dresse à pic à plus de 100 mètres au-dessus de la vallée où coule la petite rivière l'Ilse, en formant une innombrable quantité de cascades qui charment par leur aspect riant au milieu de ce paysage sévère.

D'après la tradition, il y avait au sommet de l'Ilsenstein un palais enchanté, habité par un roi du Harz, appelé Ilsan; il avait une fille d'une beauté remarquable, nommée Ilse. Une méchante fée fit périr par jalousie cette charmante princesse. On la voit encore quelquefois, disent les gens crédules, se baigner dans la rivière qui porte son nom. Si elle rencontre un voyageur, elle le conduit à l'intérieur de la montagne, où elle le comble de richesses. Peut-être le sens de la légende est-il que cette montagne renferme, comme le Rammelsberg, des mines précieuses. On arrive au sommet par un sentier escarpé qui passe au travers de blocs de rochers dénudés, aux formes les plus singulières.

De l'Ilsenstein, on arrive au sommet du Brocken par un chemin facile et pittoresque. Cette montagne, but ordinaire des excursions dans le Harz, est jugée différemment par les personnes qui en font l'ascension. Comme au Righi, l'espoir ordinaire des touristes, c'est de voir un lever de soleil; mais si un ciel pur est favorable à ce spectacle, il est aussi des moments où l'imprévu sert parfaitement le voyageur. Partis la veille d'Ilsenburg par un très-mauvais temps, nous eûmes le lendemain le bonheur d'assister à un de ces spectacles curieux qui laissent une impression bien plus forte que celle de voir à ses pieds un panorama d'une grande étendue. Les nuages qui s'étaient amoncelés dans la vallée en une masse compacte et lourde, ressemblaient à une mer formée d'immenses vagues immobiles; des courants électriques traversaient de temps en temps ces nuées, mais sans produire le moindre bruit. A ce moment le soleil se leva, et par un contraste étrange, éclaira d'une teinte rougeâtre la partie supérieure de la montagne sur laquelle nous nous trouvions, sans rien communiquer de cette vive lumière à la masse des nuages qui conservèrent leur teinte plombée : il semblait que tous les rayons lumineux vinssent un à un se briser et se décomposer à leur surface. L'effet était magique : on aurait dit deux mondes tout différents l'un de l'autre, la terre vue de quelque planète supérieure. Pour décrire avec fidélité ce que nous éprouvions en ce moment, il eût fallu le génie d'un Dante ou d'un Milton.

(*Magasin pittoresque.*)

II

ASCENSION AU PARNASSE

O Parnasse! maintenant je te contemple, non avec les yeux insensés d'un rêveur, non dans le fabuleux paysage d'un poëme, mais je te vois avec ton manteau de neige et sous ton ciel natal, t'élever dans toute la pompe sauvage de la majesté des montagnes. Ne t'étonne pas que j'essaye de chanter en ta présence; et moi aussi, moi le plus humble des pèlerins qui t'ont visité, je voudrais en passant éveiller tes échos, quoique nulle Muse sur ta cime ne déploie aujourd'hui ses ailes.

Que de fois j'ai rêvé de toi ! car, qui ignore ton nom glorieux, celui-là est étranger à ce que l'homme a de plus divin. Et maintenant que tu es là sous mes yeux, je rougis de t'offrir en hommage d'aussi faibles accents. Quand je rappelle à ma mémoire le cortége illustre de tes anciens adorateurs, je tremble et n'ai plus que la force de fléchir le genou. Au lieu d'élever ma voix et de tenter un inutile essor, je te contemple sous ton pavillon de nuages, dans l'extase d'une joie silencieuse, en pensant qu'à la fin je te vois.

Plus heureux que tant de poëtes illustres que le destin enchaina dans leur lointaine patrie, foulerais-je sans émotion cette terre sacrée que d'autres idolâtrent sans la connaître? Quoique Apollon ne visite plus sa grotte, et que le séjour des Muses en soit aujourd'hui le tombeau, je ne sais quel doux génie règne encore en ces lieux, soupire dans la brise, habite le silence des cavernes, et glisse d'un pied léger sur cette onde mélodieuse.

BYRON.

Delphes. — L'antre Gorycien. — La Sibylle. — Source de Castalie.
Les Phédriades. — Castri.

Castri est le nom d'un misérable village perché sur un roc comme le nid d'un oiseau de proie ; c'est aussi le nom que porte aujourd'hui l'emplacement de Delphes, l'antique sanctuaire d'Apollon.

A peu de distance d'Arakkovah, en montant par des chemins où le Klephte seul peut s'aventurer sans frémir, on arrive à des excavations pratiquées dans le rocher et consacrées autrefois au dieu Pan et à la nymphe Gorycia. Une longue inscription, toute détériorée, indique l'antre Gorycien, dont l'accès était praticable aux chevaux du temps de Pausanias. Ce dernier atteste n'avoir jamais vu une grotte plus spacieuse, ni plus belle ; aujourd'hui les eaux et les éboulements en ont comblé une bonne partie. C'est à l'antre Gorycien que les Thyades, prêtresses d'Athènes, se donnaient rendez-vous à une époque de l'année, appelant à elles les femmes de la Phocide et les femmes étrangères que la dévotion amenait à Delphes. S'animant ensuite, au moyen de pratiques mystérieuses, d'un esprit qui les rendait folles, elles franchissaient, fortifiées par leur exaltation, les sentiers les plus impraticables et atteignaient la cime la plus élevée du Parnasse. Là, perdues dans les nuages, elles se livraient, en l'honneur d'Apollon, à d'étranges fureurs.

Quelques débris de sarcophages en marbre, cachés sous les vignes qui couvrent de ce côté le penchant pierreux et rapide du vallon ; une chambre souterraine dans laquelle il est aisé de pénétrer ; l'empreinte des gonds et des clous énormes d'une porte sur le rocher, porte qui fermait, dit-on, un chemin secret conduisant au trépied de la sibylle ; quelques petites colonnes soutenant le vestibule extérieur d'une église indigente ; un mur de soubassement que l'on regarde comme indiquant la place du temple d'Apollon dont il aurait fait partie, et sur lequel on peut lire une inscription bien conservée, rappelant les décrets rendus en l'honneur des bienfaiteurs du temple, les noms de plusieurs architectes employés à le construire ou à l'agrandir, et l'affranchissement d'un esclave par sa consécration au dieu ; enfin, tout le long de l'unique sentier qui parcourt le vallon, des niches plus ou moins grandes taillées dans le roc, et dans lesquelles parfois l'image d'une madone a remplacé les riches offrandes des païens : c'est là tout ce qui rappelle l'existence de la superbe Delphes. Plus de temples, ni de statues couvertes d'or et luisant au soleil ; plus de danses, plus de jeux, plus de processions solennelles, ni de peuples assemblés ; plus d'amphictyons réglant les destinées de la Grèce ; plus de conquérants avides d'arracher au ciel le secret de leur avenir ; plus de philosophes s'inclinant devant la devise la plus sage et la plus vraie qu'ait enfantée le génie du paganisme : *Connais-toi toi-même.*

Tout a disparu, comme le lendemain d'une fête les splendides échafaudages, la musique, les danses et le peuple qui cherchait la joie. La pâle et triste sibylle semble seule habiter ces lieux sombres et déserts. En un rêve facilement enfanté par l'imagination, on la voit passer, malheureuse de sa gloire et de sa science involontaire conduite par d'inflexibles pontifes qui la forcent à s'asseoir sur le trépied fatal où le dieu l'attend avec ses fureurs, son délire, ses tourments et ses obscurs mensonges. Ce souvenir est le seul qui frappe vivement l'esprit quand on s'arrête à Delphes. Partout des abîmes entr'ouverts et des gouffres béants, des échos qui retentissent, des rochers noircis comme si le feu les avait brûlés : tel était et tel est encore le vallon de Delphes. Si les richesses et les magnificences destinées à voiler de terribles mystères ont disparu, la nature est restée la même. Aujourd'hui, comme autrefois, le Phocéen qui vient rêver, chercher de l'ombre ou cueillir des fleurs, doit passer sur le revers opposé du Parnasse pour trouver les vertes et harmonieuses forêts de Daulis. Quelques oliviers croissent dans le creux du vallon, au sortir duquel ils deviennent plus abondants et forment dans la plaine un grand bois qui s'étend jusqu'au golfe. La nuit, si vous vous éveillez, vous entendez le vent qui vient sans cesse de la mer et qui se brise contre les anfractuosités des rochers en poussant de lugubres gémissements ; et cependant, à quelques pas de là, dans la baie et sur le rivage de Crissa, le même vent chante ou soupire, doux et mélancolique. A Delphes, il devient un sourd grondement, une plainte prolongée qui remplit l'âme de tristesse et vous fait craindre, quand vous l'écoutez, que l'antique oracle n'ait recouvré la parole pour vous révéler l'avenir que vous réserve peut-être le destin.

(E. Yemeniz, *Voyage en Grèce.*)

Les Grecs avaient placé la demeure des Muses, c'est-à-dire la source de l'inspiration poétique, aussi bien que la demeure des dieux, sur les hauts sommets, là où la terre semble toucher au ciel. Les Muses habitaient l'Olympe, le mont Piérius, l'Hélicon, et surtout le Parnasse.

Le Parnasse est une des plus belles montagnes de la Grèce ; sur ses cimes couvertes de neige marchaient dans leur pureté les Muses chastes. Les sommets du Parnasse sont souvent enveloppés de nuages. Qui a vu Liakoura[1] sans voile ? dit lord Byron. Cette particularité convenait à la destination que la mythologie antique avait attribuée à la sainte montagne. La création poétique est un mystère, il lui sied de s'envelopper de mystérieux nuages.

Chez les Grecs, toutes les inspirations étaient sœurs ; le Parnasse consacrait l'alliance de l'enthousiasme poétique et de l'enthousiasme religieux. Tandis que les Thyades y célébraient leurs danses qu'animaient les fureurs de Bacchus, la Pythie, assise sur le trépied, aspirait les émanations fatidiques de la montagne. Apollon y avait son tem

[1] Nom moderne de l'une des cimes du Parnasse.

Le Parnasse.

ple à la place duquel existe à cette heure un laurier, image de l'inspiration qui ne meurt pas. Les Muses s'y baignaient dans la source de Castalie, qui coule encore, et dont l'eau remarquablement pure et légère est un charmant symbole de la limpide poésie des Grecs. Ingénieux à saisir les convenances naturelles des lieux avec les idées qui devaient exprimer les fables attachées à ces lieux, les anciens avaient placé le temple d'Apollon au pied des roches à pic appelées *les Brillantes* (*Phédriades*), qui réfléchissent encore aujourd'hui avec tant de puissance les flèches du dieu. Pour eux le dieu de la lumière et de la chaleur était le dieu des vers; ils lui avaient consacré une cime escarpée et presque inaccessible. La perfection de l'art est un sommet lumineux et ardent que nul sentier ne gravit, et auquel on ne s'élève que par l'essor d'un vol divin.

Au-dessus de l'emplacement de l'ancienne Delphes s'élève le *double sommet* si souvent invoqué par les poëtes. Il domine la grotte très-pittoresque d'où s'échappe la fontaine de Castalie. M. Urichs fait observer que certains poëtes latins, tels qu'Ovide et Lucain, qui n'étaient pas venus à Delphes, semblent croire que les deux sommets au pied desquels la ville était bâtie forment le point culminant du Parnasse, tandis que le Parnasse n'a réellement qu'une cime, et cela est vrai dans tous les sens, au moins du Parnasse antique.

Un soir, à Drachmani, me trouvant au pied du Parnasse et suivant de l'œil les vautours qui planaient sur les flancs, je vins à me rappeler ce vers fameux :

C'est en vain qu'au Parnasse un téméraire auteur...

Il me fallut un effort inouï de réflexion pour me convaincre que cette fière montagne qui se dressait là devant moi, baignant dans les teintes violettes du soir ses rochers ses sapins, ses abîmes, c'était le Parnasse de Boileau.

En revanche, le Parnasse tel qu'il était devant mes yeux, je le trouvais dans les poëtes anciens et surtout chez Euripide. En contemplant les rochers qui resplendissaient si vivement au soleil du Midi, je n'estimais pas trop forte l'expression du poëte dans les *Phéniciennes :* « O roche étincelante de feu ! ô splendeur à double sommet ! »

(J.-J. Ampère, *la Poésie grecque en Grèce.*)

.... La route du monastère de Saint-Luc à Delphes tourne le long des flancs du Kirphis ou Xero-Vouni, dans ses embranchements avec le Parnasse ou Liakoura. Une demi-heure après avoir monté, on rencontre une petite chapelle située, de la manière la plus délicieuse, tout auprès d'une fontaine d'eau vive ombragée de platanes. Il y avait probablement là autrefois une station religieuse pour les pèlerins qui se rendaient à Delphes, car le chemin semble suivre la route antique. Une fois qu'on a tourné ces ravins de la chaîne du Kirphis on aperçoit l'entrée de la gorge profonde qui dominait la vieille Delphes. Tout à l'entrée de cette gorge, bien haut dans la montagne, sur les dernières limites du terrain cultivé et au pied de ces cônes de neige qui donnent une physionomie imposante au front sourcilleux du Liakoura, apparaît comme une vigie attentive, le bourg d'Arachova. Quelques noires forêts de pins semblent posées auprès du rivage de cette sorte de glacier comme une digue destinée à arrêter l'invasion des neiges. A l'autre extrémité de cette gorge, bien haut aussi, au pied de rochers de porphyre, est le village de Castri, bâti sur les ruines de Delphes.

Il faut encore deux heures d'une bonne marche de

cheval pour tourner toutes les collines et les remonter jusqu'à Castri, que l'on conserve presque toujours en vue; mais à mesure qu'on s'en approche la vue devient à chaque pas plus belle. Dans les parties inférieures des collines on traverse de courtes vallées bien plantées et bien arrosées en suivant de l'œil la fraîche vallée du Plistus. Dès qu'on est parvenu sur le haut des collines, on aperçoit la baie de Salona, le golfe de Corinthe et, dans le lointain, les montagnes du Péloponnèse. En se rapprochant un peu plus, la mer se dérobe derrière les cimes du Kirphis et on se trouve dans une enceinte de hautes montagnes et comme isolé du reste du monde. Ce devait être un beau spectacle que d'apercevoir de là, aux jours solennels, les processions antiques se déployer à la fois des deux côtés opposés, arrivant par mer à Crissa et par terre du côté d'Arachova. Dès les premiers pas sur ce sol sacré on passe à travers des tombeaux. Les uns avaient été érigés sur cette partie de la route, comme un chrétien des anciens jours eût fait ériger le sien près de Jérusalem ou dans la vallée de Josaphat; les autres ont été entraînés dans la chute des rochers supérieurs, dont les énormes fragments gisent dispersés alentour. Il n'a pas fallu moins, pour les précipiter, qu'un des violents tremblements de terre si fréquents ici.

Les tombeaux vont toujours se continuant jusqu'au monastère de Saint-Elie. A quelques pas du monastère coule une petite rivière qui sort de la fontaine Castalie, placée un peu plus au-dessus, à droite de la route. Un torrent descend du Parnasse par une fissure entre deux pics escarpés, le pic Nauplia et celui d'Hyampeia, d'où fut, dit-on, précipité le fabuliste Ésope par les habitants de Delphes. Parvenu à l'extrémité de cette fissure étroite, le torrent est recueilli dans un court passage voûté et s'écoule dans un bassin carré, creusé par la nature même dans le rocher, mais agrandi un peu de main d'homme.

Ce bassin, qui a environ 30 pieds de longueur sur 10 de largeur, renferme la célèbre fontaine de Castalie. Au-dessous de la fontaine, sur le flanc d'un rocher d'une hauteur perpendiculaire de plus de 100 pieds, sont creusées trois niches. Celle du milieu, qui est la plus grande, renfermait probablement une statue d'Apollon, et les deux autres les statues du dieu Pan et de la nymphe Castalie. Une quatrième niche, placée à droite, et fermée par une petite enceinte de murs est transformée en une chapelle dédiée à saint Jean, qui aura sans doute succédé à l'*Héroüm*[1] consacré à Antinoüs. La religion chrétienne a par toute la Grèce établi ses autels sur les lieux mêmes sanctifiés par le respect antique, et le sentiment religieux du nouveau culte s'est trouvé fortifié du respect religieux longtemps porté au culte ancien. Assise sur une roche au murmure de ce torrent, au bord de la fontaine Castalie, que deux rochers formidables resserrent d'un côté, tandis que l'autre s'ouvre sur une vallée profonde, véritable solitude fermée de tous côtés par des montagnes, je pouvais concevoir sans peine l'impression du respect religieux qui devait saisir l'imagination des visiteurs et les disposer à recevoir les décisions de l'oracle.

(J.-A. Buchon, *la Grèce continentale et la Morée.*)

[1] Petit temple élevé par les Grecs en l'honneur des héros déifiés.

II

LE PIC D'ADAM

Le pied du Bouddha. — Vertige. — Cérémonies religieuses. — Les pèlerins.

Le pic d'Adam est situé dans l'intérieur de l'île de Ceylan, à environ 15 lieues de la rade de Colombo. Sa forme caractéristique le fait aisément reconnaître. C'est un pèlerinage sacré et méritoire que de gravir ce cône escarpé, élevé au-dessus du niveau de la mer de 2,420 mètres; au terme de l'ascension se trouve l'empreinte du pied du Bouddha, qui, suivant les livres bouddhistes, avant de monter au ciel, jeta, du sommet de cette montagne, un dernier salut aux humains, et marqua son dernier pas sur la terre d'une trace ineffaçable. Mais les musulmans, qui, longtemps avant nous, trafiquèrent dans l'Inde, ont changé les personnages de cette fable, et du pied du Bouddha, ils ont fait celui du premier père, Adam; ils ajoutent qu'avant de monter en paradis, Adam demeura sur cette cime à pleurer ses péchés jusqu'à ce que Dieu lui en eût fait remise.

Le pèlerinage ne peut avoir lieu que pendant la saison sèche, de janvier en avril. L'ascension est difficile, fatigante et périlleuse ; ce qui n'empêche pas que des milliers de Chingalais, vieillards, femmes et enfants, ne viennent faire leurs dévotions devant l'empreinte sacrée. Le roc, en certains endroits, est tellement à pic, qu'on ne pourrait le gravir sans l'aide des chaînes de fer qui y sont attachées. La partie inférieure s'avance parfois au-dessus de la base de la montagne, et l'œil du voyageur aperçoit la vallée au-dessous de lui à plusieurs milliers de pieds. Il arrive fréquemment à quelque malheureux suspendu sur ce précipice d'être saisi de vertiges, de perdre la tête et de lâcher la chaîne; il tombe et se brise en pièces.

Le sommet du mont est terminé par une plate-forme de 70 pieds de long sur 22 de large, entourée d'une petite muraille de pierre haute de 5 pieds; le point culminant de cet enclos est un rocher situé au milieu, et dépassant de 6 à 7 pieds le sol environnant; c'est là qu'est le pas sacré, *Çri-Pada*, objet de la vénération des sectateurs du Bouddha. L'empreinte est profonde, longue d'environ 5 pieds sur 2 1/2 de large; elle est ornée d'un rebord en cuivre enrichi de pierreries, et surmontée d'un toit tendu d'étoffes de couleur; tout le rocher est couvert de fleurs qui lui donnent un air de fête.

Un peu plus bas que l'empreinte, sur le même rocher, il y a une niche en maçonnerie dédiée à *Samen*, divinité gardienne de la montagne; dans l'enclos, une petite hutte sert de demeure au prêtre officiant. Sur la partie est de la montagne, à côté du parapet, on admire un bosquet de rhododendrons que les naturels regardent comme sacré et comme ayant été planté par *Samen* aussitôt après le départ du Bouddha; ils ajoutent que cet arbuste ne se trouve en aucun autre point de l'île; mais Davy eut occasion de reconnaître qu'il est commun sur les plus hautes montagnes de l'intérieur de Ceylan.

Pendant que ce voyageur était sur le sommet du pic, il vit arriver une compagnie de pèlerins, hommes et

Le pic d'Adam.

femmes, parés de leurs plus beaux habits. Le prêtre, en robe jaune, debout devant l'empreinte sacrée, leur récita à haute voix, sentence par sentence, les articles de foi de leur religion et les devoirs qu'elle prescrit. Durant cette oraison ils étaient à genoux ou pieusement inclinés, les mains jointes.

Une scène d'épanchement et de tendresse suivit l'oraison; les femmes présentaient avec respect leurs hommages à leurs maris, les enfants à leurs pères, et les amis s'embrassèrent. Une vieille femme commença à faire ses saluts à un vénérable vieillard, en versant des larmes et se prosternant à ses pieds; puis d'autres personnes moins âgées l'imitèrent; enfin il se saluèrent tous les uns les autres, et échangèrent des feuilles de bétel. Le but de cette cérémonie est de resserrer les liens d'amitié et de famille.

Nous ajouterons à cette notice extraite d'une description de l'île de Ceylan par le major Davy, quelques détails empruntés à l'ouvrage du major Forbes, que son séjour de onze ans à Ceylan a mis à même de parcourir l'île en tous sens, et de la connaître sous tous les rapports.

En gravissant la montagne du côté de Katnapoura, on arrive, après quatre heures de marche, à Djillemallé; ensuite on monte encore pendant la distance de quatre milles et demi avant d'atteindre Palabadoulla, dernier point habité sur ce versant; au-dessus, le chemin commence à devenir très-dangereux, surtout à cause des précipices que le feuillage épais et les troncs d'arbres cachent souvent aux regards des voyageurs. La différence de la température est très-sensible; la route n'est plus formée que par des lits de torrents à sec; dans la saison des pluies (avril et mai) lorsque les torrents descendent des montagnes, un grand nombre de pèlerins, ne pouvant plus ni avancer ni reculer, ni trouver de refuge, périssent misérablement. A quatre milles de Palabadoulla, à peu près à la même distance du pic, est situé Diabetmé. A cet endroit on jouit d'une vue magnifique; les trois quarts d'un vaste cercle présentent à l'œil du voyageur toutes les variétés et toutes les teintes du plus riche paysage. Aux arbres d'un beau feuillage vert qui dominent dans cette immense forêt se mêlent des arbrisseaux aux teintes rougeâtres, brunes, vert clair et vert pâle. A l'est se dresse le pic Samanala (pic d'Adam), et c'est à peine si à cette distance on peut encore distinguer le petit temple qui en couronne le sommet. On s'arrête à Diabetmé pour reprendre haleine, et en montant toujours on arrive au torrent appelé *Sitaganga* (rivière froide), où les pèlerins se baignent, plongent, font leurs ablutions et changent leurs vêtements de voyage pour en revêtir de plus beaux en l'honneur du saint dont ils vont honorer le monument. Plus loin, on passe sous un roc nommé Diviyagalla où l'on fait voir l'empreinte du pied d'un tigre d'énorme grandeur, qui est le héros d'une légende. A un mille de là, on voit le tombeau d'un saint mahométan. La pente devient ensuite plus rapide; deux ou trois chaînes en fer, scellées aux rochers ou aux gros arbres, aident le voyageur fatigué à gravir le sommet que des arbres touffus dérobaient quelques instants auparavant à ses yeux.

Au centre est un bloc de granit, haut de neuf mètres, sur lequel se trouve l'empreinte sacrée. Les bouddhistes revendiquent ce monument en l'honneur de Gautama Bouddha, le fondateur du culte le plus répandu sur la terre. Les légendes ayant cours dans l'île de Ceylan attribuent l'empreinte aux quatre différents Bouddhas ou sages qui auraient successivement choisi pour le lieu de leurs pieuses méditations un point de la terre si propre à élever la pensée au-dessus des choses de ce monde. Parmi ces

Bouddhas il y en eut un, Samana (Lachmana), frère et compagnon de Râma, héros indien, fameux par son expédition dans l'île de Ceylan; et c'est de lui que le pic a reçu le nom de Samanala. Dans cette hypothèse, le Gautama Bouddha n'y serait venu qu'après les trois autres.

(*Magasin pittoresque.*)

IV

ASCENSION DE L'ELBROUZ

Ton crime divin fut d'être bon, de diminuer par tes leçons la somm des misères humaines, d'apprendre à l'homme comment on puise des forces dans son âme. Bien que le ciel ait arrêté ton œuvre, tu nous as légué ce grand enseignement dans ton énergie patiente et la résistance de ton esprit invincible ; tu es pour les mortels le signe de leur puissance et de leur destin. Comme toi, l'homme est en partie divin, onde trouble dont la source est si pure !... A tous les maux l'âme humaine peut opposer une conscience intime et profonde, qui dans les tortures la récompense ; elle peut défier les triomphes et faire de la mort une victoire.

BYRON, *Prométhée.*

Chaîne du Caucase. — Prométhée. — Légende. — Ascension.

.... La brume qui, depuis notre départ d'Odessa, n'avait cessé de jeter un voile épais sur l'horizon, s'étant dissipée, nous découvrîmes de Yékateinograd toute la chaîne du Caucase. Je ne sais comment décrire l'impression que ce magnifique spectacle me fit éprouver.

Ce boulevard de la nature entre les nations de l'Europe et de l'Asie forme à la vue deux suites de montagnes parallèles ; la plus haute, au sud, est désignée par les Tscherkesses sous le Tom de *Kourdj*, dénomination qui embrasse toute leur étendue depuis le Mquinwari ou le

Kasbek des Russes jusqu'à l'Elbrouz, connu également des géographes sous le nom tartare de *Minghitaw*. Cette montagne majestueuse[1], encore couverte des premières neiges, semblait à elle seule un monde de montagnes; sa tête blanche et radieuse s'élevait dans les cieux, tandis que les sommets pâles et innombrables des montagnes qui l'entourent s'étendaient à l'horizon en se perdant au milieu de l'immensité des nuages.

Des masses énormes et grossières de rochers noirs composent, au nord, la chaîne la plus basse, nommée communément en tscherkesse *Kouch'ha*. Leurs fronts obscurs, faisant ressortir la blancheur éblouissante des sommets qui les dominent, formaient, avec ces derniers, un contraste admirable.

L'Elbrouz, sur lequel la mythologie attache Prométhée et que les Tscherkesses appellent *Ouach'hamaka*, montagne miraculeuse ou sainte, parce que, suivant leurs traditions, ce fut sur sa cime que l'arche de Noé s'arrêta d'abord pour être ensuite poussée sur l'Ararat, a conservé une partie de ses titres fabuleux. Les montagnards prétendent qu'elle est fréquentée par des esprits malins et des démons. Ils racontent également que l'on voit encore sur le sommet le moins élevé de l'Elbrouz les os d'un énorme géant que la colère divine a condamné à y être éternellement exposé.

La tradition, tout absurde qu'elle paraisse, servit, en 1817, de prétexte au général-major, prince Eristow, pour pénétrer dans l'intérieur de la première chaîne beaucoup plus avant qu'on ne l'avait fait jusqu'alors. Il entreprit cette expédition avec deux cents hommes et une pièce d'artillerie légère; mais il avait sans doute mal choisi son temps pour voir les restes du colosse, car, à peine

[1] La hauteur de l'Elbrouz, suivant les observations de M. Wichnewsky, est de 16,700 pieds.

avancé dans les sinuosités de la montagne, un vent de nord-est en arracha avec furie une terrible avalanche, qui engloutit tout le détachement, lui et deux ou trois soldats exceptés. Les montagnards, qui n'avaient toléré cette expédition que dans la persuasion qu'elle avait pour but de donner une sépulture charitable au géant, considérèrent cet accident comme une vengeance des esprits chargés de conserver ses mystérieuses reliques, comme une preuve que la sentence qui les condamnait à blanchir à jamais sur ces rochers ne pouvait être révoquée.

De toutes ces traditions, il était resté parmi les Tscherkesses cette conviction que l'on ne pouvait arriver à la cime de l'Elbrouz sans une permission particulière de Dieu. Cependant une nouvelle expédition, entreprise depuis, dans le cours de l'année 1829, sous le commandement du général Emmanuel, est venue leur montrer la puissance de la volonté humaine.

Composée d'une commission d'académiciens, dirigée par M. Kuppfer et protégée par une escorte de 600 hommes d'infanterie, de 350 cosaques et de deux pièces de canons, l'expédition, dont je me plais à constater ici les résultats intéressants, partit, le 18 juin, des eaux thermales de Konstantinogorsk, et arriva au pied de l'Elbrouz le 8 juillet, sans avoir rencontré d'autres difficultés que l'escarpement des montées et des descentes, et le peu de largeur des sentiers tracés le long des flancs des montagnes.

Favorisés par un beau temps, les académiciens commencèrent, le 9, l'exécution de leur entreprise, escortés de quelques Tscherkesses et de volontaires; dans cette première journée, ils n'atteignirent que la limite des neiges. Le 10, à trois heures du matin, ils continuèrent leur ascension; mais, vers les neuf heures, la neige fondant et s'enfonçant sous leurs pas, ils s'arrêtèrent après avoir gravi plus de la moitié de la montagne. Les spectateurs croyaient

L'Elbrouz.

déjà que le but principal de l'expédition était manqué, lorsqu'une heure après, un seul homme parut au delà des rochers derrière lesquels se tenaient les membres de la commission scientifique. Il s'avança d'un pas ferme et mesuré vers la cime de l'Elbrouz, qu'il atteignit à la onzième heure du jour. Ce hardi voyageur, que l'on avait pris d'abord pour un des académiciens, était simplement un Tscherkesse contrefait et boiteux.

(Ch. Bélanger, *Voyage aux Indes par le nord de l'Europe.*)

V

ASCENSION DE L'ARARAT

Première tentative. — Arrivée au sommet. — Traces volcaniques. — Noé — Expédition scientifique. — Halte de nuit. — Violent orage. — Campement. — Cime du grand Ararat.

... Le 23 avril, de grand matin, nous partîmes d'Ouchagan; nous descendîmes l'escarpement d'un ravin au fond duquel coule l'Asterek, que nous traversâmes sur un pont remarquable par l'élégance de son architecture. Ensuite il fallut remonter un chemin très-rapide, tracé sur des rochers volcaniques, qui me parurent avoir fourni les matériaux du pont. On ne peut se faire aucune idée des difficultés que nos chevaux éprouvèrent à gravir cette montée: vingt fois le mien fut près de s'abattre et de m'entraîner dans la rivière. Enfin, nous parvînmes au sommet sans accident et nous nous trouvâmes dans une plaine couverte de débris volcaniques, d'armoise et d'euphorbe. De cette plaine nous apercevions très-distinctement les cimes neigeuses de l'Ararat, que son extrême élévation semblait rapprocher de nous, bien qu'il fût encore à plus de douze lieues de la route. Ce colosse de l'Arménie se présente sous la forme de deux pyramides; l'une, moins élevée, se termine en cône aigu ; l'autre, tronquée au sommet, offre l'aspect d'un cratère éteint.

Les géographes sont restés partagés d'opinion sur la hauteur de ce mont célèbre, jusqu'en 1829, époque à laquelle M. le professeur Parrot, de Dorpat, a résolu cette question. Dès que l'Ararat eut été conquis par les armes russes, M. Parrot forma le projet de faire à ses propres frais une visite à cette montagne célèbre, consacrée par nos livres saints comme le second berceau de l'humanité. C'est au milieu de mars 1829 qu'eut lieu son départ. Laissons parler le voyageur lui-même dans les lettres adressées à son père :

« Couvent Saint-Grégoire, sur le penchant inférieur de l'Ararat, 22 septembre 1829.

« Nous partîmes le 1er septembre de Tiflis; nous arrivâmes, toujours en nivelant notre route, au monastère d'Etchmiadzin le 8 de ce mois. Nous partîmes le 10 ; nous traversâmes l'Aras, couchâmes, la nuit, en plein air, et arrivâmes le 11 au soir ici.

« A notre première tentative d'ascension de l'Ararat, faite à l'est de la montagne, nous arrivâmes à 2,166 toises au-dessus du niveau de l'Océan; mais, parvenus à cette hauteur, nous vîmes évidemment qu'il serait impossible d'atteindre le sommet de ce côté, à raison de la roideur de la pente de glace que nous avions à parcourir. Je suivis en conséquence, quelques jours plus tard, le conseil d'un paysan, de faire un essai du côté N. O., accompagné de MM. Behagel et Shleman, élèves de l'université, du brave diacre Abojan, de deux soldats d'infanterie, d'un cosaque et de cinq habitants du village. Nous atteignîmes, le premier jour, la limite des neiges permanentes, où nous passâmes la nuit auprès d'un feu de bivouac. Nous partîmes, au point du jour, pour le sommet, espérant l'atteindre vers midi ; mais à cette heure, nous n'étions parvenus qu'à la hauteur de 2,400 toises. Comme il me paraissait que nous avions encore une hauteur de plus de 300 toises à gravir par une marche toujours ralentie, et de plus, voyant des nuages et des brumes s'avancer vers la montagne, et qui, vers le soir, la couvrirent de neige, je me trouvai forcé de redescendre. »

. . . .

« Couvent Saint-Grégoire, 28 septembre.

« Je me hâte de t'annoncer que l'ascension complète de l'Ararat m'a réussi. C'était la troisième tentative, que j'entrepris le 25 de ce mois, accompagné du robuste et intrépide Abojan, de cinq paysans et de deux soldats russes. Nous arrivâmes le 27 à trois heures après midi à la cime. Les difficultés étaient nombreuses, et je dois peut-être le succès entier à l'ardeur des deux soldats et d'un des cinq paysans, les quatre autres n'ayant pu nous suivre. Dès le premier pas que nous fîmes sur la neige glacée jusqu'au sommet, nous dûmes nous former, pas à pas, à la hache, des marches pour y asseoir le pied, lesquelles nous furent bien plus nécessaires pour la descente que pour la montée ; car le coup d'œil, plongeant de cette hauteur sur ces surfaces immenses et escarpées de glaces luisantes, entrecoupées de précipices profonds et obscurs, a réellement quelque chose d'imposant, même pour celui qui est aguerri à ces entreprises. Cette fois-ci, comme à la seconde tentative, le temps nous favorisa complétement. Nous avons passé la nuit au milieu de ces frimas, dans une atmosphère si tranquille et si sereine, que je sentais à peine le froid, qui est extrêmement sensible à ces grandes hauteurs. La lune même prit soin de guider nos pas incertains sur le cône de glace, lorsque, après le coucher du soleil, je me trouvais encore bien au-dessus de la région des neiges permanentes. Le baromètre donnait environ 2,700 toises pour la hauteur au-dessus du niveau de l'Océan. »

Quoique M. Parrot n'ait pas trouvé de cratère de forme ordinaire, et qu'il soit difficile de prendre pour tel une énorme crevasse qui coupe la montagne au côté nord-ouest, on ne peut douter de son origine volcanique. De toute part, depuis la ligne des neiges jusqu'à douze lieues à la ronde, l'Ararat et la plaine n'offrent à l'œil que des laves. Ce fait, et la situation à une égale distance de la mer Noire et de la mer Caspienne, doivent le faire considérer comme un volcan méditerranéen, l'un des plus anciens et des plus considérables de l'Asie.

Partout, dans cette contrée, et principalement aux environs de l'Ararat, les noms d'une multitude d'endroits font allusion au passage de Noé. Ainsi, selon les habitants, le nom de la petite province d'*Arnoïodh*, située à l'orient de l'Ararat, a pour étymologie des mots dont le sens est : *auprès du pied de Noé*. Ils supposent que le patriarche s'arrêta dans ce canton. Le nom d'*Agorhi*, bourg de la même province, est selon eux dérivé des mots, *il sema la vigne*, parce qu'en descendant de l'Ararat Noé y planta un cep.

(Ch. Bélanger, *Voyage aux Indes*).

Depuis qu'en l'année 3160 du monde, la famille du patriarche rénovateur du genre humain foula le sommet de l'Ararat et le sanctifia par le premier holocauste, offert en reconnaissance de sa merveilleuse conservation, l'histoire des siècles passés ne nous a transmis le souvenir d'aucun effort fait par les hommes pour s'élever vers le berceau de leurs aïeux. Je me trompe, une tradition légendaire, respectable comme tout ce qui porte le cachet de l'antiquité, raconte qu'aux premiers siècles, après l'introduction du christianisme en Arménie, un pauvre moine essaya par trois fois d'aller prier sur le mont sacré, fut trois fois reporté par les anges à son point de départ, et reçut l'ordre de bâtir là une chapelle détruite avec le village d'Agorhi, lors de la catastrophe du 20 juin 1840.

Depuis lors, les populations chrétiennes de ces contrées commencèrent à regarder comme impie, comme impossible, toute tentative ayant pour but ce que les anges avaient, dit-on, expressément défendu de réitérer. *Impie :* ni la Bible, ni l'Évangile, ni aucune décision dogmatique des Pères, ne l'ont proclamé ; *impossible :* la raison ni la science, la théorie ni l'observation des faits, n'admettent ici une semblable qualification. Rien de logique, de rationnel, n'est *absolument* inaccessible à l'intelligence de l'homme, parce qu'elle tient de l'infini : ce que nous appelons impossibilité n'est que *relatif* à des circonstances de temps, de lieu, de personnes, circonstances qui varient, se déplacent et reculent, chaque jour et sous nos yeux. Est-ce à dire que nous prétendions déifier l'âme humaine? Non, nous savons que la verge ne s'élèvera point contre la main qui la tient, ni l'argile contre les doigts qui la façonnent ; mais nous savons aussi que la création entière est livrée à nos explorations et à nos besoins. C'est ainsi, pour citer quelques exemples, que de puissants calculs nous ont conquis naguère les sphères célestes les plus reculées ; que les mystères des hiéroglyphes et des étranges écritures de la Babylonie ont été percés et éclaircis dans la première moitié de ce siècle, qu'aujourd'hui le monde civilisé jouit avec reconnaissance des merveilles de la vapeur et de l'électricité : merveilles que repoussait encore unanimement la génération précédente.

Les hauteurs ont un immense attrait pour l'homme ; les obstacles qui les défendent contre son audace ne font que stimuler et redoubler son ardeur. Sur une frêle nacelle, jouet de courants invisibles, il faut qu'il aille étudier, au sein des nuages, les phénomènes atmosphériques, agents puissants de la vie et de la destruction. Maintenant, il est vrai, il est encore entraîné au hasard par une force qui le domine : mais le temps viendra où cette force rebelle aura cédé et subi l'ascendant d'une savante industrie.

A l'heure qu'il est, les plus hautes cimes du monde connu ont reçu l'empreinte des pas de l'homme. Le Chimborazo, l'Himalaya, le mont Perdu, la Jungfrau, le mont Blanc, rappellent l'audace heureuse des Humboldt, des Ramon, des Saussure. Dans le Caucase, à côté des noms illustres à d'autres titres du général Emmanuel, du maréchal Paskévitch et du prince Woronzoff, la science signalera ceux de MM. Kupffer et Lenz, Parrot, Kolinati et Abich, que d'extrêmes difficultés n'ont pas empêchés d'aller exécuter leurs opérations scientifiques sur l'Elbrouz, sur le Kazbek et sur l'Ararat.

Pour ne parler que cette dernière montagne, elle occupe la seconde place dans l'ordre de hauteur, dans toute la lieutenance du Caucase, car elle s'élève à 16,953 pieds anglais ; l'Elbrouz à 18,493, et le Kazbek à 16,525 pieds. Tournefort, au dix-huitième siècle, ne put arriver qu'aux deux tiers de l'Ararat. M. Parrot, professeur de Dorpat, en gravit les pentes sans succès, les 12 et 18 septembre 1829, et en atteignit enfin le pic le plus élevé, le 27 septembre de la même année.

Aujourd'hui soixante personnes ont concouru à l'expédition, conçue sur un vaste plan ayant pour but, ainsi que

M. Abich en avait exprimé le désir après son ascension, de s'établir pour un plus long temps à la cime de l'Ararat, afin d'y exécuter les opérations les plus délicates de la science moderne, au moyen d'instruments de précision. Voici la relation officielle et sommaire de cette savante campagne.

« Un projet spécial approuvé par le commandant en chef du corps du Caucase, avait arrêté d'avance l'ensemble des travaux qui devaient être exécutés dans le courant de l'année 1850, sur le territoire de Transcaucasie. Conformément à ce projet, il fut décidé d'effectuer l'ascension du grand Ararat.....

« Le 29 juillet, on alla camper sur le grand Ararat, à 7 verstes de distance de la source de *Sardar-Boulak*, et à proximité de la région des neiges, dont les limites s'étaient singulièrement abaissées cette année. Après avoir reçu un dernier transport de charbon et de vivres, le colonel Khodzko se décida à commencer sa marche le 1er août.

« La journée s'étant annoncée par un temps magnifique, on procéda sans retard à l'emballage des instruments. Les bagages des personnes qui devaient prendre part à l'ascension furent chargés à dos de cheval, et le camp levé à six heures du matin. Au début, les bêtes de somme avancèrent sans peine sur la neige qui couvrait le sol; mais bientôt l'escarpement extraordinaire des pentes les fit broncher et s'abattre sous leurs charges, de manière que l'on se vit obligé de les abandonner. Les effets furent aussitôt passés sur quatre traîneaux préparés à l'avance dans la prévision de l'incident. Les soldats du détachement s'y attelèrent et se mirent à les tirer à bras. Ils continuèrent ainsi leur route, en s'égayant mutuellement et s'excitant à la besogne.

« Le colonel Khodzko, malgré les difficultés de la situation, se tenait constamment auprès des traîneaux, tandis

Le mont Ararat.

que les membres inoccupés de l'expédition cotoyaient les rochers qui bordent la gauche du ravin, dont on suivait la direction. En tête de la colonne marchait un nommé Simon, Arménien, qui, en 1845, avait servi de guide à M. Abich. Il portait une croix qu'on se proposait d'arborer au sommet de l'Ararat.

« Souvent contraint à des retards forcés par la lenteur avec laquelle s'opérait le transport des bagages, le détachement parvint cependant, vers les deux heures de l'après-midi, à la première brèche qu'offre de ce côté la crête rocailleuse de la montagne. A trois heures, il franchit le ravin en se portant sur sa droite, où il fut rejoint par M. Khodzko. Il atteignit encore au delà, et fit halte sous l'énorme rocher de *Taset-Kelessi* qui constitue en quelque sorte le gradin inférieur de la cime. Ici, la déclivité prononcée du sol, et le peu de place qui s'y trouvait à l'abri des neiges, rendirent l'établissement d'un camp fort malaisé. Néanmoins, grâce au zèle des soldats, le terrain fut déblayé, et la petite troupe put disposer sa couchée. Elle attendit le lever du soleil avec d'autant plus d'impatience, que des nuages s'étaient amoncelés à l'entour du sommet et des arêtes aiguës du *Taset-Kelessi*, et que le bruit du tonnerre, joint à la lueur des éclairs, troublait incessamment le repos de la nuit.

« Le 2 août, à six heures du matin, le détachement se remit en mouvement ; mais les obstacles se multipliaient sous ses pas. Il gagna la crête rocheuse qui longe la gauche du ravin, et s'éleva peu à peu aux régions supérieures. Le ciel, assez pur au matin, se couvrit de nuages ; vers midi, il survint un vent d'ouest qui suscita des tourbillons de neige glacée et de grésil. Cette intempérie obligea le colonel Khodzko a faire débarrasser les traîneaux de tout ce qu'ils contenaient, à l'exception seulement des instruments. Les cosaques employés alors au service du transport, stimulés par l'exemple de leur chef, n'en reprirent pas moins gaiement leur pénible tâche, avec l'audace, l'insouciance et l'énergie qui caractérisent le soldat russe.

« Vers une heure, ils parvinrent à l'extrémité nord-est de la chaîne de rochers, qui plus loin se perd dans un terrain composé de menus débris pierreux et traversé de côté et d'autre par des couches de neige et de glace. Cette localité s'étend jusqu'au pied du dernier escarpement de la cime, près duquel fut retrouvée, debout et fortement attachée au sol, la croix qu'avait plantée, en 1845, l'un des serviteurs de M. Abich. Sur ce point, les voyageurs firent une courte halte, dans l'espérance que la tempête se calmerait. Leur attente fut vaine. Comme, à deux heures et demie, le vent augmenta de violence, et que, de plus, un gros brouillard enveloppa, en s'épaississant, le sommet de la montagne, ils résolurent de pousser en avant afin de se mettre à couvert parmi les rochers de l'escarpement contre l'orage qui se préparait. Ils gravirent la pente jusqu'à moitié de sa hauteur, mais, arrivés là, ils se convainquirent de l'impossibilité de passer outre le même jour. Les hommes de l'expédition étaient harassés et transis ; la neige leur fouettait le visage et les aveuglait ; enfin des coups de vent contiuuels gênaient le passage des traîneaux alourdis par les instruments. Trouver un refuge semblait difficile. Les roches abruptes s'entassaient à des intervalles si rapprochés, que nulle part elles n'offraient de recoin assez spacieux pour s'y établir. M. Khodzko se décida, faute de mieux, à congédier, à cinq heures, une partie de ses gens, auxquels il enjoignit de retourner au camp de *Taset-Kelessi*, où l'on avait, par précaution, laissé une tente. Puis, avec tous les officiers du détachement et deux soldats, il occupa, lui sixième, un petit plateau ouvert à tous les vents. On fit quelques préparatifs pour la nuit. Le colonel et ses compagnons se pelotonnèrent tant bien que mal les uns près des autres, et se couvrirent d'un tapis et d'une peau qui servait à garantir les instruments de la pluie. Il se résignèrent à garder cette singulière position jusqu'au lendemain.

« Cependant la fureur du vent croissait toujours. Déchirant parfois l'épais manteau de nuages qui ceignait de toutes parts la montagne, il découvrait subitement à la pâle clarté de la lune, tantôt un coin de la vallée de l'Araxe, ou les contours du petit Ararat, dont la cime s'abaissait déjà sous les pieds des spectateurs, tantôt les sombres précipices qui environnaient leur asile inhospitalier, situé à une hauteur beaucoup plus considérable que celle du mont Blanc. Pour comble du contre-temps, sur les dix heures du soir, éclata un violent orage. Par la vivacité des éclairs et la force du tonnerre, les voyageurs acquirent bientôt la certitude de se trouver pris au sein même des nuées électriques. A chaque explosion, l'électricité ne brillait point dans les airs en zigzag, comme à l'ordinaire, mais emplissait instantanément l'espace d'une lueur éblouissante, nuancée de reflets verts, rouges et blancs. Les coups de tonnerre suivaient presque immédiatement le passage des éclairs ; leurs puissants roulements étaient longtemps et distinctement répétés par les échos des innombrables gorges de la montagne. Vers minuit, l'orage s'apaisa, mais la neige continua de tomber par flocons. Ceux d'entre les voyageurs qui n'avaient pas changé de place en furent recouverts à une épaisseur de 3 à 4 pouces. Enfin le jour vint à poindre : il ne répondit pas au gré de leur désir. Les cimes s'étaient bien dégagées de leur enveloppe nébuleuse, mais, en revanche, les flancs du petit Ararat, et toute la région basse accessible à l'œil, disparaissaient sous un rideau impénétrable de nuages, qui, vus d'en haut, ressemblaient à une mer ondoyante et glacée. A mesure que le soleil montait à l'horizon, il se dégageait de ce milieu des vapeurs, légères au commencement et pareilles à des fumées, mais qui plus tard se condensèrent en brouillards épais et neigeux. Vers trois heures, le ciel s'éclaircit un peu, le vent ne perdant rien de son impétuosité. La situation de la troupe devint tellement insupportable qu'on résolut de continuer l'ascension, dans l'espoir de découvrir, au delà des rochers, un terrain uni qu'on savait être contigu au sommet.

« A quatre heures, les voyageurs quittèrent leur halte, mais ce ne fut qu'après avoir dépassé une troisième chaîne de rochers qu'ils débouchèrent sur le plateau en question. Ce dernier présente une pente inclinée de 50 degrés au moins. Il est jonché de pyrites peu volumineuses, qui exhalaient une forte odeur de soufre. A droite s'étend le ravin qui touche au *Taset-Kelessi* et aboutit à la cime ; sur la gauche il en apparaît un autre, attenant au glacier de *Makinsk* et tout aussi rude et escarpé que le premier. Parvenue au centre du plateau, la troupe fut forcée de s'arrêter à 900 pas seulement du sommet, la fatigue et le vent lui interdisant tout mouvement ultérieur. Après des efforts incroyables on parvint à fixer deux tentes, sur un terrain moins incliné qu'ailleurs ; il offrait cependant une pente de 30 degrés, et même de 40 à l'endroit où campaient les gens. Le détachement conserva ce poste pendant trois nuits et deux jours, du 3 au 5 août, dans le courant desquels le vent, accompagné de neige, de grésil et de grêle, se soutint presque sans interruption.

« Le coucher du soleil, au 5 août, fit prévoir le terme de l'orage. En effet, le 6, dès le matin, le vent s'affaissa complétement ; toutes les gorges du grand et du petit Ararat s'éclaircirent, et il ne resta plus à l'horizon qu'une mince rangée de nuages, qui couronnèrent les cimes lointaines du Karabagh et les gigantesques terrasses du Savalan, dont la silhouette se dessinait distinctement à l'est.

« M. Khodzko résolut d'employer la matinée à l'exploration des sommets, ainsi qu'à la recherche d'un emplacement avantageux pour l'établissement de ses instruments et de son camp. A huit heures trois quarts, il se mit en marche avec les Cosaques, et un quart d'heure plus tard il prit pied sur la plate-forme supérieure de la montagne. Trois hauteurs la dominent. Sur deux d'entre elles on aperçut des éminences pyramidales, formées de débris pierreux et surmontées de pieux indicateurs; elles avaient été érigées par quelques soldats, qui, un mois auparavant, avaient entrepris volontairement l'ascension de l'Ararat. Les voyageurs gravirent rapidement le sommet le plus rapproché, et franchirent ensuite le second, qu'avait visité Abich en 1845. Mais grande fut leur surprise, lorsque, parvenus à la cime du rocher, ils virent se dresser devant eux un troisième sommet, incomparablement plus élevé que les deux autres, et séparé de ceux-ci par une large excavation. Les bords escarpés de cet enfoncement, qui descendaient à pic, rendirent le passage difficile. Néanmoins cet obstacle fut vaincu avec le secours des soldats, et à dix heures du matin (c'était le jour de la Transfiguration) M. Khodzko et ses compagnons s'installèrent sur le point culminant du grand Ararat.

« On procéda tout d'abord à l'érection de la croix. Dans l'absence du guide Simon, elle avait été confiée au Cosaque Dokhnoff. Arrivé au lieu indiqué, cet homme tomba à genoux, se prosterna devant le signe du Rédempteur, et se mit aussitôt à l'œuvre pour le fixer dans le sol. Cela fait, les assistants se groupèrent autour du symbole de la domination chrétienne, qu'ils venaient d'arborer sur la cime du mont biblique, et terminèrent par une fervente prière la cérémonie, à laquelle fut présent un musulman, Noourouz-Ali, sujet persan, venu le jour même du camp inférieur. Le colonel Khodzko disposa ensuite le départ, dans l'appréhension que le vent, qui surgissait derechef vec violence, ne rendit trop périlleux le séjour de la montagne. La descente des hauteurs de l'Ararat exposa les hardis explorateurs à de graves dangers, surtout à cause de la pente rapide et glissante qui avoisine son sommet : au moindre faux pas ils risquaient d'être abîmés dans les neiges du ravin de *Taset-Kelessi ;* toujours, s'aidant du bâton ferré des Alpes, ils surent éviter les accidents, et regagnèrent leur gîte vers midi. »

(*Journal de Saint-Pétersbourg. — Nouvelles Annales des voyages*, rédigées par M. Vivien de Saint-Martin.)

VI

LE MONT SINAI

L'Horeb. — Couvent du Sinaï. — Le Buisson ardent. — Sommet consacré Péninsule sinaïtique.

.... 28 février..... A midi, nous arrivons au pied du groupe de rochers où se trouve le Sinaï. Ce nom est ordinairement employé pour désigner l'ensemble du massif, et celui d'Horeb pour désigner le pic où la loi fut donnée.

Après un peu de repos, nous nous dirigeons vers le couvent, dont l'aspect extérieur n'a rien de religieux. On n'a devant soi que des murailles crénelées, formant un carré irrégulier de 245 pieds de long sur 204 de large, et construit en blocs de granit hauts d'environ un demi-mètre, sur une largeur un peu plus grande. De petits bastions avertissent les bédouins qu'on pourrait au besoin repousser leur attaque avec de l'artillerie.

La grande porte du couvent est murée; on ne l'ouvre que lorsque le véritable supérieur, l'un des quatre archevêques indépendants de l'Église grecque, vient du Caire, à de longs intervalles, honorer les moines de sa visite.

Fondé, dit-on, l'an 527, par l'empereur Justinien et son épouse Théodose, sur l'emplacement d'une tour élevée par l'impératrice Hélène, ce monastère fut protégé, au siècle suivant, par Mahomet lui-même qui mêla une grande partie du christianisme à sa doctrine nouvelle. En 1403, un traité conclu entre l'ordre de Saint-Jean de Jérusalem et le soudan d'Égypte, mentionna parmi les droits à prélever sur les pèlerins de la terre sainte, ce qu'on pouvait percevoir sur les visiteurs du couvent du mont Sinaï. Vers cette époque, les bâtiments furent réparés et agrandis. Il y avait alors au Sinaï beaucoup d'autres monastères, « aimés de Dieu et dignes de tout honneur, » selon ce que dit l'empereur Marcien dans une lettre. Le général Kléber, lors de son passage, a fait relever quelques parties des murailles du couvent.

Nous sommes impatients de pénétrer à l'intérieur. Le long du mur pend une corde qui tombe d'une poterne. Notre guide s'appelle Mouça. Les bédouins et les voyageurs donnent toujours ce nom de Moïse au portier du couvent, quel qu'il soit.

Un moine paraît au haut de la poterne ; nous attachons à la corde notre lettre de recommandation. Après une demi-heure d'attente, on nous introduit, non plus comme on aurait fait autrefois, c'est-à-dire en nous hissant dans un anneau de corde ou dans un panier jusqu'à la poterne, mais par une petite porte de côté, basse et bardée de fer. L'appareil des verrous et des serrures est formidable. Ces précautions ne sont bonnes qu'à dissuader de pauvres bédouins de l'idée d'une invasion. Une douzaine de nos soldats prendraient d'assaut cette forteresse en un quart d'heure.

Le supérieur vient à notre rencontre, et se met à notre disposition pour tout ce qui peut nous être agréable : l'utile, nous l'avons sous la tente. Il nous conduit dans toutes les parties du couvent. Cet intérieur est un amas confus de constructions irrégulières, disposées sans ordre, sur les différents plans d'un terrain inégal et accidenté.

Le mont Sinaï.

A travers un labyrinthe de petits passages, de corridors, de cours, nous visitons des cellules communiquant avec des galeries extérieures en bois, des chambrettes modestement meublées et réservées aux étrangers, des celliers, des ateliers, de petites fabriques pour les choses nécessaires à l'existence des religieux et à l'entretien du couvent; la grande église dédiée à sainte Catherine, vingt-quatre chapelles, et, ce qui nous étonna le plus, une ancienne mosquée qui s'élève au milieu de l'enceinte; le supérieur nous dit qu'on l'a élevée pour l'usage des Arabes employés dans le couvent; probablement aussi ce fut une concession obligée à l'autorité musulmane ; c'est une sorte de palladium contre les tribus de la presqu'île sinaïtique. Extérieurement, l'église est plus que modeste; à l'intérieur elle est richement décorée. Elle est divisée en trois nefs, séparées par des colonnes de granit, qui supportent un plafond de bois peint et semé d'étoiles d'or. Le sanctuaire est fermé par une boiserie sculptée et dorée; l'autel, en marqueterie d'écaille et de nacre, est chargé d'œuvres d'orfévrerie offertes par de riches croyants; le siége de l'évêque est en bois sculpté et doré; le pavé est fait de marbre, de serpentin et de granit. Le supérieur nous fait remarquer quelques peintures byzantines, les médailles des fondateurs, Théodose et Hélène, à l'abside une mosaïque représentant Moïse, jeune, beau, imberbe, à genoux devant le buisson ardent, et, dans une autre scène, recevant des mains de Dieu les tables de la loi. La place même où était le buisson se trouve, dit-on, à gauche du maître-autel; on l'a enfermée dans une chapelle où l'on ne peut entrer qu'après avoir ôté ses chaussures; non, sans doute, comme on le répète souvent, par imitation d'une coutume musulmane, mais en mémoire de ces paroles du Seigneur à Moïse, lorsqu'il l'appela du milieu du buisson : « Otez les souliers de vos pieds, parce que le lieu où vous êtes est une terre sainte. »

Cette église est sous l'invocation de sainte Catherine, dont le tombeau, orné et entouré de lampes et de cierges toujours allumés, attire un grand nombre de pèlerins.

Dans la bibliothèque, on nous laisse entrevoir plutôt que voir des manuscrits grecs et arabes, au nombre, dit-on, d'environ 1,500. On nous permet de regarder de plus près l'évangéliaire de l'empereur Théodose et un psautier qui aurait appartenu à sainte Catherine.

Nous nous promenons dans le jardin qui est tout en fleur ; sa verdure, au milieu des rochers arides qui nous entourent, est d'un effet charmant : il nous rappelle nos vergers aux beaux jours de mai et de juin. Les arbres sont blancs et roses. Les amandiers, les figuiers, les oliviers, la vigne, les pêchers, les poiriers surtout, produisent, nous assurent les moines, d'excellents fruits.

2 mars. Monté au Sinaï où Djebel-Mouça (mont de Moïse) à huit heures. Notre excursion dure cinq heures. On sort par les jardins, au sud du couvent, et l'on s'engage dans des sentiers où des gradins sont creusés dans la roche. On passe entre le mont des Juifs et le mont Horeb; on arrive à une fontaine, puis à une chapelle dédiée à la Vierge, et enfin à un petit plateau où l'on se repose sous un cyprès, près d'une source d'eau pure. Plus haut, on nous montre les débris d'une chapelle autrefois construite dans un enfoncement que l'on croit être la grotte où se réfugia Élie poursuivi par Jézabel.

Sur le sommet du Sinaï, on voit les ruines d'une chapelle et d'une mosquée, toutes deux consacrées à Moïse.

C'est de là que Mahomet, suivant la tradition musulmane, fut enlevé au ciel. Son chameau a laissé sur le rocher l'empreinte d'un de ses pieds.

Quelle que soit la croyance ou la conviction philosophique du voyageur, il est à plaindre s'il reste froid sur cet étroit plateau consacré par de si grands souvenirs, tandis que son regard erre parmi ces Alpes nues, au milieu du silence le plus solennel où la pensée de l'homme puisse s'élever librement de la terre aux cieux.

(*Excursion au mont Sinaï*, par MM. Bida et Georges Hachette. — *Tour du Monde.*)

Le mont Sinaï, masse imposante de rochers granitiques, au pied duquel est le couvent de Sainte-Catherine, s'élève au-dessus d'une chaîne de montagnes que les Arabes appellent *Djebel-Mouça*, et dont on ne peut faire le tour qu'au moyen de plusieurs journées de marche. Cette chaîne est en partie composée de grès. On y trouve plusieurs vallées fertiles, dans lesquelles sont des jardins plantés de vignes, de poiriers, de dattiers et d'autres excellents fruits que l'on transporte au Caire, et qu'on y vend très-cher. Mais, en général, la péninsule entre les deux golfes d'Aïlah et de Suez présente aux voyageurs le spectacle d'une effrayante stérilité. La rose de Jéricho, la coloquinte, l'apocyn aiment ce sol aride. Divers arbres buissonneux y viennent aussi ; tels sont l'*acacia gummifera* ou l'épine d'Égypte, qui fournit la gomme arabique, substance qui, au besoin, peut servir de nourriture ; le tamarinier qui, dans les mois de juin et de juillet, laisse transpirer un suc doux et aromatique nommé encore *elmana*, et qui est la manne de Moïse ; enfin le *ban* ou *balanus myrepsica*, dont les fruits donnent une huile recherchée ; le câprier, le laurier-rose, le citronnier et divers autres arbustes, formant çà et là une touffe de verdure au milieu des rochers noirâtres de granite, de jaspe, de syénite, et des plaines couvertes de sables, de pierres à fusil et de cailloux roulés. Les Arabes peu nombreux qui errent dans ce désert paraissent vivre d'abstinence. Il y a pourtant beaucoup de gazelles et d'autres sortes de gibier. Les côtes de cette presqu'île sont bordées de récifs et de corail, et couvertes de pétrifications.

(Maltebrun, *Précis de la Géographie universelle.*)

VII

LE MONT ATHOS

Ombre de la montagne. — Canal de Xerxès. — Les cénobites. — Monastères du mont Athos. — Couvent d'Aghia-Labra. — Kariès. — L'école byzantine.

Le mont Athos est situé au sud de la Macédoine, entre les golfes de Contessa et de Monte-Santo, à l'extrémité de la presqu'île Chalcidique, qui ne se rattache au continent que par un isthme d'un mille et demi de large. Le point culminant de cette montagne, qui a 8 myriamètres de long et 18 de circonférence, s'élève à 1,950 mètres au-dessus du niveau de la mer, et l'ombre qu'elle projette s'étend à une distance considérable ; au soleil couchant même, elle traverse l'Archipel et atteint les rivages de Troie, s'il faut en croire Chevalier, l'auteur du meilleur ouvrage qu'on ait écrit sur la Troade. Ce n'est cependant, ni par sa hauteur, ni par sa masse imposante, que l'Athos est surtout remarquable. Ce qui signale particulièrement cette montagne à la curiosité des voyageurs, c'est sa population de 5 à 6,000 âmes, entièrement composée de moines. Ce qui la désigne à l'attention de l'artiste, c'est la singulière destinée de ses couvents, où l'art byzantin eut jadis son berceau, où il trouve aujourd'hui son dernier refuge.

Quelques noms de villes, Vranopolis, Diuna, Olophyxos

et Cléonès, voilà à peu près tout ce que l'antiquité nous a laissé sur le mont Athos. A l'extrémité du cap étaient les promontoires Nymphée et Acrothoon. Les souvenirs historiques n'ont guères plus d'importance. Nous savons que, lorsque Xerxès voulut envahir la Grèce, il fit creuser un canal à travers l'isthme qui lie la presqu'île au continent, pour ouvrir un passage à sa flotte. On connaît aussi le projet extravagant du sculpteur grec Dinocrate, qui proposa à Alexandre de donner au mont Athos la forme d'une statue tenant une ville dans ses mains.

Pendant les siècles qui suivirent l'avénement du Christ et la prédication de l'Évangile, les persécutions forcèrent un grand nombre de chrétiens à se retirer dans les déserts. Si quelques-uns se présentèrent résolûment au martyre, d'autres, moins confiants dans leurs propres forces, préféraient fuir la lutte et aller, à l'imitation des disciples de saint Jean, pratiquer loin du monde la vie austère des cénobites. C'est ainsi que des milliers de chrétiens peuplèrent les solitudes de l'Égypte, de la Thébaïde et de la Syrie. C'est probablement à la même époque qu'un certain nombre de ces proscrits du monde païen dut chercher un refuge sur le mont Athos, dont la forme péninsulaire et les pentes abruptes leur offraient un asile assuré. Plus tard, Constantin ayant donné la paix à l'Église et transporté le siége de l'empire à Byzance, le voisinage de cette ville dut avoir quelque influence sur la population du mont Athos. Le nombre des solitaires augmenta, et leurs ressources s'accrurent. Malheureusement il n'existe pas de documents sur ces époques éloignées, et l'on se trouve, pour la plupart des couvents, réduit à des conjectures.

Les couvents du mont Athos, appelé aussi *Agion-Oros* ou montagne sainte, sont aujourd'hui au nombre de 23, disposés tout autour de la montagne et à peu de distance de la mer. On en compte 11 sur le versant oriental. Parmi ces monastères, les plus anciens de l'Athos, on remarque en première ligne *Aghia-Labra* ou le saint monastère, *Valopedi, Ivirôn* et *Xilandare*, Aghia-Labra est situé sur le sommet du cap de Monte-Santo, appelé par les anciens Acrothoon. Ce couvent, qui aujourd'hui contient quatre cents moines environ, a été fondé par saint Athanase vers le commencement du quatrième siècle ; il doit à cette origine reculée une considération toute particulière, comme l'indique du reste sa dénomination. — Sur le versant occidental, les couvents sont tous d'une date plus récente, et sont loin par conséquent de présenter le même intérêt que ceux du versant oriental.

Entre ces deux versants, au point culminant de la montagne, s'élève la petite église de la *Métamorphose* ou *Transfiguration*. Outre ces couvents on trouve encore sur l'Athos une ville et quelques villages. Au centre de la presqu'île est situé le *prôtaton* ou métropole de l'Athos, Kariès. Cette ville, entièrement peuplée de moines, renferme une population d'environ 1,000 à 1,200 âmes.

Depuis mon arrivée en Grèce, mon vif désir de visiter l'Athos s'était encore accru à la vue du monastère San-Luca sur le Parnasse, où j'avais trouvé des restes de fresques fort remarquables. On peut se rendre au mont Athos par Salonique ou plus directement par mer ; c'est ce dernier moyen que je dus employer. M. le contre-amiral Turpin voulut bien, sur la recommandation de notre représentant à Athènes, M. Piscatory, mettre à ma disposition le brick l'*Argus*, alors en station au Pirée. A la nouvelle de mon départ, plusieurs artistes demandèrent la permission de m'accompagner : ils l'obtinrent facilement de la bienveillance éclairée de M. Piscatory, mais au moment de quitter Athènes, on leur fit, des privations qui les attendaient, un tableau si effrayant, que je finis par me trouver seul à persévérer dans mon entreprise.

Je partis donc, accompagné d'un drogman. Le vent était favorable, et nous fûmes bientôt loin du Pirée. Le brick s'arrêta au cap Sunium. Le temple de Minerve est situé sur la cime du cap qui s'élève à pic au-dessus de la mer. Il en reste neuf colonnes sur la longueur, et trois autres entourent un pilier d'angle de la façade qui est tournée vers l'est. Le temple est d'ordre dorique et en marbre gris. Il fallait la vue perçante des marins grecs pour apercevoir, comme l'assure Pausanias, à cette distance de 6 myriamètres environ, la lance de la statue de Minerve qui dominait autrefois l'acropole d'Athènes.

Nous doublâmes l'île d'Andros et la pointe de l'Eubée, dont la riche végétation contraste avec la pittoresque aridité des sites qui l'entourent. Le lendemain, nous étions en vue des îles d'Ipsara et de Scio; on apercevait également l'île de Saint-Estrate. La vue mieux exercée des marins parvenait même à découvrir l'Athos. Ma pensée se reporte avec plaisir vers les soirées passées sur la dunette, au milieu de cette belle nature. Le pilote nous racontait en tremblant l'histoire du Vrakopoula, espèce de vampire dont on ne peut se délivrer qu'en lui perçant le cœur à minuit, au moment où il sort de sa tombe. Il nous disait aussi qu'à Milo, sa patrie, on voyait toutes les nuits trois fantômes blancs qui se promenaient sur la grève et attiraient le pêcheur attardé : je me retrouvais en pleine antiquité en l'entendant appeler ces ombres *Siréné*.

Le troisième jour après notre départ d'Athènes, l'Athos était devant nous. On apercevait les couvents, petits points blancs disséminés comme une ceinture de forts détachés.

A peine débarqué, je me dirigeai vers un sentier presque couvert d'aubépines en fleur et de caroubiers, qui me conduisit, après un quart d'heure de montée, au couvent d'Aghia-Labra.

.... L'église du couvent d'Aghia-Labra nous offre, sous le rapport de la peinture, un des spécimens les plus authentiques et les plus complets de l'art que nous ayons essayé de définir. La coupole est occupée tout entière par l'image colossale du Christ, représenté sous les traits augustes et purs que les peintres de la Renaissance ont adoptés. Son teint est *couleur de blé*, selon leur expression. Il enseigne d'une main l'Évangile, qu'il tient de l'autre sur son cœur. Il a les cheveux blonds, mais la barbe est noircie ainsi que les sourcils, ce qui donne à ses yeux à demi fermés la puissance et la douceur en même temps. Les peintres de l'école byzantine proportionnent la grandeur des figures à l'importance du rôle qu'ils attribuent aux personnages représentés : ainsi les saints augmentent de taille à mesure qu'ils sont placés plus près du Christ, et celui-ci les dépasse tellement qu'on ne voit jamais que son buste.

Au bas de la coupole sont représentés des archanges debout, vêtus de dalmatiques d'or et tenant à la main de grands sceptres surmontés de l'image du Christ. Les brillantes couleurs de leurs costumes sont rehaussées par le fond noir sur lequel ils se détachent. Leur attitude respire une majesté calme. Au-dessus d'eux, on aperçoit de petits anges qui, comme de purs esprits, semblent, en se rapprochant du Christ, placé au centre, se dégager de plus en plus de la matière. Les anges n'empruntent à la forme humaine que la tête; le corps est remplacé par des ailes en plus ou moins grand nombre. On dirait des flammes nageant dans l'azur du ciel, et c'est au milieu de ces astéroïdes qu'apparaît, sur fond d'or, l'image du Christ, immense et dominant toute l'église. Quelque part qu'on prie, on a sur soi l'œil de Dieu.

Les pendentifs représentent les quatre évangélistes écrivant sous la dictée d'un apôtre. Le reste de l'église est couvert de sujets tirés de l'Ancien et du Nouveau Testament. Dans les deux bras de la croix sont figurés les saints de l'école militante et ceux qui protégèrent le christianisme naissant. Ils sont tous debout et de face, n'ayant entre eux aucun lien de composition, et se détachent sur un fond noir. Cette disposition est la même pour tous les autres couvents, où, conformément aux règles immuables de l'art byzantin, on retrouve les mêmes sujets traités de la même manière et les mêmes personnages dans les mêmes poses.

Vers le bas de la grande nef à gauche, une peinture, accompagnée d'une inscription presque illisible, paraît représenter un des princes français qui se fixèrent en Grèce à leur retour des croisades. Le prince a la coiffure des rois mérovingiens, et porte une dalmatique ornée de fleurs de lis ainsi que sa couronne. Il tient dans les mains la façade d'une église qu'il avait probablement fait ériger à ses frais. Il a devant lui son fils qui porte le même costume. C'est, à mon sens, un des plus curieux vestiges du passage de nos ancêtres en Orient, et un des monuments les plus intéressants de notre glorieux passé.

Sous le portique extérieur sont figurés dans l'attitude de la prière les *ascètes* ou anachorètes, qui, à l'imitation des pères du désert, habitent les grottes de la montagne, où ils vivent dans la reclusion la plus absolue. Ces solitaires, réduits par le jeûne presque à l'état de squelettes, n'ont pour tout vêtement qu'une ceinture de feuilles. La barbe se termine en pointe et descend jusqu'à la cheville. A côté de ces figures on peut lire une légende ainsi conçue : *Voilà quelle fut la vie des ascètes!* C'est l'idéal de la vie ascétique, en effet, que le peintre a renfermé dans ces étroites limites. L'art même n'est guère pour les ascètes que l'expression de cette vie, dont l'effrayante austérité se reflète dans les peintures qu'ils vont exécuter de couven en couvent. Les mêmes ermites sculptent de petites croix de bois, chefs-d'œuvre de patience, qui conservent encore le caractère de leurs anciennes fresques.

Les caloyers attribuent les peintures si remarquables qui décorent l'église d'Aghia-Labra à un moine nommé

Manuel Panselinos; ils ignorent à quelle époque vivait cet artiste. Les figures sont exécutées à fresque par petites hachures, assez fines pour disparaître à distance. Les tons sont très-pâles et n'ont nullement la prétention de lutter avec la réalité. Le tout est plutôt colorié que peint.

.... J'avais hâte de visiter les autres parties de la montagne, et un plus long séjour à Aghia-Labra ne m'eût rien appris. Je quittai donc ce couvent. En prenant le chemin de Kariès, on aperçoit plusieurs tours ruinées. Cette partie de la montagne est très-boisée et contient du gibier à profusion, luxe inutile, car les moines, je l'ai dit, ne chassent pas. Plus loin, on traverse un pont à demi ruiné, et l'on arrive à un ermitage, où se rendent chaque jour de nouveaux cénobites, et que l'agrément du site semble destiner à servir quelque jour d'emplacement à un nouveau couvent.

Continuant mon pèlerinage sans m'arrêter aux couvents de Caracallon et de Philotéhon, qui n'offrent rien de remarquable, j'arrivai par des sentiers abruptes au couvent d'Ivirôn. Les bâtiments qui le composent sont un peu moins confusément groupés que ceux des autres monastères. Une seule porte qu'on ferme le soir, de peur d'attaque ou de surprise, donne accès dans le cloître. En entrant, on trouve des magasins où les religieux vendent des images grossièrement imprimées qui leur viennent de Kariès, divers ustensiles fabriqués dans les couvents, des amulettes de corne et de cuivre, les premières ciselées au couteau, les secondes frappées au coin; des vêtements de caloyers et des tuniques taillées sur des tissus d'écorce d'arbre venus de Constantinople, des voiles également de fabrique turque, brodés par les moines avec une adresse merveilleuse et destinés au service de l'autel.

.... Kariès est situé au centre de l'Athos et domine une vallée très-boisée. L'aspect de cette ville est celui d'une réunion de maisons de plaisance turque. Sa population est d'environ 1,000 habitants, Les vingt-trois couvents de l'Athos envoient chacun, pour les représenter au prôtaton de Kariès, un sénateur ou *épistate*, qui est ordinairement le dernier *igoumenos*[1] sorti de ses fonctions. Chaque sénateur habite une maison particulière. Ses fonctions ne durent qu'un an. C'est parmi eux qu'est choisi chaque année celui qui doit présider la république. Le grand conseil administre les revenus des couvents et applique les peines disciplinaires qu'encourent les moines en transgressant les statuts. C'est aussi à Kariès que réside l'agha qui représente le gouvernement turc.

L'aspect de Kariès est fort curieux. La ville est divisée en plusieurs rues presque entièrement occupées par des boutiques sombres dont les devantures sont très-basses. Les objets qu'on y vend sont importés de Salonique. On y trouve toute sorte d'ustensiles en bois sculpté, des *panaghia* (madones) et des saints en corne ciselée. Il y a aussi à Kariès une imprimerie où l'on exécute des gravures informes représentant exclusivement des sujets religieux ou des vues de couvents qui n'ont aucun rapport, même éloigné, avec ce qu'elles ont la prétention de reproduire.

L'absence totale des femmes, commune à toutes les parties du mont Athos, devient à Kariès plus caractéristique par le mouvement d'une population agglomérée, où l'on ne voit partout que des *caloyers*, marchands, acheteurs et promeneurs. Kariès offre le spectacle unique en Europe d'une ville de moines exerçant à eux seuls tous les travaux de la vie civile. De distance en distance on trouve, dans les rues, des bancs de bois sur lesquels les religieux viennent s'asseoir les jambes croisées, et causer en roulant dans leurs doigts de longs chapelets de nacre.

... J'avais visité les parties les plus curieuses de l'Athos, et il ne me restait plus qu'à rejoindre le commandant de

[1] Supérieur.

l'*Argus*, qui m'attendait pour remettre à la voile. Une barque vint me prendre pour me transporter vers la partie de l'isthme près de laquelle mouillait le brick. Un incident qui suivit d'assez près notre départ, vint me prouver que la population de l'Athos n'est pas exclusivement composée de moines pacifiques. Nous étions embarqués depuis quelques heures et nous longions la côte, lorsque, vers minuit, nous fûmes silencieusement accostés par une barque dont les rameurs s'apprêtaient à entrer dans la nôtre ; la vue de nos armes les fit battre en retraite, et nous en fûmes quittes pour une violente secousse ; un bruit de rames qui témoignait d'une fuite rapide répondit seul à nos questions. Notre appareil militaire déconcertait-il des projets hostiles ou écartait-il simplement des curieux ? Je ne sais, mais la première hypothèse me paraît plus probable. Depuis la conquête turque, en effet, les pirates n'ont jamais cessé d'infester ces parages.

Au soleil levant, nous nous trouvions près de l'endroit le plus resserré de la presqu'île, où Xerxès avait fait creuser un canal dont on voit encore les traces. Je traversai l'isthme. J'arrivai au lieu dit *les Portes de Cassandre*, où nous allumâmes du feu : c'était le signal convenu. Une embarcation vint nous prendre, et nous cinglâmes vers Athènes.

Cette visite aux couvents de l'Athos m'avait permis de saisir plus nettement les phases diverses de l'école byzantine et son influence réelle sur les destinées de l'art. Venue à une époque où le genre humain, abandonnant des traditions épuisées, cherchait à traduire dans la langue du passé les sentiments nouveaux qui allaient dicter la loi de l'avenir, l'école byzantine a rendu au christianisme et à l'art qui en fut l'expression, les plus éminents services. Tant que l'héritage intellectuel de l'antiquité fut à sa disposition, l'art byzantin transforma à son usage les éléments qu'il put lui emprunter. Il atteignit ainsi son apogée vers le troisième siècle et s'y maintint jusqu'au septième ; la protection des empereurs de Constantinople en hâta les progrès et les soutint dans son essor. Fléchissant, aux siècles qui suivirent, sous les invasions des barbares, obscurci et dénaturé dans sa partie technique pendant la nuit intellectuelle où fut plongée l'Europe, cet art survécut néanmoins, et l'école conserva des traditions qui, transmises plus tard aux nations de l'Occident, devaient, dans des circonstances plus favorables, recevoir de magnifiques développements. Cet honneur suffit à sa gloire; mais là s'arrêtent les services qu'elle a pu rendre. L'influence prolongée de cet art de transition, renfermé dans des principes d'une inflexibilité dogmatique, eût fini par étouffer l'art plus élevé et plus complet appelé à le remplacer. Il manquait à l'école byzantine un principe aussi indispensable au développement intellectuel de l'homme qu'à son développement moral, la liberté. Ce principe, l'art chrétien le reçut de l'Italie, et puisa dès lors une vie merveilleuse dans le concours de toutes les forces individuelles, de toutes les inspirations spontanées.

(Dominique Papety, *les Couvents de l'Athos*. — *Revue des Deux Mondes*.)

Le mont Athos.

EXCELSIOR!

Les ombres de la nuit tombent et rapidement s'étendent; à travers un hameau alpestre, passe un bel adolescent, à travers neiges et glaces, une bannière déployée à la main, et sur la bannière on lit cette étrange devise : Excelsior! (Plus haut!)

Sombre est son front, mais l'épée sortant du fourreau n'a pas plus d'éclat que son œil, et pareille au clairon résonne sa voix, sa voix interprète d'une langue inconnue : Excelsior!

Devant d'heureuses demeures, il passe, et voit flamboyer sur l'âtre la douce et chaude lumière du feu de la vallée; devant lui s'élèvent menaçants les grands glaciers comme de gigantesques spectres. — Quel gémissement lui échappe?... Excelsior!

« Ne tente point le passage, lui dit le vieillard, le noir orage gronde déjà, entends mugir le large et profond torrent; » et cette voix de clairon répond : Excelsior!

« Oh! reste ici, murmure la jeune fille, et sur mon sein repose ta tête chargée d'ennui! » Une larme voile l'éclat de son œil bleu, et en soupirant il dit encore : Excelsior!

« Prends garde aux grandes branches du sapin foudroyé, prends garde à l'avalanche terrible! » du vieillard ce fut le dernier adieu. Une voix lointaine du haut de la montagne répond : Excelsior!...

A l'aube, tandis que les pieux moines du Saint-Bernard chantent la prière accoutumée, une voix retentit, éveillant l'air ému : Excelsior!

A demi enseveli par la neige, un voyageur est découvert; sa main serre un drapeau, le drapeau à la devise mystique : Excelsior!

Là, dans le froid et terne crépuscule, là, étendu sans vie, il repose, encore si beau!... Mais du fond des cieux, pure et lointaine, une voix descend, elle tombe comme tombe une étoile : Excelsior!...

H. Longfellow.

FIN.

TABLE DES GRAVURES

TABLE DES MATIÈRES

—

I. Les Alpes.

II. Les Pyrénées. — Le cap Nord. — Le pic de Ténériffe.

III. Les Andes.

IV. L'Himalaya. — L'Archipel indien. — Le Taurus et le Liban.
Les hautes cimes.

V. Pèlerinages. — Traditions et Légendes.

PARIS. — IMP. SIMON RAÇON ET COMP., RUE D'ERFURTH, 1.

ERRATA

—

Pages 99, 100 et 110, *au lieu de* Wymper, *lisez* Whymper.

www.ingramcontent.com/pod-product-compliance
Lightning Source LLC
LaVergne TN
LVHW020534230826
846091LV00002B/276